O
FIM DO
BURNOUT

Dados Internacionais de Catalogação na Publicação (CIP)
(Câmara Brasileira do Livro, SP, Brasil)

Malesic, Jonathan.
  O fim do burnout : por que o trabalho nos esgota e como construir vidas melhores / Jonathan Malesic ; tradução de Karen Clavery Macedo. – Petrópolis, RJ : Vozes, 2023.

Título original: The end of burnout: why work drains us and how to build better lives.
Bibliografia.
ISBN 978-65-5713-742-0

1. Burnout (Psicologia). I. Título.

22-132896   CDD-158.723

Índices para catálogo sistemático:
1. Burnout do trabalho : Psicologia aplicada 158.723

Inajara Pires de Souza – Bibliotecária – CRB PR-001652/O

JONATHAN MALESIC

O FIM DO BURNOUT

POR QUE O TRABALHO NOS ESGOTA E COMO CONSTRUIR VIDAS MELHORES

Tradução de Karen Clavery Macedo

© 2022 by Jonathan Malesic.
Publicada conforme acordo com University of California Press.

Tradução realizada a partir do original em inglês intitulado *The End of Bournout – Why Work Drains us and How to Build Better Lives*.

Direitos de publicação em língua portuguesa – Brasil:
2023, Editora Vozes Ltda.
Rua Frei Luís, 100
25689-900 Petrópolis, RJ
www.vozes.com.br
Brasil

Todos os direitos reservados. Nenhuma parte desta obra poderá ser reproduzida ou transmitida por qualquer forma e/ou quaisquer meios (eletrônico ou mecânico, incluindo fotocópia e gravação) ou arquivada em qualquer sistema ou banco de dados sem permissão escrita da editora.

CONSELHO EDITORIAL

Diretor
Volney J. Berkenbrock

Editores
Aline dos Santos Carneiro
Edrian Josué Pasini
Marilac Loraine Oleniki
Welder Lancieri Marchini

Conselheiros
Elói Dionísio Piva
Francisco Morás
Gilberto Gonçalves Garcia
Ludovico Garmus
Teobaldo Heidemann

Secretário executivo
Leonardo A.R.T. dos Santos

Editoração: Débora Spanamberg Wink
Diagramação: Raquel Nascimento
Revisão gráfica: Jaqueline Moreira
Capa: Érico Lebedenco

ISBN 978-65-5713-742-0 (Brasil)
ISBN 978-05-203-4407-5 (Estados Unidos)

Este livro foi composto e impresso pela Editora Vozes Ltda.

"Você não precisa gostar. É por isso que se chama trabalho."

George Malesic (1933-2018)

Sumário

Agradecimentos, 9
Introdução, 13
Parte I – A cultura do burnout, 37
1 Todos estão esgotados, mas ninguém sabe o que isso significa, 39
2 Burnout: os primeiros 2 mil anos, 65
3 O espectro de burnout, 103
4 Como os empregos pioraram na era do burnout, 134
5 Santos e mártires do trabalho: o problema com nossos ideais, 175
Parte II – Contracultura, 213
6 Podemos ter tudo: uma nova visão da vida boa, 215
7 Como os beneditinos domam os demônios do trabalho, 250
8 Variedades de experiência anti-burnout, 286
Conclusão – Trabalho não essencial em um mundo pós-pandêmico, 325
Referências, 345
Índice, 375

Agradecimentos

Gostaria de agradecer aos muitos amigos, colegas e mentores cujos apoios intelectual, editorial e emocional ajudaram a tornar este livro melhor: Beth Admiraal, Abbey Arnett, Garrett Barr, Dan Clasby, Jason Danner, Barb Fenner, Mark Fenner, Robin Field, Amy Freund, Tony Grasso, Kendra Greene, Erin Greer, Charles Hatfield, Annelise Heinz, Dan Issing, Farrell Kelly, Kurtley Knight, Katie Krummeck, Vincent Lloyd, Tom Mackaman, Nicole Mares, Charles Marsh, Chuck Mathewes, Jenny McBride, Michael McGregor, Noreen O'Connor, Regan Reitsma, Cris Scarboro, Joel Shuman, Ross Sloan, Jessie Starling, Whitney Stewart, Janice Thompson, Brian Till, Shilyh Warren, Ben Wright e Willie Young.

Agradeço aos meus parceiros críticos Elizabeth Barbour, Ceal Klingler, Christina Larocco, Robin Macdonald, Danielle Metcalfe-Chenail, Martha Wolfe e Vonetta Young. A cuidadosa e amorosa atenção deles ao meu trabalho ao longo dos últimos anos melhorou imensuravelmente este projeto e a minha escrita de modo geral. Agradeço a Anne Gray Fischer e Will Myers por terem lido e por falarem com tanta frequência, empenhadamente, sobre este livro, com muita inteligência e muito humor.

Agradeço a Thomas Hagenbuch e Emily Zurek não apenas por termos construído um diálogo de anos sobre trabalho, mas também por serem representantes de centenas de estudantes que me ajudaram a clarificar o meu pensamento sobre este tema.

Agradeço a todos aqueles que compartilharam comigo as suas histórias, tanto os que estão citados no livro quanto os que não estão, bem como ao Mosteiro de Cristo no Deserto, ao Mosteiro de São Bento, à Abadia de St. John [São João] e à CitySquare.

Agradeço ao Instituto Collegeville por ter me recebido duas vezes para seminários de escrita e ao Fundo Nacional para as Humanidades e ao Instituto Louisville por terem financiado este projeto desde o início.

Agradeço aos editores de jornais, revistas e periódicos que aprimoraram as minhas palavras e pensamentos nos estágios iniciais deste projeto: Elizabeth Bruenig, Evan Derkacz, Aline Kalbian, Martin Kavka, Ryan Kearney, Laura Marsh, B. D. McClay, John Nagy, Tim Reidy, Matt Sitman, Jay Tolson e Kerry Weber.

Agradeço à banda The War on Drugs, cujo álbum *Lost in the dream* foi a trilha sonora do meu trabalho.

Agradeço à University of California Press por levar este livro até você. Agradeço especialmente a Naomi Schneider por ver um livro na minha escrita sobre burnout, assim como a Summer Farah, Teresa Iafolla, Benjy Mailings, Francisco Reinking e todos os membros da equipe cujo trabalho eu não tive oportunidade de ver em primeira mão. Agradeço a Catherine Osborne por ter revisado meu texto original e a Shannon M. T. Li por ter criado o índice. Agradeço aos acadêmicos, incluindo Anna Katharina Schaffner, que, a convite da imprensa, ofereceram comentários atenciosos sobre um rascunho deste manuscrito.

Agradeço à minha família pelo apoio: minha mãe, Carol, minhas irmãs, Lisa e Nicole, e ao meu irmão, Jeff. Agradeço àqueles que perdemos durante o meu trabalho neste livro: Tony, Nana e meu pai, George.

Agradeço às seguintes publicações a permissão para usar o material que escrevi e que foi publicado originalmente em suas páginas: "Taming the Demon", *Commonweal*, 8 de fevereiro de 2019; "When Work and Meaning Part Ways", *The Hedgehog Review* 20, n. 3 (outono de 2018); "Millenials Don't Have a Monopoly on Burnout", *The New Republic*, 10 de janeiro de 2019; "Imagining a Better Life After Coronavirus", *The New Republic*, 1 de abril de 2020.

Agradeço a todos aqueles a quem me esqueci de agradecer aqui.

Sobretudo, agradeço a Ashley Barnes. Em nossa vida conjunta, o esgotamento foi um problema não apenas intelectual mas também existencial. Ela me ajuda a lidar com isso todos os dias. Sem ela, nada disso teria sido possível.

Introdução

Há muitos anos, em vez de passar a manhã preparando-me para o meu trabalho como professor universitário, eu ficava na cama por horas, assistindo repetidamente ao vídeo de "Don't give up" [Não desista], o dueto de 1986 do *pop star* Peter Gabriel com Kate Bush. No vídeo, os dois cantores ficam abraçados durante seis minutos enquanto o sol é eclipsado atrás deles. A expressão lírica de desespero e desolação de Gabriel ecoou no meu monólogo interior. Não importava quantas vezes eu ouvisse Bush repetir compassivamente o título da música e a sua promessa de que aquele sofrimento passaria. As palavras nunca me pareceram verdadeiras.

A minha primeira aula era às duas da tarde; raramente eu chegava a tempo e raramente eu estava preparado; assim que a aula terminava, eu ia direto para casa. À noite, eu comia sorvete e bebia cerveja maltada com alto teor alcoólico – muitas vezes juntos, como uma boia. Engordei mais de dez quilos.

Baseado em qualquer padrão objetivo, eu tinha um emprego fantástico. Exercia uma habilidade de alto nível e oferecia formação em algo em que eu era bom: ensinar religião, ética e filosofia. Trabalhava com colegas inteligentes e amigáveis. O meu salário era mais do que adequado; os meus benefícios, excelentes. Eu tinha grande autonomia para determinar como ministrar as minhas aulas e para realizar projetos de pesquisa. Com a minha efetivação, tinha um nível de segurança de emprego inédito fora da academia e cada vez mais raro dentro dela. Mesmo assim, estava infeliz, e era evidente que o meu trabalho estava no centro desse sentimento. Eu queria desistir. Eu estava esgotado.

Na época, pensava que algo estava errado apenas comigo. Por que eu odiava um trabalho tão bom? Mas eu acabei percebendo que o problema do esgotamento é muito maior do que o desespero de um trabalhador. Residentes dos Estados Unidos, Canadá e de outros países ricos construíram toda uma cultura de burnout em torno do nosso trabalho. Mas o burnout não tem de ser o nosso destino.

Este livro surge do meu desejo de compreender por que milhões de trabalhadores de todos os setores estão esgotados por causa da força de que necessitam para fazer o seu trabalho e por que isso os faz sentir como se tivessem falhado na vida. Eu defino o burnout como a experiência de ser arrastado entre a expectativa e a realidade no trabalho. Também argumento que o burnout é um fenômeno cultural que se expandiu nas últimas cinco décadas, mas que tem raízes históricas profundas na nossa crença de que o trabalho será um meio de conquistar não apenas um salário, mas também dignidade, caráter e sentido de propósito. Na verdade, apesar da preocupação generalizada com o esgotamento, a cultura do burnout persistiu *porque* nós valorizamos esses ideais; tememos perder o significado que o trabalho promete. No entanto, as condições de trabalho típicas dos Estados Unidos e de outros países ricos pós-industriais nos impedem de alcançar aquilo que buscamos.

Espero que esta obra ajude a nossa cultura a reconhecer que o trabalho não nos dignifica, não forma o nosso caráter nem dá propósito às nossas vidas. *Nós* dignificamos o trabalho, *nós* moldamos o seu caráter e *nós* damos a ele um propósito dentro de nossas vidas. Uma vez que percebemos isso, podemos dedicar menos de nós mesmos aos nossos empregos, melhorar as nossas condições de trabalho e valorizar aqueles de nós que não trabalham por remuneração. Juntos, podemos acabar com a cultura do burnout e prosperar de maneiras que não dependem necessariamente do trabalho. Na realidade, muitas pessoas já adotaram uma visão alternativa do papel do trabalho em uma vida bem vivida. E muitas vezes fazem isso à margem da cultura do burnout. Este livro irá apresentá-la para você.

O fim do burnout surge na esteira da pandemia de covid-19, que abalou o trabalho em todo o mundo. Nos Estados Unidos, o desemprego em massa causado pela quarentena em toda a sociedade demonstrou de uma vez por todas que os nossos ideais de trabalho eram uma mentira. A dignidade das pessoas e o seu valor como seres humanos nada tiveram a ver com o seu *status* profissional. Uma garçonete que perdeu o seu emprego devido à pandemia não tem menos dignidade do que tinha antes das ordens de permanência em casa forçarem o seu restaurante a fechar. A pandemia nos deu, nesse sentido, uma oportunidade de fazer uma ruptura decisiva com o *ethos* que governou o nosso trabalho e causou o nosso esgotamento ao longo dos últimos cinquenta anos. É uma chance para refazer o trabalho e reimaginar o seu lugar em nossas vidas. Se não aproveitarmos essa oportunidade, voltaremos aos padrões que criaram a cultura do burnout.

O burnout representa um estranho enigma para a maneira como normalmente pensamos os problemas com o trabalho. O fato de que pode acontecer com professores universitários efetivos significa que não se trata apenas de condições ruins de trabalho. Não é algo que podemos erradicar somente com melhores salários, benefícios e segurança em todos os aspectos. As condições de trabalho são importantes, e realmente acho que os trabalhadores merecem muito mais nesse sentido, só que isso não é nem a metade da história.

O burnout não é apenas um problema econômico de trabalho. É uma doença da alma. Nós nos esgotamos em grande parte porque acreditamos que o trabalho é o caminho certo para o florescimento[1] social, moral e espi-

---

1. Esta obra recorre com frequência ao uso metafórico de "florescer" e "florescimento" indicando o desenvolvimento pessoal, o prosperar, a evolução. A escolha da metáfora se deve ao fato de esses termos

ritual. Mas o trabalho simplesmente não pode entregar o que desejamos dele, e a lacuna entre os nossos ideais e a nossa realidade no trabalho leva-nos à exaustão, ao cinismo e ao desespero. Além disso, a nossa abordagem individualista do trabalho nos impede de falar sobre esgotamento ou de nos unirmos em solidariedade para melhorar as nossas condições. Nós nos culpamos quando o trabalho não corresponde às nossas expectativas. Sofremos sozinhos, o que apenas agrava a nossa situação. É por isso que a cura do burnout tem de ser cultural e coletiva, focada em oferecer ao outro a compaixão e o respeito que o trabalho não oferece.

No entanto, antes de chegarmos às soluções, precisamos compreender a experiência do burnout. As histórias sobre esgotamento carecem de um drama inerente. Não são como histórias sobre uma grande descoberta, uma catástrofe ou um caso de amor. Não existe um limiar claro entre o trabalhador comum e funcional e o trabalhador extenuado por conta do seu dia de trabalho. Provavelmente há uma primeira manhã em que você acorda e pensa: "isso de novo, não", mas passa despercebido. A essa altura, já é tarde demais. A sua oportunidade de evitar o burnout já passou. Você estava apenas fazendo o seu trabalho do jeito que se esperava, e dia após dia a sua capacidade de fazê-lo enfraqueceu. Em algum momento, você

---

serem facilmente relacionados a uma cobrança externa mais do que ao autodesenvolvimento da pessoa [N.E.].

percebe que mal consegue fazê-lo. Você se sente muito cansado, muito amargurado, muito incompetente.

Vou começar contando como tudo isso aconteceu comigo.

* * *

Eu sonhei em ser professor universitário quase logo que conheci os meus próprios professores. Queria ser como eles, ler livros estranhos de Nietzsche e Annie Dillard e fazer perguntas desafiadoras na aula. Um dos meus professores preferidos ensinava teologia e morava no *campus* por ser orientador do corpo docente. Nas tardes de sexta-feira, ele abria o seu pequeno apartamento de blocos de concreto para os estudantes, e minha presença lá era frequente. Eu me sentava na mobília institucional estofada com um tom de vermelho escuro e, tomando café, conversava com ele sobre temas inebriantes, como as implicações teológicas da expansão do universo. Ele também exibia filmes na sala de televisão da residência, principalmente filmes estrangeiros e de arte, da época que ele tinha a nossa idade: *My dinner with Andre, Crimes e pecados, Adeus, meninos*. Todos nós tivemos longas conversas depois disso. Aos meus olhos, aquele homem viveu uma boa vida. Ele viveu para o conhecimento, para a arte e para a sabedoria e foi pago para persegui-los e entregá-los a uma geração jovem ansiosa por eles. Bem, eu estava ansioso por eles, de qualquer maneira. Meu professor havia transformado as conversas no dormitório que aconteciam tarde da noite em uma profissão. Eu fiz tudo o que pude para seguir os seus ensinamentos.

Durante a década seguinte, fiz as coisas que são necessárias para se viver essa vida. Cursei pós-graduação, terminei a minha dissertação e entrei no sempre difícil mercado de trabalho acadêmico. Depois de algumas tentativas, fui bem-sucedido: consegui um cargo de tempo integral para ensinar teologia em uma pequena faculdade católica. Essa foi a minha oportunidade de realizar o meu sonho. Minha namorada e eu empacotamos dezenas de caixas de livros e minhas jaquetas *tweed*, e então fiz a minha mudança da Virgínia, aonde eu tinha ido para cursar a pós-graduação, para o nordeste da Pensilvânia. Depois ela se mudou para Berkeley, Califórnia, para fazer sua pós-graduação, em busca do próprio sonho de ser professora universitária.

Com um relacionamento a distância, eu me dediquei ao trabalho. Estudava Nietzsche e Annie Dillard e fazia perguntas desafiadoras na aula. Publiquei, atuei em comissões de professores, trabalhei até tarde no escritório. Estava determinado a ser inspirador assim como os meus professores eram, e não como os dinossauros, que ensinavam com as mesmas anotações amareladas ano após ano. O maior problema que enfrentei foi a indiferença dos alunos em relação à minha matéria. Todos eles *tinham* de fazer teologia, mas quase nenhum deles *queria* fazer.

Dessa forma, eu inventei algumas técnicas – truques, na verdade – para fazer com que os alunos se esforçassem um pouco mais para aprender, diferentemente do que fariam em outras circunstâncias. E funcionou. Até persuadi alguns deles a se tornarem especialistas em teologia. Mostrei filmes na sala de aula – *O apóstolo*, *Em busca da fé*, *Crimes e pecados* – e tive algumas conversas importantes sobre esses filmes com os alunos. Eu estava vivendo o meu sonho.

Depois de seis anos, consegui a estabilidade. A essa altura, minha namorada havia se tornado minha esposa e mudou-se de volta para o leste. Ela concluiu o seu PhD e conseguiu um emprego na zona rural ocidental de Massachusetts. Como tive um período sabático, eu a segui durante um ano. Dia após dia, escrevia e exercitava-me pela manhã. À tarde, lia em algum café ou dava uma volta de bicicleta por pastagens nas encostas e moinhos de água fora de uso. Eu não poderia estar mais contente.

Mas depois tive de regressar ao meu trabalho, e minha esposa e eu voltamos a enfrentar a longa distância. Para nos vermos, dirigíamos por quatro horas e meia, dois ou três fins de semana por mês. De novo, eu me joguei no trabalho. Mas, dessa vez, foi muito mais difícil. Por um lado, eu já não era mais novato no trabalho. Não precisava impressionar ninguém para a minha candidatura à titularidade. No entanto, mais importante do que isso, a faculdade enfrentava duas crises: uma relativa às suas finanças e outra relativa ao seu credenciamento. Pessoas foram demitidas. Salários e orçamentos foram congelados. Havia preocupações com as matrículas. Os pagamentos das mensalidades seriam suficientes para manter a faculdade fora do vermelho? E havia muito mais trabalho a fazer para satisfazer a agência credenciadora. Todos pareciam andar pelo *campus* em constante estado de preocupação.

O estresse também me afetou, apesar da minha segurança no emprego. Eu estava trabalhando mais do que nunca – não apenas dando aulas e fazendo pesquisas como também liderando comitês e o centro de excelência de ensino da faculdade –, mas senti que não estava recebendo muito reconhecimento dos chefes da faculdade. Eu também não estava recebendo confirmação do meu trabalho por parte dos alunos. Parecia que eles não estavam aprendendo nada comigo. Os colegas, incluindo a chefe do departamento, continuaram a elogiar as minhas aulas. Eu não acreditava. Via o meu fracasso diário na sala de aula em primeira mão, em cada rosto vazio de cada aluno que queria estar em qualquer lugar, menos em uma carteira ouvindo-me.

Parece uma admissão de fraqueza vergonhosa, um pseudoproblema de privilégio dizer que o que eu mais precisava era saber que o meu trabalho significava algo para alguém. As pessoas não suportam coisas muito piores do que a falta de reconhecimento? Eu fazia dinheiro de maneira decente. Eu tinha de fazer um trabalho interessante. Eu não tinha um chefe olhando-me feio. Por que eu não podia simplesmente me calar e fazer o meu trabalho como todo mundo? O que estava *errado* comigo?

O meu temperamento ficou pior. Comecei a devolver os trabalhos dos alunos cada vez mais tarde. A preparação das aulas tornou-se cada vez mais difícil. Todas as noites eu enfrentava um bloqueio mental enquanto tentava lembrar dos meus truques pedagógicos. Tinha esquecido tudo o que sabia sobre bom ensino. E assistia a "Don't give up" repetidamente.

Já não parecia que estava vivendo um sonho. Não era a vida que eu tinha imaginado duas décadas antes. Depois de dois anos de progressiva miséria, tirei um semestre de licença sem vencimento e regressei ao bucólico local do meu período sabático, a fim de voltar a viver sob o mesmo teto que a minha mulher. Eu esperava que um pouco de descanso ajudasse. Voltei para a Pensilvânia para o semestre da primavera, mas nada havia mudado. O trabalho era o mesmo. Eu era o mesmo. Na verdade, as coisas estavam prestes a piorar ainda mais.

* * *

A sala de aula está silenciosa, enquanto a luz do projetor reflete diretamente nos meus olhos. A minha chefe de departamento está sentada em uma mesa de canto fazendo anotações. É o dia da minha observação anual de ensino, e nenhum dos vinte alunos da minha turma de ética social faz um movimento em resposta ao vídeo angustiante da música *Alright* de Kendrick Lamar. Tem a cena dos policiais brancos, usando bigodes e óculos escuros, baralhando pelas ruas, o carro em seus ombros como um caixão, ao mesmo tempo que Kendrick balança no banco do condutor e alguém esvazia uma garrafa pela janela traseira. Há cenas de homens negros, incluindo o próprio Kendrick, sendo baleados pela polícia na rua. Talvez ninguém diga nada porque o vídeo é muito novo, muito estranho, muito conflituoso para os alunos. Cada segundo de silêncio é uma tortura emocional.

Finalmente uma menina corajosa e sincera da fila da frente levanta a mão. Ela comenta como ficou perturbada com a linguagem e as imagens do vídeo. Nós conversamos, e a sua voz embarga. Mas a conversa não vai longe. Faço mais perguntas para a turma: "Alguma coisa que vocês viram no vídeo tem ligação com algum assunto de que falamos na aula até agora? E a cena em que Kendrick fica em cima dos fios de telefone como Jesus no pináculo do Templo? Se ele é Jesus, então quem é o diabo que o tenta com dinheiro e carros?"

Nada. Ninguém diz uma palavra. Sinto a adrenalina subir pelas minhas costas.

Tudo bem. Para o próximo assunto no plano de aula, um documento de 1891 do Papa Leão XIII sobre o trabalho na economia industrial. Quem pode dizer o que Leão XIII pensa sobre a propriedade privada? Quem identificou uma referência bíblica aí? Os alunos nem se mexem. Quem tem uma pergunta? Alguém?

Eu tenho, mas não falo em voz alta: *Quem tem um único pensamento na cabeça? Nem uma maldita pessoa?* A adrenalina sobe para a parte de trás do meu crânio, dizendo-me que é hora de lutar ou fugir.

Devo atacar os alunos por ignorarem a leitura? Por serem preguiçosos, por nem mesmo tentarem? Eu devo envergonhá-los, talvez lembrando, como um idiota pedante, que é a educação deles que está em jogo e não a minha? Devo dizer a eles que todos os que não leram têm de sair? Ou então é melhor esperar, repetir as palavras para mostrar que estou falando sério e encará-los enquanto eles guardam seus cadernos e vestem seus casacos?

Ou será que *eu* devo arrumar as minhas coisas e ir embora? Essa é uma estratégia que nem mesmo a minha chefe de departamento extremamente simpática poderia ignorar em seu relatório de observação. Isso, no entanto, iria me tirar de lá. Eu resistiria.

A minha mandíbula trinca. O meu rosto fica vermelho. Eu não luto. Eu não fujo. Respiro fundo e obrigo-me a ter uma compostura profissional. Subo no pódio e dou uma aula condescendente sobre a tarefa de leitura dos trabalhos de casa. Não me dou ao trabalho de pedir aos alunos para participarem.

Nunca me senti tão estúpido em toda a minha vida, nunca me senti tão humilhado ao longo dos meus onze anos de carreira docente. Não consigo nem fazer com que jovens de 20 anos tenham uma opinião sobre um videoclipe.

Misericordiosamente o tempo de aula se esgota. Os alunos fecham as mochilas e vão embora. Quando a minha chefe de departamento me encontra, diz que as coisas não correram tão mal quanto eu pensava. Mas eu sabia que tinha acabado.

Eu tinha chegado à antítese da boa vida que eu tinha vislumbrado quando era estudante. O professor cuja vida eu invejava nunca foi pedante. Na aula, ele sentava-se conosco em um círculo e acenava com a cabeça enquanto conversávamos, convidando-nos a "dizer mais" quando hesitávamos em testar as nossas novas ideias. Era um homem afavelmente erudito. Eu sou furiosamente dogmático. O meu sonho de ser professor universitário, que me sustentou durante a pós-graduação, caiu por terra devido ao mercado de trabalho e a lenta ascensão ao cargo.

Uma semana depois, eu decidi sair.

* * *

Nos Estados Unidos e em outros países ricos, o burnout é muito discutido, mas pouco compreendido. Falamos sobre o assunto de maneira imprecisa, o que apenas contribui para a persistência da cultura do burnout. Eu sinto que li o mesmo artigo inútil sobre burnout dezenas de vezes em revistas de negócios e em sites populares. Os escritores frequentemente chamam a atenção para a maneira como o burnout faz com que os trabalhadores percam o sono, se afastem do trabalho e se tornem mais propensos a contrair doenças cardíacas, depressão e ansiedade (Valcour, 2016). Muitos apontam que o estresse no local de trabalho custa aos americanos até 190 bilhões de dólares por ano devido ao excesso de custos de saúde e de quantidades incalculáveis de perda de produtividade (Borysenko, 2019b). Além de apresentarem esses fatos, os autores também distribuem conselhos duvidosos. Um artigo típico recomenda que, para evitar o esgotamento, três coisas devem ser feitas:

> Primeiro, encontrar maneiras de servir todos os dias. Segundo, escolher organizações para trabalhar com a missão e a cultura certas que se adequem a quem você é. Terceiro, ser "empresário" do seu trabalho: assumir o controle da sua situação e encontrar maneiras criativas de integrar os seus valores, pontos fortes e paixões em seu trabalho – satisfazendo ao mesmo tempo as suas expectativas de desempenho – de modo a alcançar não apenas sucesso mas também significado (Gergen & Vanourek, 2008).

Essas sugestões estão comicamente fora da realidade, revelando ignorância a respeito tanto da literatura psicológica sobre burnout quanto da realidade da vida profissional. Autores como esses não se limitam a colocar toda a responsabilidade pelo esgotamento nos ombros do trabalhador; eles também supõem que os trabalhadores têm total controle sobre onde podem encontrar um emprego e sobre quais aspectos podem "controlar". Esse artigo foi publicado durante as profundezas da Grande Recessão em 2008, em um mês em que os empregadores dos Estados Unidos perderam mais de meio milhão de empregos (United States Department of Labor Bureau of Labor Statistics, 2009). Eu gostaria de poder dizer que é uma exceção, mas representa o entendimento público comum sobre o burnout, que absolve as empresas e seus gerentes de qualquer culpa pelo estresse que seus trabalhadores experimentam (Knight, 2015; Rampton, 2017; Robinson, 2019).

A estranha familiaridade da maioria dos escritos sobre burnout mostra como é fechado o nosso pensamento coletivo sobre esse problema. Continuamos a ler e a escrever a mesma história, apesar do mal que essa história nos causa. Muitos autores dizem às pessoas que já se sentem desgastadas e ineficazes que podem mudar a sua situação caso se esforcem o suficiente. Além disso, ao tornar individual a responsabilidade de lidar com o próprio esgotamento, os conselhos dos autores deixam intocado o sistema ético e econômico que causa o esgotamento em primeiro lugar. O nosso pensamento é limitado porque não reconhecemos o quanto é profunda a incorporação do esgotamento em nossos valores culturais. Ou então temos medo de admitir isso. Na medida em que o sistema que leva as pessoas até o esgotamento é lucrativo, aqueles que lucram com ele têm pouco incentivo para alterá-lo. Em uma cultura individualista em que o trabalho é um dever moral, cabe a você garantir que está em boas condições de trabalho. E muitos trabalhadores que se gabam de sua agitação acolhem esse dever, independentemente do dano que pode causar. De um modo perverso, muitos de nós adoramos a cultura do burnout. No fundo, queremos chegar ao esgotamento.

Este livro tem como objetivo tirar o nosso pensamento sobre o burnout de sua rotina de cinco décadas. Ele identifica o burnout como um problema cultural, não como um problema individual. Traça a história do burnout e nomeia as tendências que o trouxeram à proeminência na cultura na década de 1970. Sintetiza as descobertas científicas para definir o burnout como a experiência de ter de ultrapassar a lacuna entre os seus ideais sobre o trabalho e a realidade do seu trabalho. Mostra como esses ideais só cresceram nas últimas décadas, à medida que as nossas condições de trabalho se deterioraram. Em seguida, oferece uma nova maneira de pensar o trabalho que pode acabar com a cultura do esgotamento. Propõe um novo conjunto de ideais que elevam a dignidade humana, a compaixão e as atividades de lazer, que, juntos, podem deslocar o trabalho do centro de nossas vidas. Além disso, mergulha profundamente nas comunidades, nos locais de trabalho e nos indivíduos que resistem à cultura do burnout e que se posicionam como vanguarda para o resto de nós, de modo a criar uma nova maneira de viver e de trabalhar.

Os maus aconselhamentos sobre burnout pressupõem – assim como todos nós fazemos frequentemente – que as instituições e os sistemas de cultura são imutáveis, quase dados por Deus. Mas, obviamente, não são imutáveis. Nós já mudamos a maneira como trabalhávamos antes, tendo essas mudanças culturais desempenhado muitas vezes um papel significativo nos esforços de reforma. O trabalho infantil deixou de ser comum para ser ilegal com apenas algumas décadas de diferença no início do século XX; ao mesmo tempo, os pais começaram a ver as crianças não como economicamente úteis, mas sim como "inestimáveis", moral e emocionalmente valiosas demais para realizarem trabalhos perigosos (Zelizer, 1994). Desde então, mudamos outras normas e instituições, muitas vezes em ritmo acelerado. Casais do mesmo sexo podem agora casar-se legalmente. Os transexuais estão ganhando reconhecimento e aceitação. Pode ser difícil desmanchar estruturas sociais e criar algo novo, mas claramente não é impossível. Afinal de contas, foram os seres humanos que construíram essas estruturas. Por que não podemos construir algo melhor?

* * *

O burnout é um fenômeno complexo, uma experiência interna que afeta o nosso comportamento tanto no trabalho quanto fora dele. As causas vão desde os nossos ideais mais elevados até o nosso esforço para apoiar as nossas famílias, desde as forças econômicas globais até as nossas interações diárias com aquele cliente irritante. A minha tentativa de compreender o burnout em toda a sua complexidade levou-me a ler diversos artigos de psicologia, bem como trabalhos de sociologia, ciência política e teologia. Entrevistei dezenas de trabalhadores e passei vários dias em um desfiladeiro remoto no deserto do Novo México. Também examinei profundamente a minha própria vida, analisando e-mails e anotações que escrevi ao longo da minha carreira acadêmica. Neste livro, há escrita científica e história, análise cultural e filosofia, relatórios imersivos e memórias.

A primeira parte aborda a criação da nossa cultura de burnout ao longo dos últimos cinquenta anos. No capítulo 1, eu examino o lugar do burnout em nossa conversa pública e encontro uma cacofonia de pontos de vista mal-informados sobre o assunto. Cientistas, médicos, comerciantes, empregadores e trabalhadores têm interesses conflitantes em jogo quando utilizam o termo "burnout". Justamente por isso, há pouco consenso sobre o significado do termo. Isso torna "burnout" uma palavra da moda cultural, um significante frequentemente vazio, no qual podemos projetar praticamente qualquer pauta. A nossa linguagem imprecisa sobre ele levanta dúvidas se realmente queremos resolver o problema.

O burnout é um fenômeno moderno, mas tem antecedentes históricos, incluindo acédia, melancolia e neurastenia. Eu exploro essa história no capítulo 2. Tal como o burnout, essas doenças da alma de uma época passada foram pontos tanto de orgulho quanto de vergonha que refletiram as prioridades culturais. O termo "burnout" chamou a atenção do público pela primeira vez nos Estados Unidos, na década de 1970, quando dois psicólogos, trabalhando de forma independente, descreveram simultaneamente uma nova doença que afligia trabalhadores idealistas, como médicos voluntários, defensores públicos e conselheiros. O burnout surgiu em um momento crucial em que o modo de trabalho dos americanos estava mudando drasticamente, tornando-se ao mesmo tempo mais intenso e mais precário.

No capítulo 3, mergulho na pesquisa psicológica sobre burnout para entender como ele pode ser um fenômeno tão difundido e tão variado. À medida que a lacuna entre os seus ideais e a sua realidade no trabalho aumenta, fica mais difícil manter-se inteiro. Dito isso, não há apenas uma maneira de sofrer esgotamento. O burnout é um espectro, no qual existem vários modos de experiência distintos, os quais podemos chamar de perfis de burnout.

Em larga escala, a *cultura* do burnout resulta da crescente lacuna entre as condições de trabalho e os ideais sociais para o trabalho. O capítulo 4 trata de como essas condições se deterioraram desde a década de 1970. A terceirização e a sedução expandiram-se, enquanto o crescente setor dos serviços aumentou as demandas de tempo e de emoções dos trabalhadores, expondo mais de quem somos ao estresse no local de trabalho. Esses fatores contribuem para as deficiências em relação à equidade, à autonomia, à comunidade e aos valores que as pessoas vivenciam no trabalho. Nesse sentido, a cultura do burnout é um fracasso ético – um fracasso em honrar a humanidade dos trabalhadores.

No capítulo 5, eu examino o outro lado da lacuna: os nossos ideais de trabalho sempre crescentes. Esses ideais fazem uma promessa – comprometa-se com o seu trabalho, e você ganhará mais do que um salário: ganhará dignidade social, caráter moral e propósito espiritual. Mas a promessa é falsa. Na realidade, o comprometimento leva ao "trabalho total", uma condição em que o trabalho é o mais alto esforço humano, diminuindo a nossa dignidade, o nosso caráter e a nossa aspiração espiritual. A virtude suprema de nossa ética de trabalho é o martírio, uma aceitação voluntária do esgotamento em nome desses ideais. Os verdadeiros beneficiários desse sacrifício, no entanto, são os empregadores.

A segunda parte desta obra explora como podemos criar uma nova cultura, com o trabalho não mais ocupando o centro do significado de nossas vidas. Prevenir e curar o burnout exigirá a redução coletiva dos nossos ideais de trabalho e a melhoria das condições dele, para que estas correspondam à dignidade humana dos trabalhadores. No capítulo 6, pensadores díspares, incluindo um papa, um transcendentalista e uma feminista marxista, tornam-se guias de como podemos reorientar o trabalho em torno do valor inerente das pessoas, limitando o alcance do trabalho em nossas vidas e subordinando-o a fins mais elevados, descobertos dentro de comunidades de mútuo reconhecimento.

No capítulo 7, procuro pessoas fora da corrente dominante que incorporam os ideais e as condições de trabalho de que precisaremos se quisermos erradicar a cultura do burnout. Os mosteiros beneditinos oferecem um modelo a partir do qual podemos tirar lições seculares. Os monges de um mosteiro isolado no Novo México adotam uma abordagem radical: eles trabalham apenas três horas por dia para poderem passar muito mais tempo em oração comunitária. Outras comunidades beneditinas, incluindo duas em Minnesota, representam um exemplo mais acessível: trabalham mais horas em resposta às necessidades mundanas, mas ainda mantêm práticas para honrar o valor um do outro e para evitar se identificar com os seus empregos.

A minha procura por modelos de cultura antiburnout leva-me, no capítulo 8, a uma organização sem fins lucrativos em Dallas, no Texas, que visa reconhecer a plena humanidade daqueles que empreendem o difícil trabalho de combate à pobreza. Também encontro pessoas que buscam identificação e significado depois do trabalho, em seus *hobbies*. E descubro, ao ouvir artistas com deficiência, que as pessoas que não conseguem encontrar dignidade por meio de empregos remunerados a encontram na autoaceitação, em rituais e na comunidade, até mesmo on-line. Independentemente da nossa capacidade de trabalhar, apenas curaremos as feridas da cultura do burnout por meio da solidariedade compassiva com aqueles no processo de formação burnout.

Na conclusão do livro, defendo que agora temos a oportunidade de alinhar o nosso trabalho com ideais mais humanos. A pandemia de covid-19 mudou o trabalho para quase todas as pessoas. Apesar das perdas que a pandemia causou em tantas vidas e comunidades, ela nos deu a oportunidade de reordenar o lugar do trabalho em nossas vidas e na nossa cultura.

* * *

Tenho algumas advertências sobre os temas de que este livro não trata. Primeiro, não é um livro de autoajuda para indivíduos, mas sim para toda uma cultura. Os exemplos de pessoas que resistem à cultura do burnout, tópico dos capítulos 7 e 8, podem inspirar os leitores a fazerem mudanças em suas vidas, mas estou convencido de que vencer o burnout é necessariamente um esforço coletivo. Segundo, o cerne do argumento não é que o burnout seja o resultado direto do capitalismo – ou mesmo do capitalismo "tardio". A reforma das nossas prioridades econômicas poderia certamente melhorar algumas condições de nossos empregos, porém derrubar o capitalismo (mesmo que isso fosse possível) não acabaria com o burnout de uma vez por todas. O capitalismo por si só não fez com que os nossos ideais divergissem da nossa realidade no trabalho. Ainda assim, a motivação do lucro leva os empregadores a pressionarem constantemente os trabalhadores para produzirem mais com menos recursos, aumentando a ansiedade e o estresse dos empregados. Terceiro, este livro aborda principalmente o esgotamento em empregos remunerados. Não abarca o esgotamento parental, por exemplo (Dell'Antonia, 2019; Grose, 2019). Isso não quer dizer que a parentalidade não seja difícil ou que ela não tenha características de trabalho, mas a pesquisa científica sobre o burnout parental é limitada, e as diferenças entre a paternidade e o emprego remunerado são grandes (Mikolajczak et al., 2018; Roskam et al., 2017). Os pais não se preocupam em serem demitidos e não têm um escritório de recursos humanos onde as suas reclamações podem ser recebidas. Na realidade, um passo crucial para quebrar a cultura do burnout deve ser reconhecer que atividades não remuneradas, como a parentalidade, a escola e os relacionamentos, têm um valor totalmente diferente do valor do trabalho remunerado.

Talvez seja impossível eliminar o burnout por completo. Enquanto trabalharmos, haverá dor. Mas certamente podemos aliviá-lo. O burnout surge das contradições entre os nossos ideais e as nossas organizações, mas também é um produto das relações interpessoais doentias que temos no trabalho. O burnout decorre das exigências que fazemos aos outros, do reconhecimento que deixamos de dar, da discórdia entre nossas palavras e ações. É, em última análise, o resultado de um fracasso em honrarmos a dignidade humana uns dos outros. A questão, no fim, não pode ser apenas "como eu posso evitar o *meu* esgotamento?"; tem de ser "como eu posso evitar o *nosso* esgotamento?" A resposta implicará não apenas na criação de melhores locais de trabalho mas também na formação de melhores pessoas.

Parte I
A cultura do burnout

1
Todos estão esgotados, mas ninguém sabe o que isso significa

Nas semanas que se seguiram à minha decisão de deixar meu emprego como professor universitário titular, a palavra *burnout* ocorreu-me como uma maneira possível de explicar o pavor furioso que senti em relação à minha carreira. Sendo um estudioso de coração, passei o meu semestre de pessoa fracassada na faculdade mergulhando em pesquisas sobre esse assunto para entender a minha própria vida. O nome que surgiu repetidamente em minhas leituras foi Christina Maslach, psicóloga da Universidade da Califórnia, em Berkeley. Na minha faculdade, no porão da autenticamente não reformada biblioteca de meados do século, tinha uma cópia de um livro de Maslach de 1982, com um título muito forte: *Burnout: the cost of caring* [Burnout: o custo do cuidado]. Então, eu resolvi analisar.

Era como se Maslach tivesse escrito a minha biografia profissional. O livro concentra-se em trabalhadores que exercem profissões de serviço humano: conselheiros, assistentes sociais, policiais, agentes penitenciários e professores como eu. Ela descobre que aqueles que chegam ao esgotamento tendem a ser idealistas. "Ideais nobres podem causar problemas aos prestadores quando os ideais são tudo o que ele ou ela tem para orientar a direção do trabalho", ela escreve, "porque eles, por mais que trabalhem, cada dia estão condenados a serem um fracasso" (Maslach, 1982, p. 90).

Maslach reconhece a importância de ter as necessidades psicológicas satisfeitas no trabalho: "A pessoa que não tiver relações próximas com amigos ou familiares estará muito mais dependente dos sinais de apreço de clientes e colegas" (Maslach, 1982, p. 65). Eu certamente estava. Na época em que minha carga de trabalho era maior, a minha mulher morava a mais de 320 quilômetros de distância. Nós dois morávamos longe de nossos pais e irmãos. E todos os meus amigos eram amigos do trabalho; quando nos encontrávamos, muitas vezes reclamávamos do emprego. O permanente desinteresse dos meus alunos parecia uma repreensão a tudo que importava para mim.

No entanto, ao ler o trabalho de Maslach, eu me senti compreendido. A sua escrita estava repleta de compaixão pelos trabalhadores esgotados que ela e seus colegas estudaram. Maslach não nos culpou pela nossa infelicidade. Ela elogiou o nosso idealismo e, embora achasse que precisávamos ser mais honestos conosco mesmos sobre a difícil realidade de nossas profissões, não nos viu como inadequados, apenas como inadequadamente treinados para lidar com os desafios profissionais (Maslach, 1982,

p. 134-135). Os colaboradores ocasionais de Maslach, Ayala Pines e Elliot Aronson, concordaram. Eles descobriram que as pessoas encontravam conforto em saber que seu sofrimento tinha um nome, que não havia "algo exclusivamente errado com *elas*" (Pines & Aronson, 1988). Como Maslach e Michael Leiter argumentam em seu livro *The truth about burnout* [A verdade sobre o burnout], de 1997 – um livro em que sublinhei e anotei bastante durante as minhas últimas semanas de ensino na faculdade –, o esgotamento foi causado por instituições, não por indivíduos. "O burnout não é um problema propriamente das pessoas, mas sim do *ambiente social* em que as pessoas trabalham", eles escrevem. "Quando o ambiente de trabalho não reconhece o lado humano do trabalho, então o risco de burnout aumenta, carregado de um alto preço" (Maslach & Leiter, 1997, p. 18).

Os indivíduos não são culpados pelo esgotamento, mas certamente sentem os seus efeitos negativos. Maslach entende que o burnout tem três dimensões: exaustão, cinismo (por vezes chamado de despersonalização) e uma sensação de ineficácia ou de realização diminuída (Maslach & Leiter, 1997, p. 17-18). Você atinge o burnout no trabalho quando está constantemente esgotado de energia (exaustão), quando vê os seus clientes ou alunos como problemas em vez de como pessoas a quem deveria ajudar (cinismo) e quando sente que não consegue realizar nada com o seu trabalho (ineficácia). Eu senti tudo isso intensamente. Acordava cansado e temia o trabalho que tinha de realizar. Lutei arduamente para conter a minha frustração com alunos e administradores que pareciam não se importar. Eu pensava que o meu esforço e o meu talento não valiam nada. Os alunos simplesmente não aprenderiam. A minha carreira havia sido um desperdício.

Havia uma profunda ironia na minha experiência de burnout, um "otimismo cruel", usando um termo emprestado da crítica literária Lauren Berlant. Otimismo cruel acontece "quando o objeto que atrai o seu apego impede ativamente o alcance do objetivo que o trouxe até ele inicialmente" (Berlant, 2011, p. 1). Eu estava perseguindo objetivos valiosos em minha carreira – aprender, ensinar aos outros, contribuir para uma comunidade de colegas acadêmicos –, mas a busca em si exauriu-me, tornou-me cínico e jogou-me no desespero. E ao fazê-lo, minou a minha capacidade de atingir esses mesmos objetivos.

Enquanto lia artigos sobre essa condição que agora afirmava ser a minha, seguia as notas de rodapé de um artigo para o seguinte que eu iria ler, e o seguinte, e o seguinte. Uma coisa que surgiu na maioria deles foi algo chamado de Maslach Burnout Inventory ou MBI, um teste psicométrico desenvolvido por Christina Maslach que se tornou padrão na pesquisa de burnout. Decidi fazer a versão do teste escrita especificamente para educadores. Custou 15 dólares e levou cinco minutos para ser concluído on-line, um pequeno preço a pagar para confirmar cientificamente se eu realmente estava esgotado. O teste de 22 perguntas pediu-me para dizer com que frequência eu tinha vários sentimentos pelo meu trabalho e pelos meus alunos, desde "sinto-me emocionalmente esgotado pelo meu trabalho" (uma medida de exaustão) até "eu realmente não me importo com o que acontece com alguns alunos" (uma medida de despersonalização ou cinismo) e "sinto-me entusiasmado depois de trabalhar em estreita colaboração com os meus alunos" (uma medida de realização pessoal ou de eficácia). Respondi honestamente, mas preocupado com o fato de que, se eu "errasse", se o teste dissesse que eu não estava esgotado, teria de continuar procurando o que havia descarrilado a minha carreira e quase arruinado a minha vida.

Passei com louvor. Pontuei 98% para exaustão e 17% para realização pessoal, o que significava que eu estava entre os educadores mais emocionalmente esgotados que fizeram o teste Maslach Burnout Inventory, além de sentir-me menos eficaz do que cinco a cada seis participantes do teste (a realização pessoal é pontuada em uma escala inversa; quanto mais baixa for a pontuação, maior será a sensação de ineficácia). Para minha surpresa, eu pontuei apenas 44% para despersonalização, um pouco abaixo da média, mas mesmo assim em um nível que alguns pesquisadores consideram uma pontuação alta. Ainda assim, abaixo da média para o cinismo? Desde há muito tempo eu escrevia e-mails longos e raivosos para todos os professores tarde da noite; o que os *verdadeiramente* cínicos estavam fazendo? Independentemente disso, eu tinha pontuado muito alto na dimensão chave da exaustão. Como alguém que tem sucesso na validação de testes padronizados, senti-me orgulhoso, tal como eu me senti quando obtive as minhas notas GRE para entrar na pós-graduação.

A pesquisa que eu estava lendo, juntamente com o fato de haver um teste para as três dimensões do burnout, significava que eu não estava sozinho em minha condição. Mas quantos trabalhadores estão esgotados? E como é a experiência deles? É a mesma que a minha ou é outra? Essas perguntas são mais difíceis de responder do que se imagina, mas elas conduzem diretamente aos sentimentos conflitantes da nossa cultura em relação ao burnout.

* * *

O burnout é certamente um assunto de considerável discussão pública. Com base no que se pode ler sobre o tema em sites populares, em revistas e em publicações comerciais, todas as profissões são suscetíveis ao burnout. Enquanto escrevia este livro, recebia diariamente um e-mail que me notificava a respeito de artigos sobre burnout publicados na internet. Cada mensagem incluía dezenas de links. Em apenas um dia, houve histórias sobre burnout entre médicos, enfermeiros, professores, pais, dentistas, policiais, ativistas climáticos, agentes de segurança do *campus*, advogados, neurointervencionistas, pessoas com habilitações de segurança, jogadores de tênis, estudantes de pós-graduação, bibliotecários, músicos, *freelancers*, voluntários e o comediante Dave Chappelle.

Muitas das manchetes afirmam uma elevada prevalência de burnout dentro das profissões. Por exemplo, o artigo sobre neurointervencionistas – médicos que operam derrames e outros bloqueios vasculares – dizia que 56% dos médicos dessa especialidade satisfaziam os critérios de burnout (Fargen, 2019). Uma equipe de pesquisa diz que 28% do público geral que trabalha está esgotado, bem como 44% dos médicos (Shanafelt et al., 2019). Outra pesquisa diz que 23% dos trabalhadores estão esgotados (Wigert & Agrawal, 2018). Continue lendo e você encontrará números que ultrapassam os limites da plausibilidade. De acordo com uma outra pesquisa, "77% dos entrevistados dizem ter experimentado o esgotamento dos empregados em seus trabalhos atuais, com mais da metade citando mais de uma ocorrência" (Deloitte US, 2019). Outra alegação – surpreendente – é a de que 96% da geração do milênio está afetada pelo burnout (Yellowbrick, 2019).

Cada manchete, tomada individualmente, conta uma história simples e alarmante: uma parte significativa dos trabalhadores tem essa condição que, de alguma maneira, está incorporada nos seus trabalhos e prejudica sua capacidade de realizar suas funções. Os artigos geralmente enquadram o burnout em um estado claro e definitivo, como ter uma inflamação na garganta. "Surpreendentemente, 79% dos médicos de cuidados primários *estão com burnout*, dizem novos relatórios", mostra um típico título (Finnegan, 2019). As precisas porcentagens fazem parecer que existe uma divisão clara entre os trabalhadores saudáveis e os não saudáveis. Quando se trata do seu trabalho, você é como uma lâmpada: ou ainda está funcionando ou está queimado. Não existe nada no meio. Se você está esgotado, tudo o que pode fazer é se arrastar ao longo do seu dia de trabalho. Você é um trabalhador morto-vivo.

No entanto, considerados em conjunto, os artigos dizem algo mais complexo e menos conclusivo. Sim, o esgotamento é generalizado, mas os números que são citados para defender esse fato não são compatíveis. Não pode ser verdade que basicamente todas as pessoas da geração do milênio estão com burnout, enquanto apenas um quarto de todos os trabalhadores está esgotado, porque, na época em que essas pesquisas foram publicadas, os da geração do milênio correspondiam a mais de um terço de todos os trabalhadores (Fry, 2018). E certamente alguns trabalhadores mais velhos também sofrem de burnout.

Um olhar por trás desses números revela que os pesquisadores que os determinaram estão trabalhando com diferentes definições de burnout. Os estudos não estão falando sobre a mesma coisa – um problema que alguns pesquisadores do assunto reconhecem (Dewa et al., 2017, 2019). Poucos estudos se baseiam no Maslach Burnout Inventory, o teste completo de 22 perguntas que eu fiz, e mesmo os pesquisadores que usam o MBI aplicam-no de maneiras diferentes. Uma meta-análise descobriu que, entre os 156 estudos que utilizaram o MBI para examinar o esgotamento dos médicos, havia 47 definições diferentes de burnout e pelo menos duas dúzias de definições de exaustão emocional, cinismo e ineficácia. Não é de admirar que esses estudos tenham produzido resultados amplamente diferentes, desde 0% dos médicos com burnout até 80% (Rotenstein et al., 2018). É como se todos estivessem tentando construir uma casa, mas ninguém concordasse sobre o modo como medir as tábuas, e então continuassem cortando e martelando de qualquer maneira.

Além disso, o MBI mede a exaustão, o cinismo e a ineficácia em uma escala, mas muitos estudos estabelecem um limiar distinto para o burnout. Abaixo dele, você não está esgotado; acima dele, você está. É como ter uma lâmpada em um variador de luminosidade (*dimmer*): você declara que ela não está realmente "ligada" se ficar abaixo de algum nível arbitrário de brilho, mesmo que ainda ilumine a sala. Para além dessa dificuldade com a pesquisa sobre burnout, muitos estudos baseiam-se nas definições subjetivas de burnout de pessoas comuns. Se um entrevistador nos perguntar "Você sofre de burnout?" e eu pensar que burnout é uma completa incapacidade de trabalhar, enquanto o outro pensar no assunto como uma necessidade de uma soneca no sábado à tarde, nossas respostas significarão coisas muito diferentes, mas ambas as definições entrarão nos dados. Se os entrevistados não concordarem sobre o significado de burnout, e se os criadores dos estudos não concordarem nisso, então todos esses números, supostamente medindo a mesma coisa, estarão na realidade apenas comparando maçãs com laranjas e adubos.

Por exemplo, um estudo da Clínica Mayo, que comparou as taxas de burnout entre médicos e a força de trabalho em geral, classificou alguém como esgotado se este respondeu que a afirmação "sinto-me esgotado por causa do meu trabalho" se aplicava ao seu caso pelo menos algumas vezes por mês, ou se "tornei-me mais insensível com as pessoas desde que aceitei esse emprego" se aplicava ao seu caso pelo uma vez por mês ou mais (Shanafelt et al., 2019). Não era necessário dizer "sim" a ambas as perguntas para ser considerado uma pessoa com sintomas de burnout. As duas perguntas são certamente mais fáceis de responder do que as 22 do MBI, e existe, de fato, uma forte correlação entre as respostas a essas perguntas únicas e as dimensões de exaustão emocional e de despersonalização do MBI completo (West et al., 2009). Mas o estudo da Clínica Mayo não levou em consideração a terceira dimensão, a realização pessoal (ou o seu inverso, a ineficácia). E a primeira pergunta – a medida da exaustão emocional – convida os entrevistados a confiarem em suas definições individuais de "burnout".

Com certeza existe um grande problema social se, de acordo com o que a Clínica Mayo descobriu, 30 a 40% dos médicos estiverem frequentemente exaustos ou despersonalizando os seus pacientes – ou seja, tratando-os como menos do que seres humanos completos. Mas não é o mesmo que dizer que uma vasta minoria de médicos mal consegue cumprir as suas obrigações diárias de trabalho ou que precisam de terapia ou tratamento farmacêutico. E o problema é que, na ausência de uma definição clara de burnout, não sabemos o que esses números sugerem sobre a magnitude da crise de burnout na medicina. Da mesma forma, a pesquisa que afirmou que praticamente todos os trabalhadores da geração do milênio estavam esgotados, realizada por meio da plataforma Mechanical Turk, da Amazon, pode apontar para um problema generalizado, mas apenas se os pesquisadores utilizaram meios confiáveis para obter o resultado. Nessa pesquisa, uma pergunta foi feita aos participantes: "você acredita que o burnout ou a exaustão mental afetam a sua vida cotidiana?" – pergunta que é absurdamente ampla e assume falsamente um acordo sobre o que é burnout. Os resultados são insignificantes. Não considerariamos alguém clinicamente deprimido se respondesse "sim" a uma pergunta como esta: "alguma vez você já se sentiu deprimido?" No entanto, é exatamente assim que os profissionais de marketing, os entrevistadores e até os pesquisadores acadêmicos estão tentando estabelecer que o burnout é uma epidemia social.

Como agravante ao nosso problema com a definição de burnout está o fato de que, como qualquer doença amplamente percebida, o burnout é potencialmente um grande negócio. Os profissionais de marketing exaltam o *status* do burnout como uma síndrome relacionada ao trabalho reconhecida pela Organização Mundial da Saúde, ao mesmo tempo que se baseiam em definições subjetivas sobre o assunto. Ao aplicar esse verniz de respeitabilidade científica sobre um conjunto amplo e difuso de experiências, eles podem criar uma emergência de esgotamento – e todo um mercado de pessoas que precisam de cura, desde regimentos de bem-estar até "conteúdos" bem-calculados.

Por exemplo, o conglomerado de meios de comunicação social Meredith Corporation lançou uma pesquisa intitulada *Burnout flashpoint*, em conjunto com a empresa de pesquisa Harris Poll em 2019. O resultado foi que 19% das mulheres entrevistadas afirmaram estar mais esgotadas do que estavam cinco anos antes. Isso parece ser um problema significativo, mas é uma porcentagem muito menor se comparada com a daquelas que disseram estar mais "estressadas" (36%) ou mais "cansadas" (33%) do que estavam no passado (Meredith Corporation & Harris Poll, 2019). No entanto, "burnout" foi o título da pesquisa, e não "cansaço". "Cansaço" não vende. Burnout: esse é o fenômeno cultural, o espírito dos tempos atuais. Desse modo, deve ser o problema que devemos enfrentar.

E com esse problema vem a oportunidade para que qualquer pessoa possa alegar ter uma solução. "Mais do que nunca", afirma o relatório, "as mulheres estão procurando as marcas que sejam suas aliadas no combate ao burnout (não no aumento do burnout)" (Meredith Corporation & Harris Poll, 2019). Não é preciso dizer que o "estúdio de conteúdo" da Meredith oferece o tipo de serviço para ajudar as marcas a se tornarem as aliadas que as mulheres desejam. Na mesma linha, a empresa de consultoria Deloitte descobriu, em sua *Workplace burnout survey* [Pesquisa de burnout no local de trabalho] de 2018, que a grande maioria dos trabalhadores já experimentou o burnout e que "os empregadores podem estar errando o alvo quando se trata de desenvolver programas de bem-estar que seus funcionários considerem valiosos para enfrentar o estresse no local de trabalho" (Deloitte US, 2019). Mas há boas notícias: os serviços de consultoria de capital humano da Deloitte podem ajudar nisso.

* * *

O fato de "burnout" ser uma expressão contestada, enquanto "garganta inflamada" não é, diz-nos algo importante sobre a cultura do burnout: há interesses diferentes em jogo nessa definição. Trabalhadores, empregadores, pesquisadores, profissionais de marketing e médicos querem que o termo tenha diferentes significados, seja para validar a sua experiência (como eu fiz), seja para identificar a erva daninha que deve ser descartada da empresa, seja para definir uma nova área de prática terapêutica. O termo burnout é *importante* para nós, mas ainda assim não conseguimos estabelecer uma definição para ele. Nesse contexto, os resultados sensacionalistas das pesquisas não se limitam a relatar a condição das pessoas; convidam os leitores a afirmarem que também estão esgotados. Se você ler que uma grande porcentagem de pessoas como você – que compartilham a mesma profissão, o mesmo gênero e a mesma faixa etária – está passando pelo burnout, então, para encaixar-se, você não precisa dizer que também está? Esse é o paradoxo da cultura do burnout. O burnout é uma condição negativa, mas mesmo assim muitos trabalhadores querem aplicá-la a si mesmos.

Pode-se ver o paradoxo na conversa pública a respeito do burnout na geração do milênio. No início de 2009, a jornalista Anne Helen Petersen publicou um estudo no *BuzzFeed News* sobre o burnout como explicação do motivo pelo qual aqueles da geração do milênio – na época entre seus 20 e 30 anos de idade – aparentemente não conseguiam cumprir tarefas comuns, incluindo algo tão importante quanto registrar-se para votar. Não era que fossem preguiçosos. No relato, Petersen diz que os indivíduos da geração do milênio têm estado sob pressão para realizarem coisas durante toda a sua vida, estão profundamente endividados com empréstimos educacionais e experimentam um mercado de trabalho precário, levando-os a ultrapassar o ponto de exaustão. O burnout, de acordo com Petersen, não é "uma aflição temporária: é uma condição milenar. É a nossa temperatura de base. É a nossa música de fundo. É a maneira como as coisas são. É a nossa vida" (Petersen, 2019a).

O estudo de Petersen foi uma sensação, lido milhões de vezes e amplamente discutido em programas de rádio e *podcasts*. Nos dias que se seguiram à publicação do estudo, assisti ansiosamente ao desenrolar da conversa nas mídias sociais, uma vez que esse assunto que ficava na interseção das minhas vidas pessoal e profissional de repente estava recebendo a atenção que merecia. Suspeito que o estudo tenha sido tão popular porque deu um nome – e com ele, legitimidade – àquilo que os leitores haviam experimentado. Disse para os da geração do milênio e outros que o que eles estavam passando era de fato um problema em grande escala, e não uma culpa individual. É por isso que a definição de burnout de Maslach ressoou tanto em mim nas últimas semanas da minha carreira acadêmica. Eu sabia que não estava sozinho.

O artigo pode também ter se tornado popular porque não se limitou a nomear uma experiência; igualmente elevou aqueles que tiveram essa experiência. Justificou a incapacidade deles de atuar como o preço que pagavam por serem trabalhadores ideais. Deu-lhes *status* no sistema moral da cultura de trabalho americana. Petersen define burnout como algo além da exaustão: "Exaustão significa ir até o ponto em que não se pode ir mais longe; burnout significa chegar a esse ponto e se esforçar para continuar, seja por dias, semanas ou anos" (Petersen, 2019a). De acordo com essa definição, o burnout não é uma falha de produtividade, mas sim a continuação da produtividade apesar da falta da força necessária para executá-la. O trabalhador esgotado é, nesse sentido, uma espécie de herói. Para dar certeza disso, Petersen enfatiza que, mesmo durante a sua própria exaustão crescente, ela continuou a trabalhar árdua e eficazmente: "Enquanto escrevia este artigo, eu estava orquestrando uma mudança, planejando viagens, pegando receitas médicas, passeando com meu cachorro, tentando me exercitar, fazendo jantar, tentando participar de conversas de trabalho no Slack, postando fotos nas mídias sociais e lendo notícias... eu estava na esteira da lista de afazeres: uma maldita coisa atrás da outra" (Petersen, 2019a).

Conforme o que ela diz no artigo, porém, Petersen continuou fazendo o seu trabalho, e ela não revela nenhum cinismo a respeito disso. É certo que outras coisas caíram no esquecimento, de acordo com seu relato. Ela dá o nome de "paralisia de recados" à sensação de que pequenas tarefas, como interagir com amigos ou marcar uma consulta médica, eram assustadoras demais até mesmo para se tentar fazê-las. No entanto, a paralisia de recados não é exclusiva de pessoas que sofrem de estresse relacionado ao trabalho. É algo universal. *Eu* já não estou mais esgotado e ainda assim continuo adiando as consultas médicas, ainda assim tenho dificuldade em arranjar tempo para enviar e-mails às pessoas de quem gosto. A paralisia de recados é uma característica da vida cotidiana.

Não duvido de que Petersen tenha sentido um grande estresse em torno do seu trabalho. Tenho certeza de que eu também o sentiria se tivesse feito a cobertura de uma campanha do Senado no Texas – como ela fez – e depois mudasse de casa enquanto assumia novos projetos. Mas a aparente eficácia de Petersen levanta uma questão importante: trata-se de burnout se você ainda está desempenhando o seu trabalho em alto nível?

O artigo de Petersen suscitou respostas que questionaram partes de seu argumento, mesmo afirmando a prevalência e a profundidade do burnout entre os jovens trabalhadores. Um foco proeminente para essas respostas tinha a ver com a relação entre burnout e a questão racial (Petersen, 2019b). Especificamente, os escritores pensaram que o argumento de Petersen surgiu de uma posição de privilégio branco e que a experiência de burnout para pessoas de outra cor era mais grave. Em um estudo intitulado "This is what black burnout feels like" [Assim parece o burnout negro], a poetisa e acadêmica Tiana Clark escreveu que o burnout não é uma novidade para os afro-americanos, que suportaram uma "litania de traumas herdados – ou devo dizer burnout herdado? Estou pensando em navios de escravizados, em meeiros, em oleodutos escola-prisão, em um estado constante de colapso mental". Enquanto Petersen chama o burnout de "temperatura base" milenar, Clark diz: "não importa o movimento ou a época, estar esgotado tem sido o estado constante dos negros neste país há centenas de anos" (Clark, 2019).

O relato de Clark sobre a sua própria vida, incluindo as suas "baterias negras mortas", soa no sentido de um indivíduo que trabalha arduamente para acompanhar tanto as suas próprias ambições quanto as expectativas das outras pessoas (possivelmente racistas) em relação a si. Ela escreve sobre ser aniquilada no fim de um dia de ensino. Fala sobre suportar uma carga mais pesada de trabalho em comitês do que seus colegas brancos. Enumera os custos do seu trabalho, suportados em grande parte pelo seu corpo: "Eu ranjo os dentes à noite. Eu perco o sono. Eu paro de fazer exercícios. Eu trabalho enquanto minha cabeça está latejando. Eu desenvolvi síndrome dos ovários policísticos. Eu cancelo a terapia; não consigo continuar. Eu paro de encontrar os meus amigos" (Clark, 2019).

Mas, assim como Petersen, Clark não parece tão exausta a ponto de não conseguir fazer o seu trabalho. Não parece cínica a respeito disso. Certamente não parece ter perdido o sentido de realização. Parece justificadamente orgulhosa das suas consideráveis realizações profissionais: uma rara posição de carreira na poesia, algumas coleções publicadas, prêmios, convites para palestras. Tal como Petersen, não posso conhecer totalmente a experiência subjetiva de Clark. Tenho de aceitar a palavra dela. E o que eu percebo é que ela está exausta, mas está conseguindo.

Na verdade, mesmo enquanto escreve sobre estar esgotada, Clark se orgulha de estar em demanda. O seu trabalho "continuamente parece uma corrida e uma maratona. Por quê? Porque, como Jay-Z bem disse: *eu sou uma pessoa determinada, baby!*" (Clark, 2019). Os relatos de Petersen e Clark mostram-me que, quando você diz que está esgotado, não está apenas admitindo o fracasso. Você também está afirmando cumprir o ideal americano de trabalho constante.

* * *

Toda a inconsistência e a subjetividade na definição do burnout, juntamente com o potencial do burnout para sinalizar um *status* e uma virtude em uma cultura obcecada pelo trabalho, suscita dúvidas a respeito do burnout ser uma condição real. O burnout não tem definição clínica na maioria dos países, o que significa que tem tanto *status* médico quanto ser um artista ou um fã do Chicago Cubs. Você está esgotado se disser que está esgotado. Mas devemos dar crédito a alegações não verificáveis, incluindo a minha?

Como existe tão pouco consenso a respeito da definição de burnout, alguns críticos alegam que a pesquisa sobre burnout está apenas tateando cegamente no escuro. A psicóloga clínica Linda V. Heinemann e o sociólogo Torsten Heinemann se perguntam se todos os pesquisadores de burnout "estão realmente investigando o mesmo fenômeno" (Heinemann & Heinemann, 2017b). Até mesmo alguns pesquisadores alertam para o uso excessivo e impreciso do termo. Ayala Pines e Elliot Aronson observaram em 1988 que, ao longo dos anos anteriores, "o termo 'burnout' tornou-se extremamente popular – talvez popular demais; tem sido tão livremente utilizado que se tornou quase sem sentido". Eles advertem que burnout "não é sinônimo de estresse no trabalho, fadiga, alienação ou depressão. Usar o termo de maneira imprecisa é diminuir a sua utilidade" (Pines & Aronson, 1988).

Culturalmente, a síndrome de burnout expandiu-se para se ajustar aos termos amplos nos quais a colocamos. Os Heinemanns argumentam que a definição imprecisa de burnout permitiu que o termo se tornasse "um diagnóstico de encobrimento que permite às pessoas ficarem doentes sem serem estigmatizadas como doentes mentais, e com a oportunidade de regressarem com sucesso ao local de trabalho". Isso foi especialmente verdade na Alemanha, onde o burnout foi amplamente discutido na imprensa popular na década de 2010 como *Volkskrankheit*, uma doença de toda a sociedade (Heinemann & Heinemann, 2017a, p. 131, 138). No início dessa década, revistas e jornais alemães publicaram centenas de artigos sobre burnout, muitas vezes focando admissões de burnout por parte de celebridades e atletas profissionais (Heinemann & Heinemann, 2017a, p. 141-143). À medida que o burnout atraiu mais atenção do público, os jornalistas passaram descrevê-lo como um problema social crescente, algo que poderia atingir qualquer trabalhador ambicioso. Uma definição mais rigorosa teria restringido a narrativa. O burnout tornou-se, assim, um "termo guarda-chuva" para muitas variedades de mal-estar relacionado ao trabalho (Heinemann & Heinemann,

2017a, p. 142). Um artigo científico alemão de 2011 refere-se ao burnout como "um diagnóstico da moda" que precisa urgentemente de uma definição mais precisa (Kaschka et al., 2011). Outro artigo observa que a propensão alemã para rotular um episódio depressivo como "burnout" aumentou dramaticamente entre 2001 e 2011 (Bahlmann et al., 2013). O psiquiatra alemão Ulrich Hegerl ainda adverte que o foco excessivo no burnout pode ser mortal. "Falar de burnout é totalmente inútil", disse ele à revista *Der Spiegel* em 2011, "porque pode significar tanto uma exaustão diária como um episódio depressivo grave e com risco de vida. Em última análise, o conceito de burnout trivializa a depressão" (Kramer, 2011).

Um cético poderia razoavelmente dizer que, uma vez que as alegações subjetivas de burnout são generalizadas e clinicamente sem significado, é justo supor que muitas das pessoas que dizem aos pesquisadores e jornalistas estarem esgotadas não teriam uma pontuação alta no Maslach Burnout Inventory para exaustão, cinismo e ineficácia. Em uma sociedade que supervaloriza o trabalho, você pode ganhar *status* ao dizer que tem essa condição, que sinaliza a sua incansável devoção ao trabalho. Não custa nada fazer isso. Se muitos dos que reivindicam o burnout não sofrem "realmente" da síndrome, então é possível que não haja uma epidemia de esgotamento.

O ceticismo em relação ao burnout é quase tão antigo quanto o trabalho pioneiro de Maslach na década de 1970. Em um ensaio de 1981, intitulado "The burnout of almost everyone" [O esgotamento de quase todos], o colunista Lance Morrow, da revista *Time*, formulou o burnout dentro da guerra cultural, utilizando-o para criticar o narcisismo superficial que se seguiu à "Década do Eu". Morrow escreve que o burnout "tornou-se passageiro e indiscriminado, um jargão psicológico, o equivalente psíquico, em sua onipresença, a correr". Ele via as alegações generalizadas de burnout como evidência de uma psique nacional enfraquecida. "A era da 'graça sob pressão' desapareceu no início dos anos de 1960", escreve ele. Nos anos de 1980, "muitas pessoas se tornaram fáceis de frustrar" (Morrow, 1981).

O psiquiatra Richard Friedman trouxe um argumento semelhante no *New York Times* em 2019, na sequência da decisão da Organização Mundial da Saúde de rotular o burnout como "fenômeno ocupacional", embora não seja uma condição médica. Friedman critica os testes de diagnóstico excessivamente amplos utilizados nos locais de trabalho para identificar pessoas que estão "em risco de esgotamento". Ele escreve: "Se quase todas as pessoas sofrem de burnout, então ninguém sofre, e o conceito perde toda a credibilidade". Na visão de Friedman, que é formada pela sua experiência em aconselhar toda uma geração de estudantes de medicina, muitos trabalhadores estão interpretando erroneamente o estresse comum e esperado como uma condição debilitante. Isso leva-o a concluir que seria um erro "medicar o estresse e o desconforto cotidianos como burnout" (Friedman, 2019).

Certamente é verdade que mais pessoas dizem que estão esgotadas do que realmente estariam se tivéssemos critérios confiáveis e estabelecidos para o burnout. Mas o argumento cético de Friedman não faz o que ele pensa que faz. Na verdade, ele apresenta um bom argumento para o ponto exatamente oposto. Se o problema é um sobrediagnóstico de burnout, e a razão para o sobrediagnóstico é que não existem critérios de diagnóstico para o burnout, então o problema poderia ser resolvido com o estabelecimento de critérios – em outras palavras, medicalizando-o. Uma lista de verificação precisa de diagnóstico para o burnout certamente excluiria muitas pessoas, mas também excluiria pessoas que não percebem que seu trabalho as está prejudicando. E mesmo que descobríssemos que menos pessoas estão clinicamente esgotadas, poderíamos mobilizar todo o aparato médico – incluindo prescrições, seguros e cobertura de invalidez – para ajudar aquelas que de fato permanecem nessa condição. Uma definição mais limitada de burnout também poderia responder à preocupação de Ulrich Hegerl de que a nossa elevação do burnout trivializa a depressão. Se os médicos conseguirem distinguir entre os dois distúrbios, então poderão identificar melhor as pessoas cuja condição se estende para além do mal-estar específico do trabalho e da aflição generalizada da depressão.

Uma definição expansiva de burnout também permite aos comentaristas diagnosticar quais populações estão com essa síndrome e, em seguida, oferecer praticamente qualquer programa social ou político como cura. Quando isso acontece, o burnout torna-se apenas "o que há de errado com a sociedade". O burnout é o fruto envenenado do racismo, do patriarcado ou do capitalismo? Reivindicar o esgotamento de um grupo – para mães, para as mulheres em geral, para os afro-americanos ou para as pessoas da geração do milênio – é o mesmo que dizer, simplesmente, que esse grupo é desfavorecido? Tiana Clark escreve sobre o "burnout herdado" pelos negros nos Estados Unidos, desde a escravidão até Jim Crow e mais além, mas o burnout parece um termo muito suave para a opressão e a violência sistêmicas nessa escala. Burnout é a palavra apropriada para usar quando se fala de injustiça histórica? Ou, em menor escala, usamos o burnout como um conceito de espaço reservado para o efeito da marginalização social sobre o indivíduo? Se assim for, então como podemos entender o fato de que médicos ou professores universitários, que de um modo geral não são oprimidos, parecem experimentar o burnout em índices tão elevados?

A tentativa de compreender esse termo escorregadio apenas levou a mais questões. A única coisa de que podemos ter certeza, ao que parece, é que somos uma sociedade inteira de esgotados, seja lá o que isso signifique.

* * *

A minha posição em relação ao termo *burnout* é tão ambivalente quanto a de nossa cultura. Estou certo de que o burnout é algo real. Eu o experimentei. E o que experimentei foi muito mais do que o cansaço comum que sentiria no fim de uma semana atarefada ou do que a exaustão de terminar um semestre em uma corrida de exames de classificação. O descanso não curou o profundo sentimento de desespero que eu senti pela aparente incapacidade dos meus alunos de aprenderem comigo. Mesmo os dois períodos prolongados que passei longe do trabalho – um ano sabático remunerado e, mais tarde, um semestre de licença sem vencimento – apenas pausaram o meu esgotamento. Nas duas ocasiões, voltei ao trabalho e senti-me exausto, irritado e infeliz durante semanas. O meu burnout recomeçou exatamente do ponto em que parou.

Eu também estou bastante confiante de que o que experimentei não foi depressão. A psicoterapeuta que consultei durante vários meses disse que ninguém em sua profissão iria me diagnosticar como clinicamente deprimido. O meu médico, por sua vez, deu-me um diagnóstico de transtorno de adaptação com humor deprimido e prescreveu um inibidor seletivo de recaptação de serotonina. A medicação parecia diminuir os meus acessos de raiva, mas eu não me sentia muito melhor em geral. Saí de lá antes de tirar a licença sem vencimento. Foi só depois de ter deixado definitivamente a faculdade que comecei a melhorar. Qualquer que fosse a minha condição, estava ligada ao meu trabalho.

Embora eu saiba que o burnout é real, compartilho a preocupação dos céticos de que aplicamos o termo de maneira muito casual, que estamos prontos demais para nos diagnosticarmos com essa doença. Quando leio sobre algum flagelo, como burnout da dama de honra, burnout do *Burning Man* ou – que Deus nos ajude – burnout por assistir muitos programas de televisão, penso que difundimos a definição de maneira muito estreita (Entwistle, 2019; McKell, 2019; News 4-Fox 11 Digital Team, 2019, p. 4). Se tudo é burnout, então nada é. Paradoxalmente, quando tentamos apresentar o significado do burnout, mostrando que está em toda parte, acabamos por torná-lo invisível, à medida que se dissipa na névoa de nossas frustrações diárias.

O fato de *falar* sobre burnout é um fenômeno que, por si só, sinaliza que o esgotamento é não apenas uma questão psicológica mas também uma questão cultural. Para compreender essa cultura, precisamos conhecer a sua história, incluindo de que maneira o surgimento do burnout como assunto de preocupação reflete mudanças em nossa economia e nossa visão de uma vida bem vivida. Esse é o nosso próximo passo.

2
Burnout: os primeiros 2 mil anos

Quando refaço o curso da minha carreira acadêmica, percebo que, à medida que minha miséria profissional crescia, meu corpo enviava-me sinais de que algo estava errado. Na semana anterior ao início das aulas, em janeiro, comecei a perceber uma dor aguda e intermitente no meu torso. Parecia uma punhalada rápida entre as minhas costelas. Eu ficava acordado durante a noite tanto antecipando o próximo choque quanto esperando que ele não acontecesse. A dor era mais frequente no meu lado esquerdo, o que me levou a ficar preocupado com o meu coração. Dizem que se você tiver dor no peito (aquilo era dor no peito?) deve ir ao hospital. Então eu fui. O eletrocardiograma e a radiografia de tórax não mostraram nada de anormal. O médico sugeriu que a dor poderia ter vindo do estresse ou talvez de uma "síndrome viral" – em outras palavras, algum motivo endêmico da vida moderna, difícil de ser identificado e sem tratamento. Foi um diagnóstico pouco satisfatório. Reclamei do episódio com uma amiga que estuda história britânica vitoriana; ela brincou dizendo que o médico poderia muito bem ter atribuído a minha condição ao miasma, como faria um médico do século XIX. Minha amiga sugeriu que talvez eu tivesse passado por um cemitério.

Como os conhecimentos médicos mudam rapidamente, os limites em torno da saúde e da doença são muitas vezes instáveis. Isso é ainda mais verdade para as condições psicológicas que existem no labirinto sombrio conhecido como mente. Um osso quebrado é um osso quebrado, mas o que pensamos sobre ansiedade, por exemplo, mudou radicalmente no século passado. A lista de doenças mentais desacreditadas, como loucura ou histeria, é longa e crescente.

Queremos acreditar no conhecimento objetivo e atemporal dos médicos especialistas, mas os seus diagnósticos são fatos tanto culturais quanto científicos. As enfermidades não existem apenas no corpo ou na mente; existem também na sociedade e refletem o que esperamos de nós mesmos e dela. A incapacidade de satisfazer essas expectativas é um transtorno. Ou seja, algo – seja um joelho com problema, seja um refluxo ácido, seja um pensamento indesejado – está fora de ordem, não no lugar a que achamos que pertence. E porque o que conta como "em ordem" muda com o tempo, muda também o que conta como desordem. Isso significa que a doença de uma cultura é uma condição perfeitamente normal em outro lugar. Os problemas médicos se tornam, então, morais, ou a responsabilidade pelo seu tratamento passa, com o tempo, dos médicos para os psicólogos. A homossexualidade, por exemplo, foi em diferentes momentos um pecado, um crime ou uma doença mental e, agora, é uma orientação. Da mesma forma, a dependência do álcool, em questão de décadas, deixou de ser uma falha moral para tornar-se uma doença física.

As discussões atuais sobre burnout mostram que a sua definição é contestada. Nesse sentido, é algo típico dos transtornos de exaustão ao longo da história. O burnout parece perfeitamente adequado à nossa época, mas dificilmente somos os primeiros seres humanos a se sentirem cronicamente esgotados e incapazes de cumprir os seus deveres. "A exaustão está intrinsecamente ligada não apenas à nossa vida interior privada e à nossa saúde física", escreve Anna Katharina Schaffner em seu livro de 2016, *Exhaustion: a history* [Exaustão: uma história], "mas também a desenvolvimentos sociais mais amplos, em particular a atitudes culturais mais gerais em relação ao trabalho e ao descanso" (Schaffner, 2016, p. 117). Todos os seres humanos se sentiram desgastados, mas em cada época parece ser um desgaste diferente. Eu queria saber como o burnout se tornou a forma característica de estarmos exaustos na sociedade hiperativa e obcecada pelo trabalho do século XXI. Mas as raízes da nossa cultura de burnout estão em lugares muito mais profundos do passado.

* * *

"Vaidade de vaidades! Tudo é vaidade. Que proveito tira alguém de todo o trabalho com que se afadiga debaixo do sol?" (Eclesiastes 1,1-3). Essa queixa sobre a ineficácia do trabalho vem do livro de Eclesiastes, escrito por volta de 300 a.C. O orador do livro, conhecido simplesmente como Coélet ("professor", em hebraico), queixa-se que a natureza fugaz da vida torna todo o nosso trabalho sem sentido. É apenas "correr atrás do vento" (Eclesiastes 1,17). Coélet é um conhecedor das coisas boas da vida – o prazer da comida, da bebida, do sexo, da arte e do aprendizado –, mas ele se desespera com o fato de que nenhuma delas é uma salvaguarda contra a morte. Para piorar a situação, mesmo um bom trabalho muitas vezes é anulado. "Mais vale a sabedoria do que as armas de guerra", ele diz, "mas basta o erro de um para arruinar muitas vantagens" (Eclesiastes 9,18). À luz desse triste fato, Coélet ordena que seus leitores, condenados à morte, vivam para o momento, inclusive em seu trabalho: "Tudo o que puderes fazer, faze-o com todo o teu vigor, porque não há atividade, nem plano, nem ciência, nem sabedoria na morada dos mortos, para onde vais" (Eclesiastes 9,10).

Coélet soa melancólico, afligido por um excesso de bile negra, um dos quatro humores da medicina hipocrática. Ele está cansado e pessimista, mantendo uma distância reflexiva até mesmo de sua própria vida. Desde suas origens na filosofia grega do século IV a.C., a melancolia tem sido associada a "excepcionalidade, inclinações artísticas e 'trabalho cerebral'", escreve Schaffner (2016, p. 17). Tal como o burnout, a melancolia poderia ser uma marca de honra, embora não por causa do trabalho árduo do doente. O trabalho útil era menos honroso do que o pensamento puro, de acordo com Aristóteles (versão publicada em inglês em 1941). A melancolia era o perigo daqueles que nobremente perseguiam a vida da mente.

Séculos mais tarde, os pensadores cristãos lutaram contra um distúrbio de exaustão diferente, uma vez que enfrentaram não a natureza fugaz dos nossos dias, mas sim a sua duração aparentemente interminável. Os primeiros monges o chamaram de acédia ("sem preocupação", em grego) e o numeraram entre os oito "maus pensamentos" que os assombravam em suas cavernas nos desertos do norte do Egito. Eles também o chamavam de "demônio do meio-dia", porque o sentimento os visitava por volta do meio-dia, quando o sol estava alto e ainda faltavam algumas horas para o jantar. O demônio "faz parecer que o Sol mal se move, se é que se move, e que o dia tem cinquenta horas de duração", escreveu o monge Evágrio Pôntico no fim no século IV d.C. Isso deixa o monge inquieto, procurando alguém com quem conversar. Em seguida, o demônio "inculca no coração do monge um ódio pelo lugar, um ódio pela sua própria vida, um ódio pelo trabalho manual". Isso o faz pensar em outros meios mais fáceis de agradar a Deus ou de encontrar o sucesso mundano. Em última análise, leva-o a pensar em sua vida tal como era antes de ir para o deserto – sua família, sua ocupação anterior – e apresenta o caminho pela frente, a vida do próprio monge, como um tédio interminável (Evágrio Pôntico, 1970, p. 18-19).

O objetivo do demônio do meio-dia é fazer com que sua vítima desista da vida monástica. Para combater a tentação, o discípulo de Evágrio, João Cassiano, prescreveu o trabalho. Ele dá o exemplo de um venerável monge, Abade Paulo, que vivia em um lugar remoto e passava os dias juntando folhas de palmeira – matéria-prima para fazer cestas – e as guardava em sua caverna. "E quando a sua caverna estava cheia de um ano inteiro de trabalho, ele queimava aquilo em que havia trabalhado com tanto cuidado... provando que sem trabalho manual um monge não pode ficar no mesmo lugar nem subir ao cume da perfeição" (João Cassiano, 2000, p. 233). Esse relato sugere que a acédia é o inverso tanto da ineficácia do burnout quanto do desespero de Coélet; a futilidade do trabalho do Abade Paulo era o seu objetivo. Faria qualquer coisa para manter o demônio distante.

Os teólogos medievais converteram os oito maus pensamentos em sete pecados capitais e transformaram a acédia em preguiça, um estado moralmente culpável. É uma pena que o termo acédia tenha desaparecido da cultura ocidental, uma vez que capta tão perfeitamente a distração ansiosa típica dos trabalhadores de hoje. No deserto de um escritório em plano aberto – ou em um escritório improvisado em casa, com um computador em uma mesa de cozinha –, nossas tentações estão frequentemente on-line, a apenas um clique de distância do nosso trabalho. Não estamos sendo especialmente produtivos, mas também não estamos sendo preguiçosos. Afinal, estamos *no trabalho*. Como resultado, não penso que poderíamos curar a acédia hoje em dia imitando o trabalho inútil do Abade Paulo. Já estamos trabalhando inutilmente o suficiente. Assim como as bactérias que desenvolvem resistência aos antibióticos, o demônio do meio-dia encontrou, ao longo de dezessete séculos, um caminho para superar a nossa defesa tradicional.

No início do período moderno, a melancolia transformou-se na aflição característica dos intelectuais da nova era humanista. No entanto, a melancolia era um fenômeno variado, até mesmo questionável, como os teóricos e artistas reconheceram na época (Radden, 2000, p. 8). O amargurado filósofo de Shakespeare, Jaques, em *Como gostais*, observa que existem tantos tipos de melancolia quanto profissões. Ele afirma ter "uma própria melancolia, composta de muitas coisas simples, extraída de muitos objetos, e de fato da contemplação diversificada das minhas viagens, em que minha ruminação muitas vezes me envolve em uma tristeza muito humorística" (Shakespeare, 2022). A melancolia era também a condição de Hamlet, paralisado pela sua capacidade de compreender todas as circunstâncias e opções ao seu redor. A gravura de Albrecht Dürer de 1514, *Melancholia I*, mostra uma figura feminina alada apoiando a cabeça em uma mão e, com a outra, brincando ociosamente com um compasso. Ela está cercada de equipamentos científicos, geométricos e industriais, todos em desuso. O seu cachorro não é alimentado há dias. A figura é "sobrecarregada pelas possibilidades e responsabilidades ilimitadas que vêm com seu *status* recém-adquirido de uma pessoa autorreflexiva", escreve Schaffner em *Exhaustion*. "De fato, o nascimento do sujeito moderno no século XV pode ser visto como o surgimento de uma sensação de que a exaustão é um correlativo necessário da autoconsciência como tal" (Schaffner, 2016, p. 58). No industrial século XIX, a melancolia estava mais claramente associada à ociosidade, e a sua cura mais segura, pelo menos para os homens, era o trabalho (Radden, 2000, p. 17-18).

Cada um desses transtornos – melancolia antiga, acédia e melancolia moderna – afligiu a elite, que descobriu que não conseguia cumprir os seus deveres religiosos ou as suas ambições seculares. Eram doenças de vanguarda, os homens (e ocasionalmente mulheres) arquetípicos da época. Esses transtornos eram a essência da sua noção de boa vida, quer essa vida fosse de prazer, de santidade ou de conhecimento. Mas, ao contrário do burnout, os transtornos não eram uma forma de autodestruição irônica, em que a busca zelosa pelo bem diminui a capacidade de alcançá-lo. O trabalho constante acaba tornando impossível o trabalho. Mas um monge que rezasse o dia todo, em princípio, nunca seria vítima de acédia. E enquanto o burnout surge das condições sociais no trabalho, a melancolia teve causas naturais. Um melancólico tinha um desequilíbrio de humor ou havia nascido sob Saturno; a culpa estava em suas estrelas.

* * *

A história da ciência está repleta de descobertas simultâneas, quando dois ou mais pesquisadores, trabalhando independentemente, obtêm um novo conhecimento semelhante. Alguns exemplos famosos incluem a invenção do cálculo, a descoberta do oxigênio e a formulação da teoria da evolução. Menos famoso é o diagnóstico de neurastenia, um estado de exaustão provocado pela pressão excessiva no sistema nervoso, que dois médicos americanos – George M. Beard em Nova York e Edwin H. Van Deusen em Kalamazoo, Michigan – descreveram pela primeira vez em artigos publicados em 1869 (Schuster, 2011, p. 7). Nas décadas seguintes, a neurastenia tornou-se não apenas um fenômeno médico generalizado mas também uma obsessão cultural, uma palavra igualmente onipresente nas brincadeiras modernas e na publicidade popular. O psicólogo e filósofo William James chegou a chamar a doença de "Americanitis" devido à sua prevalência nos Estados Unidos (Beck, 2016). Foi, durante algum tempo, a doença nacional.

A neurastenia, assim como a melancolia antes dela e o burnout depois, era um fenômeno contestado. Na contestação, estava em jogo o caráter de um país ainda jovem afirmando o seu poder econômico. Enquanto James via a neurastenia como cientificamente válida (na verdade, ele a experimentou), um escritor da revista *The Century* argumentou em 1896 que os americanos eram vigorosos demais para exibir a exaustão degenerada do neurastênico. Um típico "americano é enérgico, impetuoso, inquieto, impaciente; pode mover-se mais vigorosamente, a sua apreensão pode ser mais rápida, pode ter uma inteligência mais aguçada e certamente é mais apressado, e talvez viva sob uma tensão maior e com menos facilidade do que o europeu", ele escreveu (O'Malley, 2005, p. 386). Em 1925, o psiquiatra William S. Sadler chegou a uma conclusão oposta a respeito do comportamento dos americanos. Os americanos não eram imunes à neurastenia, ele afirmou. Em vez disso, "a pressa, a agitação e o impulso incessante do temperamento americano" trouxeram a neurastenia para eles. Sadler culpou a "Americanitis" pela alarmante taxa de mortalidade dos americanos por volta dos seus 40 anos devido a "doenças cardíacas, apoplexia, doença de Bright, hipertensão arterial". Ele estimou o número de vítimas do transtorno em 240 mil vidas por ano (Sadler, 1925, p. 32).

Uma razão para a popularidade da neurastenia como diagnóstico foi o fato de os seus sintomas serem excepcionalmente amplos, abrangendo de tudo, desde indigestão e sensibilidade a medicamentos até cárie e calvície (Beard, 1881, p. 39-52). O frontispício do livro de Beard de 1881, *American nervousness* [Nervosismo americano], o primeiro grande tratado sobre neurastenia, apresenta um gráfico da "evolução do nervosismo", desde queixas leves como dispepsia nervosa, miopia, insônia e febre do feno até várias formas de exaustão nervosa (neurastenia propriamente dita) e para além das graves condições de embriaguez, epilepsia e insanidade (Beard, 1881). Todas essas doenças estavam conectadas, como as raízes e os galhos de uma árvore. A neurastenia era o tronco.

Apesar da sua ligação com transtornos aparentemente comuns, o diagnóstico de neurastenia também carregava um elemento de prestígio. Schaffner escreve que, porque Beard "acreditava que a exaustão era causada pelos próprios processos que caracterizavam a era moderna... a exaustão poderia ser vista como uma qualidade positiva" (Schaffner, 2016, p. 95). O neurastênico era um homem ou uma mulher quintessencialmente modernos, em sintonia com o espírito da época. Já que a própria civilização causou a neurastenia, os seus sofredores foram vítimas inocentes. Não eram vagabundos pecaminosos.

Assim como aqueles que sofriam de acédia e melancolia, os neurastênicos eram a elite. Beard escreveu que o transtorno

> é desenvolvido, fomentado e perpetuado com o progresso da civilização, com o avanço da cultura e do refinamento e com a correspondente preponderância do trabalho do cérebro sobre o dos músculos. Como seria logicamente esperado, é mais frequentemente encontrado nas cidades

do que no campo, é mais marcante e mais frequente na mesa, no púlpito e na sala de contabilidade do que na loja ou na fazenda (Beard, 1881, p. 26).

O neurastênico era mais propenso a ter características físicas finas, ser altamente inteligente e exibir emoções vigorosas, de acordo com Beard. Os traços neurastênicos são encontrados entre "os civilizados, refinados e educados, e não entre os bárbaros, de origem humilde e sem formação" (Beard, 1881, p. 26). Numerosos autores da literatura *fin-de-siècle*, incluindo Marcel Proust, Oscar Wilde, Henry James e Virginia Woolf, receberam o diagnóstico e, por sua vez, colocaram personagens neurastênicos em seus romances (Schaffner, 2016, p. 96). Beard observou que os intelectuais podiam trabalhar sempre que quisessem e podiam otimizar sua jornada de trabalho: "homens literários e profissionais, especialmente, são tão mestres de seu tempo que podem selecionar as horas e os dias para a sua obra mais exigente e importante; e quando, por qualquer motivo, estiverem indispostos para pensar muito, podem descansar e recriar, ou limitar-se aos detalhes mecânicos" (Beard, 1881, p. 207). O relato de Beard evoca para mim a imagem de um escritório animado de *startups* do século XXI, onde os funcionários trabalham e se divertem até a noite, graças aos blocos de Lego nas mesas de conferência e à cerveja artesanal na torneira. Nunca se sabe quando a inspiração vai atacar, então é melhor não sair.

Como indica essa lista de autores neurastênicos, a exaustão nervosa acabou cruzando o Atlântico e chegando à Europa. Também se espalharia para as classes média e baixa americanas, tornando-se uma aflição quase universal. Beard, no entanto, achava que negros, brancos do Sul e católicos eram menos suscetíveis do que seus contemporâneos protestantes brancos do Norte (Beard, 1881; Beck, 2016). Dessa forma, a neurastenia era uma doença nacional, e não apenas porque estava tão difundida e refletia a autocompreensão do país como dinâmico e industrial. Igualmente refletia as injustas hierarquias raciais, religiosas, de classe e de gênero da sociedade e contava uma história sobre qual esforço estava conduzindo a nação para a prosperidade, quem merecia colher seus benefícios e quem não merecia.

A teoria da neurastenia de Beard inspirou-se em uma tecnologia florescente que era sinônimo da nova era, 24 horas por dia, 7 dias por semana, na sociedade americana: a lâmpada elétrica. Escrevendo apenas dois anos após a invenção de Thomas Edison ganhar vida, Beard compara o sistema nervoso a um circuito elétrico destinado a iluminar uma série de lâmpadas que representam as conquistas frequentemente opressivas da cultura moderna: a impressão, a máquina a vapor, o telégrafo, a política democrática, os novos movimentos religiosos, a pobreza, a filantropia e a educação científica. As lâmpadas brilham, mas também drenam a fonte de energia. A maioria dos indivíduos vai se empenhar para manter a sua força nervosa conectada a todas elas. "Quando novas funções são interpostas no circuito, como a civilização moderna está constantemente exigindo que façamos", escreve Beard,

> chega um período, mais cedo ou mais tarde, variável em diferentes indivíduos e em diferentes épocas da vida, em que a quantidade de força é insuficiente para manter todas as lâmpadas acesas ativamente; as mais fracas apagam-se completamente, ou, como acontece com mais frequência, brilham fraca e debilmente – não cessam, mas dão uma luz insuficiente e instável – esta é a filosofia do nervosismo moderno (Beard, 1881, p. 99).

Em outras palavras, um sistema nervoso sobrecarregado irá esgotar-se.

Outros relatos de neurastenia são lidos quase exatamente como as lamentações atuais sobre a hiperconectividade sempre ativa de nossos dias. Em 1884, o psiquiatra alemão Wilhelm Erb atribuiu a epidemia de neurastenia ao "aumento excessivo do tráfego e das redes de fio de nossos telégrafos e telefones", à globalização e às "preocupantes repercussões de graves crises políticas, industriais e financeiras", que uma parcela constante da população sente que deve ter sempre em mente. Esses fatos da vida moderna "superaquecem a cabeça das pessoas e forçam os seus espíritos a empreenderem sempre novos esforços, enquanto lhes roubam tempo de descanso, de sono e de tranquilidade; a vida nas cidades grandes tornou-se cada vez mais refinada e inquieta" (Schaffner, 2016, p. 97-98). Fazemos reclamações semelhantes hoje. A nossa tecnologia, desde máquinas de lavar até mensagens instantâneas, liberta-nos de muitas tarefas tediosas, mas nós nos esforçamos para acompanhar tudo o que "precisamos" fazer. Não importa o século, mais facilidades parecem, paradoxalmente, sempre gerar novas dificuldades.

Os tratamentos para a neurastenia variaram tanto quanto seus sintomas e causas. Hidroterapia, curas de ouro e exercícios vigorosos (para os homens) ganharam a aprovação dos médicos (Daugherty, 2015). As mulheres eram mais suscetíveis a receber a "cura do repouso", um método de confinamento total desenvolvido pelo médico S. Weir Mitchell e criticado no conto protofeminista de 1892 de Charlotte Perkins, "O papel de parede amarelo" (Beck, 2016). Tais remédios eram um grande negócio. Numerosas empresas farmacêuticas *pop-up* divulgavam medicamentos patenteados – tônicos próprios e elixires – graças ao novo meio de catálogo de mala direta. A eletroterapia também era popular; os neurastênicos podiam comprar cintos eletrificados destinados a recarregar os seus sistemas nervosos (Schuster, 2011, p. 46-56). Um anúncio do catálogo da Sears, Roebuck and Company, de 1902, mostrava um desenho de um homem forte, sem camisa, de bigodes, usando um desses cintos. O anúncio promovia a capacidade do cinto de curar não apenas o nervosismo mas também a disfunção sexual masculina. Pendurado no cinto, estava um acessório genital, que "envolve o órgão, transporta a corrente vitalizante e calmante diretamente para esses delicados nervos e fibras, fortalece e aumenta essa parte de uma maneira maravilhosa" (Sears, Roebuck and Company, 1902, p. 472). Outros comentaristas sugeriram soluções em maior escala; apenas o retorno aos valores convencionais, incluindo os papéis tradicionais de gênero, poderia curar a sociedade neurastênica. Richard von Krafft-Ebing, psiquiatra alemão, via a neurastenia como um sinal de declínio civilizacional. O anti-herói exausto do romance de 1884 de Joris-Karl Huysmans, *Against nature* [Contra a natureza], ansiava por uma fé católica perdida (Schaffner, 2016, p. 100, 104). O nervosismo, então, foi o lugar de uma guerra cultural.

Depois de algumas décadas como a doença moderna por excelência, a própria neurastenia esgotou-se. As pessoas estenderam demais o diagnóstico, tentando abarcar muitas queixas. Um médico argumentou em 1905 que a neurastenia tinha sido tão "elaborada, ampliada e abusada que hoje em dia significava quase tudo e, com igual verdade, quase nada" (Schuster, 2011, p. 142). Os médicos nunca estabeleceram uma causa corporal. A "força do nervo" de Beard não resistiu ao escrutínio biológico, especialmente depois da descoberta dos hormônios e vitaminas (Aho, 2018). A Associação Médica Americana e o governo dos Estados Unidos reprimiram os anúncios de medicamentos patenteados, e nas primeiras décadas do século XX as explicações psicanalíticas para os transtornos mentais ganharam destaque (Schuster, 2011, Capítulo 6). As pessoas não deixaram de estar esgotadas na década de 1920, mas mudanças legais, médicas e sociais significativas fizeram com que a doença característica da época desaparecesse.

* * *

O primeiro indício público do surgimento do burnout na cultura de língua inglesa foi o romance de Graham Greene de 1960, *A burnt-out case* [Um caso de esgotamento]. O romance representa um passo crucial na história dos transtornos de exaustão, pois, muito mais do que a neurastenia, a condição descrita tem a ver com a carreira do protagonista. Trata-se de um transtorno ocupacional.

No romance, um famoso arquiteto europeu chamado Querry, que de repente deixa o seu escritório, aparece uma noite em um remoto leprosário administrado por uma ordem de padres e irmãs católicos no interior do Congo. Querry anuncia ao médico solitário do leprosário: "Eu sou um dos mutilados". Como um eremita do deserto atormentado pela acédia, ele busca a cura sob a forma de um simples trabalho atendendo aos pacientes. O médico, porém, não fica convencido com o autodiagnóstico de Querry. "Talvez as suas mutilações ainda não tenham ido longe o suficiente", ele diz. "Quando um homem chega aqui tarde demais, a doença tem de se extinguir" (Greene, 1961, p. 52). Ou seja, a doença precisa seguir o seu curso, tirando tudo o que puder da vítima: membros, dedos das mãos, dedos dos pés, nariz. Mas, uma vez que isso acontece, o paciente não é mais contagioso e pode voltar à sua vida – prejudicado, com certeza, mas sem ser uma ameaça para ninguém.

Os padres e o médico veem Querry como um homem de vocação como eles, mas não é assim que ele próprio se vê. Querry escreve em seu diário: "Cheguei ao fim do desejo e ao fim de uma vocação. Não tentem me amarrar em um casamento sem amor e me fazer imitar o que eu costumava fazer com paixão" (Greene, 1961, p. 57). Ele compara o seu talento a uma moeda obsoleta. Mais tarde, conta a um jornalista inglês que o localizou na selva: "Homens com vocações são diferentes dos outros. Eles têm mais a perder" (Greene, 1961, p. 133). Finalmente, Querry perde tudo o que pode ser tomado, particularmente sua luxúria e sua ambição, e se vê projetando novos edifícios para o leprosário, dando um novo propósito para seus talentos.

Querry é um tipo de trabalhador diferente das figuras icônicas do capitalismo de meados do século: o burocrata corporativo que trabalha das 9 às 17 horas ou o trabalhador da linha de montagem. Ambos, pelo menos na memória cultural, são engrenagens substituíveis na maquinaria da prosperidade do pós-guerra. Querry, ao contrário, é empenhado e criativo. É independente, diferentemente do homem da empresa que usa camisa jeans ou terno de flanela cinza. Ele se identifica com o seu trabalho e é identificado por ele; todos no romance ficam chocados com o fato de alguém tão renomado em uma carreira acabar desistindo dela. O personagem incorpora tanto um novo ideal de trabalho quanto uma vocação que tudo consome – e uma rejeição desse ideal.

Na perspectiva católica autoconsciente de Greene, a perda que Querry sofre é, em última análise, um ganho. Os chamados podem ser perigosos, tanto para a própria pessoa quanto para os outros. É a maldição dos talentosos, daqueles que não se limitam a passar tardes sem graça em instituições monótonas. O esgotamento da vocação de Querry o liberta. Um padre sugere que Querry "recebeu a graça da aridez", uma referência à noite escura da alma do místico São João da Cruz do século XVI, que purifica os sentidos da pessoa em preparação para um nível mais alto de contemplação divina (Greene, 1961, p. 111). O esgotamento – até o fim – abre o caminho para o chamado maior de Querry.

* * *

Na música *Shelter from the storm*, gravada em 1974, Bob Dylan apresenta uma longa ladainha de problemas, entre eles estar "esgotado por exaustão". Esse trecho, presente no álbum *Blood on the tracks*, que ficou no topo das paradas de sucesso, revelou um momento cultural significativo. Foi em meados da década de 1970 que o burnout como o conhecemos hoje ganhou pela primeira vez legitimidade científica e ampla atenção do público. Tal como a carreira de Dylan uma década antes, a história do burnout está emaranhada na contracultura da Baixa Manhattan.

No início da década de 1970, Herbert Freudenberger, psicólogo da cidade de Nova York, dedicava-se regularmente dez horas por dia ao seu consultório particular e depois ia para o centro da cidade para um segundo turno na clínica gratuita St. Mark. Lá, atendia às necessidades médicas de jovens que viviam em East Village – ajudando-os com tudo, desde dependência química até gravidez, bem como cáries dentárias – em salas de exames decoradas com pôsteres de *rock'n'roll* (Clines, 1970). Freudenberger ajudou a fundar a clínica em 1970, após passar o verão de 1968 na clínica gratuita Haight-Ashbury em São Francisco, auxiliando os hippies. Freudenberger identificou-se fortemente com os seus pacientes da clínica St. Mark. "Os seus problemas e as suas batalhas tornaram-se meus", ele escreveu mais tarde. Depois que a clínica fechava à noite, ele e a equipe voluntária faziam reuniões até altas horas da madrugada. Freudenberger voltava então para a cidade, dormia algumas horas e fazia tudo de novo no dia seguinte (Freudenberger & Richelson, 1980).

É evidente que ele não poderia fazer isso para sempre. Após cerca de um ano nessa rotina, Freudenberger não aguentou mais. Sua filha Lisa recorda que ele não conseguiu sair da cama em uma manhã em que a família deveria sair de férias (King, 2016). O termo "burn-out" já estava em circulação em seu mundo profissional. Um funcionário de um centro de reabilitação para jovens adultos infratores no sul da Califórnia mencionou o termo como um "fenômeno" entre a equipe de tratamento em um artigo de 1969 (Bradley, 1969, p. 366). Os funcionários da clínica gratuita St. Mark usaram o termo para descreverem a si próprios, mas podem tê-lo aprendido nas ruas de East Village, onde seus pacientes passavam seus dias e noites. Um sentido do termo referia-se às veias dos usuários de heroína. Injetada a heroína na veia por tempo suficiente, esta torna-se inútil e fica esgotada (Maurer, 1981, p. 287; W.B. Schaufeli et al., 2009). Em um livro de 1980, Freudenberger comparou "burn-outs" como ele a construções destruídas: "O que antes era uma estrutura vital e pulsante está agora abandonado. Onde antes havia atividade, agora há apenas lembretes desmoronados de energia e vida" (Freudenberger & Richelson, 1980, p. xv).

Para compreender o que havia acontecido com ele, Freudenberger voltou a sua formação psicanalítica para si mesmo; ele falou para um gravador e depois reproduziu a fita como se fosse seu próprio paciente (Freudenberger & Richelson, 1980, p. xix–xx). Em 1974, publicou um artigo intitulado "Staff burn-out" [Esgotamento da equipe] em uma revista acadêmica, onde pergunta: "Quem está propenso ao esgotamento?" A sua resposta é inequívoca: "Os dedicados e os comprometidos" (Freudenberger, 1974, p. 161). A equipe da clínica gratuita faz com que "trabalhemos com nossos talentos nossas habilidades; nós trabalhamos longas horas com um mínimo de compensação financeira", Freudenberger escreve. "Mas é precisamente porque somos dedicados que caímos na armadilha do burnout. Trabalhamos muito tempo e muito intensamente. Sentimos uma pressão interna para trabalhar e ajudar e sentimos uma pressão externa para oferecer esse serviço. Quando o membro da equipe sente uma pressão adicional por parte do administrador para trabalhar ainda mais, ele está sob um ataque de três frentes" (Freudenberger, 1974, p. 161).

O relato de Freudenberger em primeira pessoa ressoa fortemente em minha experiência. Eu conheço esse ataque de três frentes: as demandas de alunos e colegas, as minhas próprias expectativas em relação a mim mesmo, aquele e-mail do reitor solicitando uma reunião sobre o currículo. Talvez tenha sido daí que vieram aquelas inexplicáveis dores agudas, uma semana antes do início das aulas. A análise de Freudenberger sobre o burnout é uma explicação não científica, *ad hoc*, não elaborada com rigor. Ele não tem uma pesquisa ou uma escala para medir o burnout, apenas observações limitadas, como, por exemplo, a de que normalmente as pessoas ficam esgotadas após cerca de um ano de trabalho na clínica. A sua linguagem mescla o jargão psicanalítico com a linguagem da contracultura. Ele solta gírias dos anos 1970 como "loucos" e "impulsivos" e usa "*bad rap*" [acusação injusta] como verbo (Freudenberger, 1974, p. 160-161). Em um artigo semelhante publicado no ano seguinte, ele enfatiza que é importante identificar "que tipo de viagem se pode fazer – uma viagem de autorrealização do ego, uma viagem de autoengrandecimento do ego" ou alguma outra viagem completa (Freudenberger, 1975, p. 73). A lista de sintomas de burnout de Freudenberg é tão ampla e informal quanto a lista de George Beard para a neurastenia: "exaustão, incapacidade de se livrar de um resfriado persistente, dores de cabeça frequentes e distúrbios gastrointestinais, insônia e falta de ar", bem como "rapidez para ficar com raiva", paranoia, excesso de confiança, cinismo e isolamento. O trabalhador esgotado da clínica pode "estar destruído e se confundir fortemente" (Freudenberger, 1974, p. 160). Apesar da falta de rigor, o artigo de 1974 me atraiu por conta da paixão óbvia de Freundenberger pelo seu trabalho e pela compaixão por aqueles com quem ele trabalhava. O seu argumento é pouco mais do que uma conjectura, uma suposição evidentemente nascida de vadias sessões noturnas. Mas é um palpite que, décadas mais tarde, ainda parece basicamente certo.

* * *

Na época em que Freudenberger estava fazendo turnos duplos em Nova York, Christina Maslach estava do outro lado do país tentando convencer o psicólogo Philip Zimbardo a acabar com a sua agora infame experiência prisional de Stanford. No verão de 1971, Maslach tinha acabado de completar o seu PhD em Stanford e estava namorando Zimbardo, embora ela não tenha participado do seu projeto de estudo. No experimento, os alunos foram convidados a desempenhar papéis de presos e guardas em uma prisão simulada ao longo de duas semanas planejadas. Era para ser um estudo sobre despersonalização: como as pessoas passam a ver os outros como menos do que humanos. Os alunos logo mergulharam profundamente em suas novas identidades, com "guardas" punindo "prisioneiros" considerados indisciplinados, humilhando-os fisicamente, tomando seus colchões e colocando-os em confinamento solitário.

O experimento da prisão demonstrou tão bem o processo de despersonalização que teve de ser encurtado. Quando Maslach visitou o local da prisão, no seu quinto dia, ficou horrorizada com a brutalidade aparentemente comum que os estudantes universitários podiam infligir uns aos outros. Ela passou mal do estômago enquanto observava os "guardas" liderarem uma procissão de "prisioneiros", que foram algemados juntos em um corredor e obrigados a usar sacos na cabeça (Zimbardo, 2007, p. 170-171). Quando ela falou com Zimbardo naquela noite, ela narrou mais tarde: "Eu comecei a gritar, comecei a berrar: 'Acho terrível o que você está fazendo com esses meninos!' Eu chorei". Zimbardo terminou o experimento na manhã seguinte. Das cinquenta pessoas que visitaram o local da prisão, Zimbardo disse, Maslach sozinha foi a voz da ética e da compaixão (O'Toole, 1997).

Maslach logo começou a estudar a despersonalização em condições menos terríveis de trabalho de serviço humano (Ela e Zimbardo casaram-se em 1972). Ela queria compreender "como as pessoas que são responsáveis pelo cuidado e tratamento dos outros podem chegar ao ponto de ver aqueles de quem cuidam como se fossem objetos" (O'Toole, 1997). Ela descobriu que a "preocupação desapegada" é algo crucial para os cuidadores, apesar de diferentes profissões a abordarem de maneiras distintas. Embora as normas de trabalho na área de saúde exijam uma atitude que combine preocupação solidária com objetividade clínica, as pessoas que trabalham com serviços humanos geralmente se envolvem emocionalmente com os seus pacientes, e depois acabam descobrindo que isso os esgota. O desapego é uma estratégia de proteção. "Se o distanciamento se tornar muito extremo, o profissional do serviço experimenta o 'burn-out', expressão usada pelos defensores públicos para descrever a perda de qualquer sentimento humano pelos seus clientes", Maslach escreve em uma reportagem em 1973 (Maslach, 1973, p. 9). O relato de Maslach precedeu o artigo de Freudenberger por apenas alguns meses. Assim como a neurastenia um século antes, o burnout foi uma descoberta simultânea cuja influência logo cresceu muito, para além dos artigos de pesquisa, e se tornou um termo cultural em voga.

Vários elementos-chave do influente modelo de burnout de Maslach como exaustão, cinismo e ineficácia estão presentes no relato de 1973, mas ela ainda não os tinha reunido em uma teoria coerente. A dimensão da ineficácia, por exemplo, já estava lá. Maslach observa que enfermeiros psiquiátricos e assistentes sociais muitas vezes encontram pacientes cujas condições não melhoram, o que leva esses profissionais de saúde "a sentirem-se de certa forma ineficazes, impotentes e até mesmo desnecessários" (Maslach, 1973, p. 11). O conceito de exaustão emocional ainda é incipiente, e Maslach equipara o "burnout" principalmente à despersonalização. *Burnout* ainda não é um termo para uma síndrome completa. Considerando que esse relatório é seguramente o primeiro estudo psicológico sobre o esgotamento ocupacional, é surpreendente ver Maslach afirmar que em uma profissão, a dos defensores públicos, o "'burn-out' está começando a ocorrer em um ritmo mais acelerado" (Maslach, 1973, p. 15). Isso significa que, durante todas as cinco décadas em que estivemos falamos sobre burnout, a situação estava piorando.

Freudenberger e Maslach são não apenas, como co-descobridores, os Newton e Leibniz do burnout, mas também são o Lennon e o McCartney, desempenhando papéis complementares na popularização do conceito. Freudenberger é principalmente um médico, não um acadêmico, e o seu trabalho baseia-se em estudos de caso de seus pacientes, em vez de em observações experimentais. Aparece como livre e anedótico – o que é uma grande parte de seu encanto. O diagnóstico acessível de Freudenberger de um vago problema moderno até lhe rendeu aparições nos programas de entrevistas *Donahue* e *Oprah* (King, 2016). Maslach, integrada ao departamento de psicologia da Universidade da Califórnia, em Berkeley, é uma douta pesquisadora, embora incomumente compassiva. No início dos anos de 1980, ela desenvolveu o seu inventário de burnout, aplicando o método científico a inúmeros participantes em centenas de estudos, todos realizados com um grande elenco de coautores. Ela permaneceu como uma figura vital na pesquisa de burnout desde então.

Maslach e Freudenberger também têm opiniões complementares sobre como e por que as pessoas se esgotam. Precisamos de ambas as perspectivas para dar uma descrição completa das causas e dos efeitos do burnout. Freudenberger concentra-se no trabalhador individual dedicado que investe tudo no trabalho, atinge um obstáculo e depois trabalha ainda mais, até o ponto de um colapso. Ele enfatiza o papel dos *ideais* na causa do burnout, ao passo que Maslach foca as *condições* de trabalho. Ela concorda com Freudenberger que os trabalhadores dedicados correm risco de esgotamento, mas na década de 1990 ela desenvolveu uma teoria abrangente do burnout como uma falha das instituições (Maslach & Leiter, 1997). Quando o seu empregador não o recompensa o suficiente, quando a injustiça é desenfreada ou quando não existe um sentimento de comunidade entre os seus colegas de trabalho, a sua capacidade e a sua vontade de continuar fazendo o trabalho se desintegram.

* * *

Não pode ser apenas coincidência que Freudenberger e Maslach, cada um em seu contexto, "descobriram" o burnout em 1973-1974. Algo estava acontecendo na sociedade americana que fez com que ambos o detectassem, apesar de estarem em costas opostas e usarem métodos diferentes para ler os sinais dos tempos. Bob Dylan também percebeu. Neil Young também, no início de 1974, cantando sobre "burn-outs", arrastando sem rumo os seus pés em sua música. O que estava acontecendo para que "burnout" se tornasse a palavra correta para dar sentido àquele momento cultural?

O idealismo quebrado da década de 1960 pode ter influenciado nisso. A contracultura da época – incluindo, certamente, as pessoas com quem Freudenberger trabalhou na clínica gratuita St. Mark – imaginava modos de vida que não colocavam um trabalho das 9 às 17 horas no centro. Mas, na década de 1970, isso havia feito pouca diferença no estabelecimento do sistema. Milhares de pessoas otimistas e bem-educadas entraram em carreiras de serviço humano, motivadas a vencer a "guerra contra a pobreza", apenas para descobrir como os problemas da sociedade eram intratáveis e quanto tempo passariam presos na burocracia (W. B. Schaufeli et al., 2009, p. 206-207). Ao mesmo tempo, a renda básica universal se tornou um objetivo muito discutido e aparentemente alcançável. Em 1964, uma publicação socialista propôs que a riqueza da sociedade fosse compartilhada sem levar em conta o trabalho (Ad Hoc Committee, 1964, p. 85-89). Alguns anos depois, feministas e ativistas de direitos sociais apareceram em espaços políticos e midiáticos proeminentes, apelando por um "rendimento adequado garantido" como forma de combater tanto o patriarcado quanto a ética do trabalho (Kornbluh, 1998, p. 71-72; Tillmon, 1972, p. 111-116). Pensadores tão divergentes como Milton Friedman e Martin Luther King Jr. também defendiam a ideia de uma renda básica, e cidades e estados realizaram experimentos para testar a política. Até mesmo o Presidente Richard Nixon apoiou uma proposta que proporcionaria uma renda mínima a todas as famílias americanas. O seu plano de assistência às famílias foi aprovado na Câmara dos Deputados com grande maioria. Mas essa medida, que teria libertado alguns trabalhadores dos empregos mais miseráveis e mal pagos, nunca se concretizou totalmente. O projeto falhou no Senado e, portanto, nunca chegou à mesa de Nixon para aprovação (Gordon, 2014; Livingston, 2016; Nathan, 2018).

Por mais importantes que esses ideais decepcionados possam ser para o surgimento do burnout no início dos anos de 1970, havia um fator ainda maior envolvido. O burnout chamou a atenção do público pela primeira vez em um ponto crítico de transição na história do trabalho na América. Com décadas de retrospectiva, os historiadores veem agora 1974 como "um divisor de águas entre eras", como Jefferson Cowie coloca em *Stayin' alive* [Mantendo-se vivo], o seu livro sobre a classe trabalhadora dos anos de 1970 (Cowie, 2010, p. 11). Antes de 1974, o consenso do New Deal sobre o trabalho ainda reinava; se a produtividade aumentasse, o mesmo aconteceria com os salários dos trabalhadores. Em conformidade, os salários reais dos trabalhadores de base aumentaram constantemente, atingindo o seu pico em 1973 (US Bureau of Labor Statistics, 2020b). Foi o apogeu da classe trabalhadora – a classe trabalhadora branca, pelo menos, que desfrutava de todos os benefícios dos programas governamentais e da representação sindical. A prosperidade parecia estar amplamente ao alcance. A classe trabalhadora dominava até mesmo o mostrador da televisão, liderado por Archie Bunker em *All in the family*. No entanto, isso não significou ausência de conflito. Uma geração mais jovem de membros do sindicato quis lutar contra o ritmo acelerado e a repetição mortal do trabalho em determinados segmentos. Os mais velhos argumentaram que eles já tinham contratos favoráveis, então por que queriam mudar a realidade? (Cowie, 2010, p. 8). Ainda assim, um debate interno sobre a qualidade do trabalho sinalizava um movimento trabalhista com poder real.

Não duraria muito. Depois de 1974, a idade de ouro de meados do século desmoronou. Os fins ignominiosos da presidência de Nixon e a Guerra do Vietnã abalaram a fé dos americanos em suas instituições políticas. A fabricação americana e o trabalho organizado foram afogados em uma mistura tóxica da competição global, o "choque do petróleo" resultante de um embargo da Organização dos Países Exportadores de Petróleo (Opep), e da rápida inflação. Pela primeira vez desde a Segunda Guerra Mundial, os ganhos de produtividade dos trabalhadores foram separados dos seus salários. Desde 1974, a produtividade do trabalho continuou aumentando, mas a compensação dos trabalhadores não. Os salários reais dos funcionários não supervisionados diminuíram efetivamente nas décadas de 1970 e 1980, e, para além de um aumento temporário causado pelo efeito da pandemia de covid-19 sobre a força de trabalho, os salários ainda não foram recuperados (US Bureau of Labor Statistics, 2020b). "O reajustamento contínuo das expectativas – *para baixo*: essa foi uma experiência chave da década de 1970", escreve o historiador Rick Perlstein (2010).

Os problemas enfrentados pelos Estados Unidos na década de 1970 não foram apenas políticos ou econômicos. Foram também emocionais. Historiadores e observadores contemporâneos chamaram os acontecimentos de meados da década de um "colapso nervoso" nacional, "uma tristeza coletiva" (Cowie, 2010, p. 12). A década terminou com o Presidente Jimmy Carter diagnosticando todo o país com uma doença espiritual crônica em um discurso televisionado que ficou conhecido como "o discurso do mal-estar". No discurso, Carter falou de ter passado dez dias conversando com os americanos sobre as suas preocupações. Ele recitou uma longa lista de reclamações sobre a sua liderança e o estado do país, desde a sua indiferença até a escassez de petróleo. Em seguida, abordou o que via como "uma ameaça fundamental à democracia americana". A ameaça era esta: "uma crise de confiança… podemos ver essa crise na crescente dúvida sobre o significado de nossas próprias vidas e na perda de uma unidade de propósito para a nossa nação". Carter viu a crise também na redução da participação dos eleitores, na redução da produtividade laboral e na redução da fé no futuro. Em outras palavras, a América tinha se tornado um caso de burnout: exausto, cínico e consumido por um sentimento de inutilidade (Carter, 1979).

No início da década de 1980, burnout tornou-se um termo chave para descrever a condição dos trabalhadores americanos esgotados e derrotados. Maslach logo desenvolveu a sua teoria das causas institucionais do burnout, e o livro de Freudenberger de 1980, *Burn-out: The high cost of high achievement* [Burn-out: O alto custo de uma alta realização], tornou-se um guia popular de autoajuda. Em 1981, o presidente do sindicato dos controladores de tráfego aéreo citou o "esgotamento precoce" como a primeira razão pela qual os membros do sindicato estavam entrando em greve por salários mais altos e por uma semana de trabalho mais curta (Nordlund, 1998, p. 12). Vejo a greve como um momento de otimismo na luta contra o burnout; deve ter parecido possível curar a doença por meio de uma ação coletiva. No entanto, quando o Presidente Ronald Reagan demitiu 11 mil controladores por terem recusado sua ordem de retorno ao trabalho, essa esperança foi arruinada. A decisão de Reagan enviou uma mensagem que os trabalhadores ainda ouvem hoje: eles irão lidar com o burnout por si próprios ou não lidarão com isso. Um ano depois, o termo se tornou aparentemente tão comum que William Safire declarou em sua coluna "On Language", no *New York Times*, que ele mesmo estava "passando por um burnout linguístico" (Safire, 1982, p. 10).

* * *

Mesmo com o crescimento da pesquisa sobre burnout nas décadas de 1990 e 2000, estendendo-se para além dos serviços humanos, abrangendo tanto os trabalhadores de colarinho branco quanto os de colarinho azul, o termo entrou em um período inativo de duas décadas nos Estados Unidos. Enquanto isso, assim como a neurastenia um século antes, o burnout viajou para o exterior. Maslach e dois coautores observaram, em um artigo de 2009, que, "grosso modo, a ordem em que o interesse pelo burnout parece ter se espalhado corresponde ao desenvolvimento econômico dos países envolvidos" (W. B. Schaufeli et al., 2009, p. 210). Em outras palavras, o burnout começou como uma preocupação de países ricos da América do Norte e da Europa e depois se propagou para a América Latina, a África e a Ásia (admito que ouço nessa afirmação um ligeiro eco da alegação de George Beard de que os protestantes brancos do Norte eram mais suscetíveis à neurastenia do que outros grupos regionais, raciais e religiosos). Em 2019, o burnout foi classificado como uma "síndrome", embora não como uma doença, no principal compêndio de diagnósticos da Organização Mundial da Saúde, a Classificação Internacional de Doenças (CID) (OMS, 2019). Foi também quando a neurastenia finalmente desapareceu da CID. Em alguns países europeus, incluindo a Suécia, o burnout é um diagnóstico oficial que pode dar aos doentes o direito a descanso remunerado e outros benefícios relativos a doenças (Savage, 2019). Na Finlândia, trabalhadores esgotados podem se qualificar para oficinas de reabilitação renumeradas, que compreendem dez dias de atividades intensivas individuais e em grupo, incluindo aconselhamento, exercícios e aulas de nutrição (Salminen et al., 2017).

Embora a conscientização sobre o burnout tenha crescido para além de seu contexto americano original nas últimas cinco décadas, o entendimento público da condição progrediu pouco. Mesmo o entendimento científico está, de certa forma, frustrantemente estagnado. Ainda há pouco consenso sobre como avaliar o burnout, e não há meios amplamente reconhecidos para diagnosticá-lo. O burnout não tem *status* de transtorno no *Manual Diagnóstico e Estatístico de Transtornos Mentais* da Associação Americana de Psiquiatria. Ainda ouvimos ecos da vaga e abrangente lista de sintomas de Freudenberger décadas depois. Em 1980, Freudenberger atribuiu o burnout ao ritmo acelerado das mudanças sociais e econômicas, desde a revolução sexual até o consumismo. "Ao mesmo tempo", ele escreve, "a televisão nos expôs a imagens sedutoras de pessoas que levam uma 'vida boa'" (Freudenberger & Richelson, 1980, p. 4). Substitua televisão por Instagram nessa frase, e isso poderia ter sido publicado ontem em algum site de bem-estar que otimiza a vida.

Uma matéria de primeira página do *New York Times* sobre burnout em 1999, no auge da expansão tecnológica, também soa familiar. O autor, Leslie Kaufman, concentrou-se em um escritório regional de vendas da Hewlett-Packard, onde mais da metade dos trabalhadores relatou "experimentar pressão excessiva" no trabalho. Para aliviar essa pressão e manter os funcionários, os gerentes da HP e de outras empresas estavam tentando algumas novas soluções: "tudo, desde limitar o trabalho a quarenta horas por semana até desencorajar os funcionários a verificarem seus e-mails e mensagens telefônicas durante o fim de semana". Ainda enfrentamos exatamente os mesmos problemas e continuamos a propor algumas das mesmas soluções. O artigo observa que o horário flexível e o teletrabalho já tinham sido experimentados e não funcionaram. "O movimento para fazer algo sobre o problema é incipiente", observa Kaufman. "Muitas empresas falam sobre o assunto, mas não sabem como sair dos seus velhos hábitos" (Kaufman, 1999). Mais de duas décadas depois, as empresas ainda continuam falando sobre burnout e ainda não sabem como mudar.

Toda essa história leva-me a uma conclusão deprimentemente clara: estamos tendo a mesma conversa sobre burnout há cinquenta anos. Acrescente a história da neurastenia, e um século e meio já se passou. Se levarmos em conta a melancolia e a acédia, então já se passaram mais de dois milênios. Quando falamos sobre exaustão do nosso trabalho e da nossa cultura atualmente, não soamos apenas como Freudenberger, Maslach e seus críticos nas décadas de 1970 e 1980, com seu foco em trabalhadores de elite bem-educados, seu senso de aceleração cultural e sua tendência para atrair todas as aflições sob um único e vago guarda-chuva. Podemos soar também como George Beard e S. Weir Mitchell teorizando a neurastenia na década de 1880. Os primeiros pesquisadores sobre burnout ecoaram sua crença de que estar exausto era sinal de ser uma pessoa moderna, um representante da época. Agora, de acordo com a discussão pública, o burnout é a marca de toda uma geração, uma geração que tem sido sinônimo de tecnologia, transformação e vanguarda cultural.

Tenho sentimentos mistos sobre o fato de estarmos há tanto tempo falando em círculos em torno do burnout. Por um lado, quero colocar a conversa em um novo rumo. Não quero repetir os erros do passado – os elixires, os apelos ao individualismo rude, as lamentações sobre a tecnologia, os votos vazios de mudar a maneira como fazemos negócios. Não quero me tornar o George Beard da nossa época, fazendo charlatanice sobre uma pseudociência facilmente desmascarável. Quero que a pesquisa sobre o burnout se torne muito mais sistemática, com o objetivo de estabelecer critérios diagnósticos para essa condição que me causou tanto sofrimento e me custou a minha carreira. Quero que o marketing, muitas vezes absurdo, dê lugar a vozes mais razoáveis, mais compassivas. Penso que não seremos capazes de ajudar os trabalhadores esgotados até que nossa conversa se torne mais sóbria, mais exigente e menos alarmista.

Por outro lado, receio que as conversas sobre burnout não tenham mudado porque não podem mudar. O esgotamento está tão enraizado em nossa cultura quanto a acédia estava no monaquismo do deserto e quanto a neurastenia estava na era da eletricidade – talvez tão enraizado que não podemos alterar as condições que causam o burnout dentro de nossa cultura. Seria como usar a mão direita para fazer uma cirurgia em si mesmo. Eu me desespero quando leio manchetes do tipo: "Como fazer sua empresa crescer sem correr o risco de burnout" (Iliff, 2019). Não é possível. Participar da cultura de trabalho da nossa época *implica* correr o risco de burnout. Você também pode tentar nadar sem se molhar. Quando o burnout deixar de existir, deixaremos de ser quem somos e perderemos as suposições culturais que orientam as nossas vidas: suposições sobre o que vale a pena perseguir, quem vamos usar de modelo para nossas vidas e como vamos gastar o nosso tempo. Pode ser por isso que, apesar de décadas de estresse e reclamações, não conseguimos acabar com a cultura de burnout. De alguma forma, não queremos que ela acabe.

Juntos, essa esperança e esse medo podem promover um sentimento de determinação. Acredito que podemos reformular as nossas identidades, deixando de colocar o trabalho no centro delas. Nós *podemos* acabar com a cultura do burnout. Antes disso, no entanto, precisamos de um vocabulário muito mais preciso para essa aflição que está no centro de nossa vida social, moral e espiritual.

3
O espectro de burnout

No início, ninguém está esgotado. Quando comecei a trabalhar como professor de teologia, tinha energia e otimismo sem limites. Afinal de contas, eu estava começando a atuar no meu emprego dos sonhos. Finalmente eu tinha a oportunidade de deixar os alunos tão entusiasmados quanto eu com a busca da verdade e o cultivo da mente. No meu primeiro semestre, eu tinha aula todas as manhãs às 8 horas. Apesar de vir trabalhar mais cedo do que os meus colegas, eu ficava até mais tarde do que quase todos eles. No entanto, conseguia manter alguns limites no meu trabalho. Tentava deixá-lo no escritório durante os fins de semana e, na maioria das vezes, conseguia.

Minha primeira crise profissional atingiu-me no meio do semestre, quando corrigi o primeiro trabalho de uma das minhas turmas. Eu havia pedido aos alunos que escrevessem um ensaio analisando o tema da amizade nas *Confissões* de Santo Agostinho, um denso mas belo livro de memórias, marcado por longas passagens teológicas (olhando para trás, percebo que essa tarefa *talvez* tenha sido um pouco pesada para alunos do segundo ano da faculdade). O trabalho de um dos alunos se destacou como incomum, primoroso, com uma linguagem notavelmente diferente da típica prosa propensa a erros dos universitários. Parágrafos inteiros do trabalho pareciam ter sido escritos por um professor de Oxford que fumava cachimbo na década de 1950. O aluno usou corretamente a palavra "implacável" em uma frase.

Mas depois o trabalho mudou abruptamente, tornando-se uma série de perguntas retóricas inúteis que alguém faria se quisesse parecer mais esperto do que realmente era. O mais estranho de tudo: o aluno usou "amizade" como verbo inúmeras vezes, como na frase "devemos amizadear Deus porque Ele nos amizadeia". Hã? Após ficar intrigado com o trabalho e de mostrá-lo para alguns colegas, que ficaram igualmente perplexos, deduzi que o aluno havia remendado pedaços de escrita de outras pessoas sobre o tema de Santo Agostinho e o amor e depois tinha realizado um localizar e substituir em seu próprio documento para mudar "amor" para "amizade". E, claro, o aluno não revisou o trabalho. Assim que descobri o que tinha acontecido, fiquei furioso. Depois, fiquei ainda mais desanimado ao descobrir que vários outros alunos também haviam plagiado os seus trabalhos.

Algumas semanas depois, meus alunos tiveram média D no exame de meio de semestre. Eles não estavam aprendendo nada? Não estavam nem mesmo tentando? Escrevi para um amigo a respeito de ter "a angústia de pensar que a educação é uma mentira impossível". No ano seguinte, quase metade dos alunos de uma turma plagiaram seus trabalhos. Cada um desses desafios em sala de aula parecia uma afronta aos meus ideais.

É verdade que ensinar não era de todo ruim. Vi alunos aprenderem a cada semestre; eles riam educadamente do meu pequeno repertório de piadas teológicas. Mas o plágio e a apatia deles afetaram-me tanto que às 2 horas de uma madrugada, enquanto eu estava no meio de um pedido de estabilidade, seis anos depois de estar no meu emprego, também escrevi uma "carta contra a estabilidade", defendendo a minha incompetência. Escrevi que tinha passado a odiar o fato de que o meu trabalho era "levar as pessoas a fazerem coisas que nem remotamente queriam fazer: ler, discutir ideias novas e desafiadoras e escrever". Também escrevi que podia imaginar maneiras de romper "o impasse" na sala de aula, mas não tive coragem de tentar. "Eu simplesmente não tinha energia, iniciativa ou desejo de fazer as coisas que seriam necessárias para ensinar algo a muitos que não estão interessados em aprender."

Agora reconheço nessa frase todos os três sintomas clássicos de burnout: exaustão, cinismo e sentimento de ineficácia. Mas isso aconteceu anos antes de eu desistir. Apesar daquele momento de desespero tarde da noite, eu não estava lutando para sair da cama. Não estava comendo o pão que o diabo amassou. Eu tinha conseguido a estabilidade. Eu continuei. Ficava me lembrando: *esse é o emprego dos meus sonhos.*

Penso que é razoável dizer que eu estava passando pelo burnout durante o período em que escrevi a carta contra a estabilidade, mas essa experiência não foi definitiva. Eu não estava "queimado" como uma lâmpada morta ou como uma lenha reduzida a cinzas. Algo mudou nos anos seguintes, o que fez com que desistir parecesse ser a única maneira de sobreviver. Se conseguirmos compreender como os trabalhadores experimentam essa mudança de frustração leve para futilidade miserável, teremos a definição sólida de burnout de que a nossa discussão pública tanto precisa.

* * *

A variedade de experiências das pessoas com o burnout é oceanicamente vasta, e sua profundidade varia desde cardumes continentais pouco profundos até trincheiras insondáveis. Em alguns casos, pode parecer uma depressão clínica; em outros, assemelha-se à fadiga da compaixão, uma condição que geralmente aparece (e se dissipa) mais subitamente do que o burnout (Hooper et al., 2010). A nossa definição de burnout precisa levar essas diferenças em consideração. Enormes porcentagens de trabalhadores em todo o mundo exibem os sintomas de burnout ou se dizem esgotados, mas, ao que parece, a maioria consegue continuar. Enquanto isso, uma porcentagem menor mal consegue trabalhar. Sofrem de exaustão crônica, diminuição do desempenho e do comprometimento com o trabalho e redução das capacidades cognitivas, como função executiva, atenção e memória (Deligkaris et al., 2014; Maslach & Leiter, 1997). Igualmente podem abusar e depender de substâncias. Alguns, incluindo um número alarmante de médicos nos Estados Unidos, chegam até mesmo a pensar em suicídio (Farmer, 2018). Nem todos os que se dizem esgotados atingem tais profundidades, mas as milhões de pessoas que usam o termo estão querendo dizer *alguma coisa* quando o usam. *Alguma coisa* está errada com a sua relação com o trabalho.

Para equilibrar a necessidade de amplitude (todos se sentem um pouco esgotados) e profundidade (alguns estão tão esgotados que não podem mais fazer seus trabalhos), devemos pensar no burnout não como um *estado*, mas sim como um *espectro*. Na maioria das discussões públicas sobre burnout, falamos sobre trabalhadores que "estão esgotados", como se esse estado fosse preto e branco. No entanto, uma visão em preto e branco não pode explicar a variedade das experiências de burnout. Se houver uma linha clara entre estar esgotado e não estar, como acontece com uma lâmpada, não temos uma boa maneira de categorizar as pessoas que dizem que estão esgotadas mas que ainda assim conseguem fazer seu trabalho de forma competente. Pensar no burnout como um espectro resolve esse problema; aqueles que alegam estarem esgotados, mas não estão debilitados por ele, simplesmente estão lidando com uma forma parcial ou menos grave do problema. Estão experimentando o burnout sem *estarem* esgotados por completo. O burnout ainda não teve a última palavra.

Os psicólogos já tratam outras condições – como o autismo – como espectros, classificando em conjunto vários transtornos relacionados de intensidade variável. Alguns deles, incluindo o pesquisador suíço Jules Angst, também veem a depressão como um espectro. Em um artigo de 1997, Angst e sua coautora, Kathleen Merikangas, relataram que, durante um período de quinze anos, jovens adultos se alteraram em um espectro de estados depressivos, ou seja, eles exibiriam mais ou menos dos critérios de depressão ao longo do tempo e, muitas vezes, passariam para frente e para trás no limiar do transtorno depressivo maior (Angst & Merikangas, 1997). Eles descobriram que as pessoas que experimentaram um dos estados depressivos "subliminares" corriam um risco muito maior de desenvolverem uma depressão mais grave no futuro (Angst & Merikangas, 1997, p. 36). Essa pesquisa implica um resultado esperançoso; reconhecer esses estados de nível inferior pode possibilitar que pessoas com alguns sintomas depressivos recebam tratamento antes de desenvolverem sintomas piores.

A noção de um espectro de depressão ou de burnout também reflete melhor a experiência das pessoas com esses distúrbios do que um modelo de tudo ou nada. Todos os limiares são arbitrários, incluindo as linhas que separam as diferentes categorias de "depressão subliminar". Não sabemos onde está a linha, no teste Maslach Burnout

Inventory ou em alguma outra medida, entre "esgotado" e "não esgotado", porque não existe uma. Diferentes experiências de gravidade do burnout se misturam, assim como a cor que chamamos de "vermelho" gradualmente se torna mais alaranjada em um arco-íris. Podemos traçar uma linha, e é possível que precisemos fazer isso em cenários clínicos em que é importante fazer diagnósticos claros. Mas uma classificação mais detalhada pode permitir tratamentos mais diferenciados. Angst e Merikangas indicam que todas as pessoas experimentam estados depressivos leves e fugazes em suas vidas (Angst & Merikangas, 1997, p. 32). Se também reconhecermos a existência de uma experiência de burnout de baixo grau, podemos esperar que a maioria das pessoas caia no espectro de burnout em algum momento, mesmo que nem todos "avancem" para níveis mais altos de exaustão, cinismo e ineficácia. Todo trabalho nos abre para a possibilidade de burnout, embora qualquer indivíduo possa experimentá-lo apenas parcialmente, com uma única dimensão que pode, com o tempo, tornar-se uma expressão mais completa do transtorno.

Uma trabalhadora cuja experiência ilustra o caráter variável do burnout é Liz Curfman, uma assistente social licenciada que trabalha para uma organização sem fins lucrativos em Dallas que atende a filhos de refugiados. Curfman disse-me que as pessoas em seu trabalho "usam o burnout como um crachá". Para ela, no entanto, o burnout assume uma forma particular. Ao longo de sua carreira, Curfman disse, o estresse no trabalho a tornou suscetível ao cinismo. Em um de seus empregos anteriores, a equipe de trabalho estava solicitando a renovação de um financiamento que era crucial para pagar os salários. Com o seu trabalho em risco, ela se recorda de ter sentido uma grande ansiedade, o que a levou a fofocar sobre alguns colegas de trabalho – uma espécie de despersonalização. "Eu estava sendo muito cínica e estava pronta para apontar as situações em que as outras pessoas falhavam", disse. Depois que a concessão do financiamento foi renovada, o cinismo de Curfman evoluiu para sentimentos de ineficácia. Ela se perguntava se o seu trabalho, coordenando os membros da AmeriCorps, estava fazendo diferença. "Vamos lá acabar com isso", dizia ao tentar uma nova solução para um problema em seu trabalho. "Não vai importar de qualquer maneira."

Depois, em outra organização, o cinismo de Curfman voltou. "Eu não era a pessoa amável e graciosa com quem você está falando agora", ela brincou. "Eu era espinhosa – muito combativa, pronta a todo momento para começar uma briga." A organização a colocou em licença remunerada por duas semanas para descansar e ganhar uma nova perspectiva sobre o seu trabalho. Em um primeiro momento, Curfman ficou ofendida: "Eu pensei: 'como ousam fazer isso comigo?'" Mas o tempo de folga a ajudou a perceber o quanto ela estava lutando e o quanto ela e seus superiores estavam comunicando mal as expectativas que tinham uns em relação aos outros. Ela voltou a trabalhar com mais conhecimento a respeito do que precisava para ter um bom desempenho.

Curfman não falou sobre exaustão durante a nossa conversa de horas, mas outros trabalhadores certamente falariam. Na verdade, muitas vezes igualamos a exaustão ao burnout. Se pensarmos no burnout como um espectro de condições, e não como um transtorno de tudo ou nada, então faz sentido que os trabalhadores possam ter exaustão sem despersonalização ou ineficácia. Qualquer um de nós que passa por uma experiência parcial de burnout tem um espectro, mas não está totalmente no extremo. Por mais esgotados, cínicos ou inúteis que nos sintamos devido ao nosso trabalho, as coisas ainda podem ficar muito piores.

* * *

A minha experiência de burnout fluiu e refluiu durante vários anos antes de se tornar uma condição permanente. Assim como Liz Curfman, desenvolvi cinismo e sentimentos de ineficácia sem exaustão severa. A exaustão veio depois. Eu geralmente dava quatro aulas de educação geral por semestre – aulas que a faculdade exigia que os alunos fizessem independentemente do curso. Os alunos expressaram seu ressentimento nas avaliações da disciplina: "Avaliador rigoroso e muito exigente para uma aula sem importância", um comentário típico. Para encontrar satisfação profissional, investi tempo em outras partes do trabalho: comitês, conferências, publicações. Mas isso me custou caro. Como escrevi em uma nota para mim mesmo na época em que também escrevi a minha carta contra a estabilidade: "Tudo isso me desgasta. Não é um desafio intelectual (é um desafio, mas não intelectual). E, na verdade, não é gratificante, uma vez que a maioria dos alunos parece não ter nenhum benefício com isso, e aqueles poucos que têm não me agradecem".

Aquela parte entre parênteses sobre ensinar não ser um desafio intelectual salta para mim agora. Ela me mostra que entrei no trabalho esperando uma coisa, mas consegui outra. Eu queria viver o tipo de vida que imaginava que meus professores viviam. Ao entrar na academia, pensava estar me tornando um cidadão da República das Letras. No entanto, na realidade, ainda era apenas um trabalho, com burocracias, cronogramas e coisas chatas que precisavam ser feitas até as 17 horas. Os alunos, por sua vez, não pensavam em seu aprendizado como uma busca elevada e intelectual. Para eles, a educação era um meio para tornar-se um contador, um treinador esportivo ou um professor. Não estavam nisso pelo puro prazer do pensamento teológico, como eu tinha estado. Não os culpo. Ainda assim, não pude deixar de esperar que eles fossem como eu.

Essa lacuna entre os nossos ideais de trabalho e a realidade do nosso expediente é o ponto de origem do burnout. Nós nos esgotamos quando o que realmente fazemos no trabalho fica aquém do que esperávamos fazer.

Esses ideais e expectativas são não apenas pessoais mas também culturais. Nas culturas de nações ricas, queremos de nossos empregos mais do que um salário. Queremos dignidade. Queremos crescer como pessoas. Podemos até querer algum propósito transcendente. E não conseguimos essas coisas, em parte, porque o trabalho se tornou emocionalmente mais exigente e materialmente menos recompensador ao longo das últimas décadas (falarei muito mais sobre essas condições de trabalho reduzidas e esses ideais decepcionados nos capítulos 4 e 5). Imaginei a vida de um professor universitário como uma conversa intelectual ininterrupta com colegas brilhantes e alunos ávidos. A realidade era que ensinar era difícil, o reconhecimento era raro, e eu passava muito tempo em reuniões enfadonhas ou sozinho em meu escritório, paranoico a respeito do plágio dos alunos.

A ideia de que o burnout resulta de uma lacuna entre os ideais e a realidade é comum na literatura de pesquisa (Farber & Wechsler, 1991, p. 24; W. Schaufeli & Enzmann, 1998, p. 140). Christina Maslach e seu coautor Michael Leiter chamam o burnout de "índice de deslocamento entre o que as pessoas são e o que elas têm de fazer" (Maslach & Leiter, 1997, p. 17). Tomo-os como exemplo no sentido de que o burnout assinala o quanto as suas necessidades de trabalho diferem da sua autocompreensão. Em um dos primeiros artigos de Maslach sobre burnout, publicado em 1976, a autora conectou o problema a partes do trabalho das pessoas que elas não estavam preparadas para realizar. Um defensor público disse a ela: "Recebi formação em Direito, mas não em como trabalhar com as pessoas que seriam meus clientes. E foi essa dificuldade em lidar com as pessoas e seus problemas, hora após hora, que se tornou o problema para mim, não as questões legais em si". Havia um enorme espaço vazio entre o ideal de trabalho dessa pessoa, "assuntos jurídicos", e a realidade de resolver problemas humanos não jurídicos, o que a tornava propícia para o burnout (Maslach, 1976, p. 22).

A experiência do burnout é como tentar ficar de pé em um par de pernas de pau que estão caindo. As duas pernas representam os nossos ideais e a realidade de nossos trabalhos. Se tivermos sorte, ambas se alinham bem próximas uma da outra, e é fácil segurar as duas e andar para frente sem se esticar ou se atrapalhar. Mas isso raramente acontece. À medida que as pernas se afastam, criam uma forma de V ampliada. Se elas não forem muito altas (se o seu trabalho não lhe exigir muito), então alguns degraus de separação entre o ideal e a realidade não vão fazer você perder a aderência. Porém, se as pernas forem muito altas (se o seu trabalho for tão exigente quanto o de uma enfermeira de departamento de emergência), então até mesmo um pequeno afastamento entre a realidade e os seus ideias irá pressioná-lo muito. Com o tempo, a sua força se esgota, e você solta uma das pernas ou se quebra por inteiro. De qualquer forma, uma pessoa que é puxada entre elas terá menos folga disponível em sua vida para florescer em um sentido pleno.

Formas de burnout de baixo nível ou temporárias ocorrem em períodos em que as duas pernas se afastam, puxando a pessoa entre elas. A dor é real, assim como a dificuldade em se manter firme. A exaustão, o cinismo e a ineficácia que a pessoa sente são sintomas, assim como a febre é um sintoma. Eles sinalizam que algo está errado, que você está desequilibrado. Você se estica por uma semana ou até por um mês, mas depois o projeto termina, você cumpre o prazo, e as pernas se aproximam novamente. A tensão relaxa, e você pode solidificar o seu domínio tanto sobre os ideais quanto sobre a realidade. Mas então você enfrenta um novo desafio, e o V fica mais largo novamente e, dessa vez, não fecha depois de algumas semanas. Você apenas continua esticando e esticando, tentando manter as pernas juntas. Suas mãos ficam suadas. Você sente que está desgastado. Você sabe que as pernas de pau *devem* ficar juntas; é o que seus pais, professores e oradores de formatura sempre lhe disseram. Então, o que há de errado com *você*, que tem tanta dificuldade em aguentar isso? Mas as pernas nunca voltam ao alinhamento, e depois de um mês ou um ano, ou até mais, você chega ao ponto em que algo tem de ser feito.

Quando leio minhas antigas anotações para mim mesmo, vejo os efeitos da minha luta para manter elevados ideais para o trabalho – para acender as mentes jovens para novas formas de pensar – diante da real indiferença dos alunos em relação ao que eu tinha para lhes oferecer. Senti muitas vezes a tensão enquanto tentava viver nessa contradição entre o que eu imaginava que seria o meu trabalho e o que ele realmente era. Os mesmos sentimentos surgem repetidas vezes em minhas anotações. É nesses momentos que a lacuna fica maior. Mas a lacuna também deve ter diminuído, permitindo que eu relaxasse e me recuperasse. Eu não estava sob tensão constante. Todo esse alongamento, no entanto, fez com que eu perdesse a elasticidade. Anos mais tarde, quando as pernas se separaram novamente por um longo tempo, eu finalmente quebrei.

* * *

É tentador dizer que todas as pessoas experimentam o estresse do burnout de maneira diferente. Mas, na realidade, as pessoas e os seus empregos não são assim *tão* diferentes uns dos outros. Se o burnout se manifesta principalmente como cinismo para uma pessoa, provavelmente também se manifesta assim para outras. Portanto, se conseguirmos identificar algumas categorias de experiência típica de burnout, poderemos também desenvolver algumas maneiras de ajudar as pessoas que passam por cada tipo de burnout ao longo do espectro.

Esse é o pensamento por trás do enfoque recente dos pesquisadores em "perfis" de burnout ou em experiências características de burnout (Leiter & Maslach, 2016). Como existem três dimensões separadas para o burnout, você pode esperar encontrar pessoas com pontuação particularmente alta em uma delas, mas não nas outras – alguém que está exausto, mas não cínico ou atormentado por sentimentos de ineficácia –, assim como pessoas que pontuam alto em todas as três. Maslach e Leiter, por exemplo, veem o burnout em termos de cinco perfis: um em que você pontua baixo em todas as três dimensões, um em que você pontua alto em todas as três, e outros três, em que você pontua alto uma vez apenas em exaustão, apenas em cinismo e apenas em ineficácia. Embora eu esteja me referindo a pontuações "altas" e "baixas", esse tipo de análise não depende de pontuações de corte arbitrárias para estabelecer se alguém se encaixa em um perfil ou em outro. Em vez disso, procura padrões nas respostas das pessoas ao teste Maslach Burnout Inventory, por meio de agrupamentos de pontuações frequentes na escala (Berjot et al., 2017). Esses agrupamentos são os perfis, as maneiras mais comuns de as pessoas experimentarem o burnout.

Voltando à nossa metáfora de andar sobre pernas de pau, os cinco perfis de burnout correspondem aproximadamente a cinco maneiras diferentes de lidar com a tarefa de manter de pé tanto os seus ideais de trabalho quanto a realidade do seu trabalho. Uma maneira é a mais fácil: já existe um alinhamento estreito entre o ideal e a realidade, e você pode segurar as duas pernas e andar sem muita luta. Isso é o que Leiter e Maslach chamam de "engajamento", mas penso que uma expressão melhor seria, simplesmente, *sem burnout* (estou convencido de que o próprio "engajamento dos funcionários" como ideal de trabalho contribui para o burnout; falarei mais sobre o assunto no capítulo 5). Os outros quatro perfis aparecem quando as pernas começam a se afastar uma da outra. Nessa altura, dependendo das nossas circunstâncias e da nossa constituição psicológica, podemos responder de quatro maneiras diferentes. Quero deixar claro, no entanto, que essas não são respostas *escolhidas*. Você não pode decidir *como* vai se esgotar, assim como não pode decidir *se* vai se esgotar. As quatro respostas são involuntárias, são quatro maneiras diferentes de nossos corpos e mentes reagirem a um determinado tipo de estresse.

A primeira maneira de lidar com a realidade no trabalho que diverge dos nossos ideais é tentar nos agarrarmos a ambas as pernas por uma vida melhor, enquanto elas nos puxam por meio do espaço existente. Por pura força de vontade ou negação, agarramo-nos às nossas expectativas sobre o que o nosso trabalho deveria ser, mesmo que a realidade seja diferente por conta de carga de trabalho excessiva, apoio inadequado ou demandas emocionais pesadas. Quando nos esticamos assim, mas ainda agarrados às duas pernas de pau, a exaustão domina a nossa experiência e ficamos *sobrecarregados*.

A segunda maneira é abandonar os nossos ideais e nos submetermos a essa realidade comprometida. Quando fazemos isso, despersonalizamos nossos colegas de trabalho e clientes, ou nos preocupamos apenas com nossos contracheques depois de desistir da missão social de nossos empregos. Os trabalhadores que se enquadram nesse perfil podem incluir o médico técnico que reduz os pacientes às suas condições – infecção viral no leito 27 – ou o professor que pensa que trabalhar na escola seria ótimo se não fosse por todos os alunos. Esse perfil também inclui uma funcionária como Liz Curfman disse ter sido, que ataca colegas de trabalho e fala sobre eles pelas costas. Quando os ideais não importam mais para o nosso trabalho, incluindo o ideal de tratar os outros como seres humanos completos, nós nos tornamos *cínicos*.

A terceira abordagem é ignorar ou se rebelar contra a realidade, mantendo os nossos ideais. Ficamos desapontados ou aborrecidos porque nosso trabalho não corresponde ao que esperamos dele. Ou então nos desligamos dele, fazendo o mínimo possível: *Por que me importar? Eu vou falhar de qualquer maneira.* Nós nos sentimos ineficazes e sem valor. Vemos o ideal e acreditamos que nunca poderemos alcançá-lo. Estamos *frustrados*.

Finalmente conseguimos deixar de lado o ideal e a realidade. Ou, se ficarmos esticados por muito tempo, somos dilacerados. Estamos fora das pernas de pau, incapazes de fazer mais do que o mínimo necessário. Qualquer esforço é exaustivo. Nosso trabalho é apenas uma tarefa sem valor redentor. Nós nos sentimos consumidos, vazios. Estamos *esgotados*.

Pesquisadores identificaram quantos trabalhadores se encaixam em cada um desses cinco perfis em um determinado momento. Vários estudos sobre funcionários de hospitais nos Estados Unidos e no Canadá, incluindo a equipe clínica, como médicos e enfermeiros, e trabalhadores administrativos e comerciais, mostram que cerca de 40 a 45% se encaixam no perfil que chamo de *sem burnout*; 20 a 25% se encaixam no perfil *frustrado*, com pontuações altas apenas em ineficácia; 15% estão *sobrecarregados* por conta de altos níveis de exaustão; 10% têm altas pontuações em despersonalização e estão, portanto, *cínicos*; e de 5 a 10% se encaixam no perfil *esgotado*, com altas pontuações nas três dimensões (Leiter & Maslach, 2016; Schult et al., 2018; Yanchus et al., 2015). Outros estudos que definem os perfis de maneira diferente corroboram a constatação de que o perfil sem burnout compreende cerca de 40% dos trabalhadores, com 5 a 10% classificados como esgotados (Beckstrand et al., 2017; Moeller et al., 2018).

Com esses números, finalmente temos a resposta para uma pergunta importante: quantos trabalhadores estão esgotados? Um pouco mais da metade dos trabalhadores está no espectro de burnout, apresentando um de seus perfis devido a altas pontuações em uma ou mais das três dimensões de burnout. Uma parcela menor – um em cada dez – pontua alto nas três dimensões e se encaixa no perfil clássico de burnout. Essas estimativas fazem sentido de maneira intuitiva. Basta olhar ao seu redor no local de trabalho. As chances são: muitas pessoas parecem estar bem, muitas estão infelizes ou visivelmente sobrecarregadas, e algumas estão realmente lutando para aguentar firme.

O número de trabalhadores com perfil de esgotamento é menor do que os números que são exibidos por artigos de notícias e relatórios de marketing sobre trabalhadores que "estão esgotados", mas isso não diminui a importância do burnout como um problema em nossos locais de trabalho e em nossa cultura. Na verdade, a porcentagem de trabalhadores que se encaixam no perfil de esgotados é semelhante à porcentagem de adultos que têm depressão clínica – 8,1% nos Estados Unidos –, e nós vemos, corretamente, a depressão como um grave problema (Brody et al., 2018). Se a metade dos trabalhadores estiver no espectro de burnout em determinado momento, então é seguro dizer que a grande maioria experimenta um dos perfis em algum momento de suas carreiras. Uma minoria significativa provavelmente cairá no perfil de esgotamento pelo menos uma vez. Não, nem todos estão esgotados neste momento. Mas a maioria de nós sentiu a tensão da nossa realidade no trabalho divergindo dos nossos ideais, e tropeçou. E muitos de nós caímos duramente.

* * *

Os perfis revelam nuanças da experiência de burnout, algo que um modelo unidimensional, de esgotado ou não esgotado, não seria capaz de fazer. Eles podem ajudar os médicos a identificar formas parciais de burnout e, em seguida, prescrever remédios que satisfaçam as necessidades específicas do paciente. Os perfis também podem nos ajudar a ver como as pessoas em um determinado ambiente de trabalho ou uma profissão específica experimentam o esgotamento de maneira diferente de outros trabalhadores. Um estudo feito por psicólogos franceses, por exemplo, identificou quatro grupos de pontuações no teste Maslach Burnout Inventory entre membros da mesma profissão; faltaram o perfil cínico e de alta despersonalização. Como observam os autores: "é realmente muito difícil imaginar um psicólogo enérgico que se julga eficiente enquanto é cínico e distante em relação aos seus pacientes" (Berjot et al., 2017, p. 16). Em outras palavras, os perfis de burnout confirmam a suspeita de que as pessoas dessa linha de trabalho são mais propensas a experimentar o burnout na forma de sobrecarga ou frustração do que na forma de cinismo, o que leva a crer que não há necessidade de desenvolver tratamentos especificamente voltados para *psicólogos* cínicos.

As minhas notas no teste Maslach Burnout Inventory – alta em exaustão, moderada a alta em despersonalização e baixa em realização pessoal – sugerem que eu não era uma combinação óbvia para nenhum dos cinco perfis. Fazendo apenas uma comparação visual entre as minhas pontuações e os gráficos no artigo de Leiter e Maslach, parece que eu poderia me encaixar nos perfis sobrecarregado, frustrado ou esgotado. Eu estava certamente exausto e sobrecarregado, mas, devido ao meu baixo sentimento de realização – lembre-se, escrevi uma carta para mim mesmo argumentando que eu não merecia a estabilidade –, o que aconteceu comigo foi mais do que uma sobrecarga.

A nossa conversa cultural sobre o burnout se concentra quase exclusivamente na exaustão. Até mesmo alguns pesquisadores cometem esse erro. Mas a pesquisa a respeito dos perfis confirma que a exaustão não conta toda a história. Leiter e Maslach alertam para o fato de que, ao usarem a dimensão da exaustão do teste MBI como um substituto para o burnout, os pesquisadores podem estar contando muitas pessoas como esgotadas quando, na verdade, estão "apenas" sobrecarregadas. A experiência de estar sobrecarregado simplesmente não é a mesma experiência de outros perfis de burnout no espectro. Nos estudos de Leiter e Maslach, as pessoas que pontuaram alto apenas na exaustão tendiam a ter visões muito negativas em relação à sua carga de trabalho, mas não em relação a outras áreas de sua atividade profissional. As pessoas com o perfil de esgotamento, por outro lado, tinham visões negativas em relação a *todas* as áreas de trabalho (Leiter & Maslach, 2016, p. 95-96). Essa descoberta é uma boa notícia; se uma avaliação puder identificar trabalhadores que se encaixam no perfil sobrecarregado, então o empregador poderá reduzir a carga de trabalho e, assim, espera-se, poupar os trabalhadores de uma maior tensão ao longo do tempo. Na mesma linha, os perfis de burnout podem ajudar a identificar os trabalhadores cujo estresse no trabalho os leva ao desengajamento cínico sem exaustão significativa antes de a situação se agravar.

O perfil mais comum no espectro do burnout é a frustração, o que reflete uma pontuação alta apenas na dimensão da ineficácia no teste MBI (ou, na verdade, baixa na dimensão da realização pessoal, que é pontuada em uma escala inversa). As pessoas nessa categoria exibem uma experiência negativa relativamente leve em relação aos seus empregos, se comparadas com trabalhadores sobrecarregados, cínicos ou esgotados. Ainda, a experiência dos trabalhadores frustrados é menos satisfatória se comparada com a dos trabalhadores de perfil sem burnout. Leiter e Maslach chamam a frustração de um "estado um pouco menos do que o neutro" (Leiter & Maslach, 2016, p. 98). Outro estudo observa os "efeitos limitados na saúde" em trabalhadores que se enquadram no perfil frustrado (Schult et al., 2018, p. 497). Como a frustração não parece ser severamente debilitante, é fácil ignorá-la. Na verdade, os pesquisadores geralmente ignoram por completo a frustração em seus projetos de estudo. As pesquisas de alto nível da Clínica Mayo sobre burnout entre médicos nos Estados Unidos não medem a realização pessoal de maneira alguma (Shanafelt et al., 2019). Na Europa, um modelo influente de burnout usa um teste que mede apenas a exaustão e o desengajamento no trabalho; sentimentos de ineficácia não fazem parte do modelo (Demerouti et al., 2001).

Mas a ineficácia desempenha um papel crucial na experiência de burnout e no lugar do burnout na sociedade. A ineficácia é uma crise de espírito, um atentado à autoestima e ao significado. Pode ser que, por si só, o sentimento de ineficácia cause menos danos do que a exaustão ou o cinismo. As pessoas, mesmo se sentindo com baixa eficácia, podem continuar encarando a rotina de trabalho. Cerca de um quarto dos trabalhadores americanos está fazendo exatamente isso, sem relatar *nenhuma* fonte de significado em seus empregos (Maestas et al., 2017). Quero fazer uma pausa por um momento para falar a respeito dessa estatística. Um em cada quatro trabalhadores não encontra *nada* de significativo em seu trabalho: nenhum sentimento de utilidade, nenhum sentimento de que estão ajudando a sociedade ou exercendo seus talentos, nenhuma aspiração por objetivos pessoais. Esses trabalhadores desanimados estão em toda parte, mas parecem se agrupar em alguns tipos de empregos que não têm glamour. Um estudo realizado por pesquisadores que trabalham para a Administração de Veteranos dos Estados Unidos descobriu que o perfil frustrado (que eles chamam de "insatisfeito") é especialmente prevalente entre funcionários administrativos e comerciais em hospitais de veteranos – os trabalhadores responsáveis pelo faturamento, pelo pedido de suprimentos e pela manutenção do espaço físico do hospital (Schult et al., 2018). Em outras palavras, trabalhadores hospitalares frustrados são desproporcionalmente aqueles que raramente enfrentam traumas e doenças, mas também raramente conseguem ver um câncer entrar em remissão, ajudar uma mulher a dar à luz ou testemunhar um amputado dando seus primeiros passos em um novo membro artificial.

A falta de sentido e a frustração podem não causar muitos danos isoladamente, mas amplificam o dano físico da exaustão e o dano moral do cinismo. Se você está desgastado ou endurecido pelo seu trabalho, sentir-se frustrado por isso vai piorar a situação. Por esse motivo, os autores do estudo da Administração de Veteranos sustentam que a experiência negativa do burnout, e especialmente o seu caráter crônico, são impulsionados principalmente pela sensação de ineficácia (Yanchus et al., 2015, p. 104). Isso contrasta com a visão de longa data de Maslach de que o burnout geralmente começa com a exaustão com que o trabalhador tenta lidar, deixando as pessoas emocionalmente distantes (Maslach, 1982; Maslach et al., 2001). Os trabalhadores do hospital de veteranos que apresentavam o perfil frustrado foram especialmente expressivos a respeito de sua insatisfação com promoções, reconhecimentos e elogios (Yanchus et al., 2015, p. 100-102). Eles geralmente eram os menosprezados.

Trabalhadores frustrados sentem que seu esforço no trabalho é em vão. Não conseguem ver o bem que realizam. O fruto do seu trabalho pode ser abstrato ou efêmero. Eles podem ter muito pouco trabalho real para fazer. Podem ser preteridos para promoções, pode não haver nenhuma possibilidade de promoção ou seus supervisores podem mal perceber os seus esforços e realizações. Podem ter aquilo que o antropólogo David Graeber chama de "empregos de merda", empregos que até mesmo as pessoas que os ocupam suspeitam que não precisam existir. Esses trabalhadores podem fazer pouco mais do que marcar caixas, fazer uma intermediação entre outros trabalhadores ou projetar a imagem de que seus chefes são importantes (Graeber, 2018). A visão apenas da exaustão em relação ao burnout não consegue avaliar quantos de nós quase não fazemos nada o dia todo e sentimos os nossos talentos enferrujando e reunindo teias de aranha. A violência que a inutilidade causa à pessoa é muitas vezes invisível. Não se assemelha ao estresse. Um trabalhador frustrado pode não parecer queimado porque, para começar, nunca foi iluminado. Mas o espectro de burnout funciona como o espectro de depressão de Jules Angst, ou seja, experimentar a frustração pode tornar mais provável que um trabalhador demonstre exaustão, cinismo ou esgotamento total. Se uma parte essencial do problema dos trabalhadores frustrados é a falta de reconhecimento, reconhecê-los pode evitar problemas significativos no futuro.

A sensação de futilidade foi a porta de entrada para o meu esgotamento; foi o primeiro sintoma. Isso me levou, durante o meu primeiro semestre de ensino em tempo integral, a lamentar que a educação fosse "uma mentira impossível". Isso não significa que a ineficácia seja sempre o primeiro passo para um caso mais grave de burnout. Certamente é para muitos, mas existem outros caminhos. A prevalência do perfil frustrado pode sinalizar que o burnout é uma doença crônica que os trabalhadores podem aprender a gerenciar, mas que pode se reacender em episódios agudos (Yanchus et al., 2015).

Eu consegui gerenciar a frustração, a sobrecarga e o cinismo por anos sem perceber que o problema era a exaustão. Provavelmente deslizei no espectro de burnout por longos períodos, quando a minha fé na educação parecia validada. Eu via o conhecimento dos alunos se formar quando eles faziam em sala de aula as atividades que eu havia idealizado. Sentia orgulho deles enquanto os observava rabiscar em seus cadernos azuis de prova, de vez em quando sacudindo as suas mãos doloridas; eles estavam se esforçando muito, tentando me provar que tinham aprendido. Por vezes até pareceu um privilégio ler os seus textos. Eles estavam compartilhando as suas melhores ideias comigo. Nesses momentos, os meus ideais e a realidade se realinhavam. Mas só por um tempo.

* * *

Talvez ignoremos a inutilidade na pesquisa do burnout e na conversa cultural mais ampla porque não é socialmente aceitável dizer que você é ineficaz no seu trabalho. Trabalhadores incompetentes são perdedores, não heróis. Trabalhadores sobrecarregados, por outro lado, exemplificam um ideal digno de louvor. Se você disser que está exausto por conta do seu trabalho, então está dizendo que é um bom trabalhador, apoiando as normas da ética de trabalho americanas. Na verdade, se a pessoa for muito dedicada ao trabalho, sacrifica-se por ele. Até mesmo a despersonalização é mais socialmente aceitável do que a ineficácia. O cínico ferrenho que dispensa sutilezas para cumprir uma tarefa difícil é também uma espécie de herói, um arquétipo de procedimentos policiais e dramas hospitalares da televisão.

Como muitas vezes existe uma recompensa social por reivindicar o perfil sobrecarregado, quero argumentar contra a sua equiparação com o burnout e defender a ineficácia como uma dimensão crucial. O estado de esgotamento total – afligindo os 5 ou 10% dos trabalhadores que pontuam alto em todas as três dimensões do teste Maslach Burnout Inventory – faz com que os trabalhadores se perguntem se podem continuar, e não com que eles descubram que, sim, podem. A tentação dessa narrativa de "herói" evidencia como o esgotamento reflete a virtude americana de um individualismo sólido e de uma agitação incessante. *Trabalhei arduamente até não poder mais, mas depois superei as minhas limitações e aprendi a trabalhar mais arduamente ainda!* Um exemplo descarado dessa narrativa foi um anúncio de metrô de 2017 para o Fiverr, um mercado virtual para pequenas apresentações *freelance*, muitas vezes mal pagas. O anúncio mostrava uma jovem mulher que parecia ao mesmo tempo atormentada e glamorosa, olhando diretamente para o espectador, com o texto: "Você toma um café no almoço. Você continua. A privação do sono é seu vício. Você deve ser alguém que faz acontecer". O seu olhar capturou perfeitamente a fusão da ambição e da exaustão, o seu aparente foco em um objetivo distante indistinguível do olhar de mil jardas do burnout.

Estamos nos superdiagnosticando com burnout como um meio de autoelogio por toda a história da cultura do burnout. Lance Morrow escreveu em seu cético ensaio de 1981 sobre burnout: "O termo captura perfeitamente um hábito americano de hipérbole e narcisismo trabalhando em conjunto: uma hipocondria do espírito. A ideia contém um autoengrandecimento furtivo ligado a uma autoexoneração elusiva" (Morrow, 1981). Os pesquisadores Ayala Pines e Elliot Aronson passaram a década de 1980 apresentando seminários sobre burnout. Eles relatam: "Quando os participantes percebem que os trabalhadores mais comprometidos se esgotam mais severamente, isso os deixa livres para admitir o esgotamento sem vergonha ou constrangimento". De fato, Pines e Aronson descobriram isso quando, ao dizerem antecipadamente aos trabalhadores que os idealistas mostravam mais sinais de esgotamento, tais trabalhadores pontuaram mais alto na medida do burnout (Pines & Aronson, 1988). Em outras palavras, se o burnout é uma exaustão heroica, então os trabalhadores ambiciosos aspiram alcançá-lo. A exaustão não é realmente um fator negativo na cultura de trabalho dos Estados Unidos; não existe um tabu contra estar sobrecarregado. O tabu está em admitir que você não pode fazer o seu trabalho.

Confesso que, por ter desistido da minha carreira após um longo período de exaustão frustrada e cínica, levanto uma sobrancelha quando alguém afirma estar esgotado mas não parece sofrer consequências profissionais negativas. Nos meus piores períodos no trabalho, o meu desempenho piorou – e a minha saúde também. Senti que tinha de desistir ou então eu arriscaria danos pessoais muito graves. Eu estava orgulhoso da minha agitação, de reunir vários comitês de professores enquanto ensinava e publicava. Ficava feliz em dizer "sim" quando alguém me pedia para fazer um trabalho extra, especialmente se isso pudesse me dar a reputação de alguém que conseguia fazer as coisas. Sim, eu era alguém que fazia acontecer.

Mas tudo isso não era burnout. Era o *prelúdio* para o burnout. Eu não estava exausto ou cínico em relação ao meu trabalho no meu primeiro dia de volta do ano sabático, quando cheguei cedo para uma reunião às 8 horas e não fui para casa até que minha aula noturna terminasse. Fiquei emocionado por estar de volta, por ter tantas pessoas dependendo de mim para fazer um bom trabalho. Meses depois, eu estava falando ao telefone com a minha mulher sobre um acadêmico que eu pensava que tinha me desprezado na recepção de uma conferência – *isso* era cinismo. Eu ignorava os trabalhos que eu precisava corrigir e arrastava-me para uma aula sem tê-la preparado – *isso* era ineficácia. Eu tinha de tirar uma soneca, na maioria das manhãs, duas horas depois de ter acordado – *isso* era exaustão.

O *status* e a virtude dos sinais de burnout o tornam um autodiagnóstico atraente, capaz de encobrir problemas graves que carregam um estigma social mais forte, como a depressão clínica. Na verdade, pode ser que o burnout seja uma forma de depressão. Herbert Freudenberger, o padrinho do burnout, escreveu em 1974 que um trabalhador esgotado "olha, age e parece como alguém deprimido" (Freudenberger, 1974, p. 161). É mais uma de suas observações improvisadas que mais tarde ganhou apoio científico. O psicólogo Irvin Schonfeld encontra fortes correlações entre sintomas de depressão e resultados de burnout; de fato, a exaustão se correlaciona mais fortemente com a depressão do que com as outras duas dimensões do burnout: o cinismo e a ineficácia (Schonfeld et al., 2019). Em um outro estudo, Schonfeld e seu coautor descobriram que 86% dos professores de escolas públicas americanas com burnout também preenchiam os critérios para depressão; daqueles que não tinham burnout, menos de 1% preencheu os critérios para depressão (Schonfeld & Bianchi, 2016). Ambas as síndromes prejudicam o funcionamento diário e podem causar retraimento social e cinismo (Schonfeld et al., 2019, p. 611). Por esses motivos, Schonfeld argumenta que faz sentido tratar o burnout como depressão em vez de como uma condição separada. Fazer isso pode ajudar a convencer os trabalhadores a procurarem a terapia da fala ou alguma medicação para socorrê-los (Schonfeld & Bianchi, 2016).

    O estudo de Schonfeld é um desafio não apenas para outros pesquisadores mas também para a nossa cultura obcecada pelo burnout. Se ele estiver certo, então a atenção que damos ao burnout apenas nos distrai de um problema mais fundamental, um problema que os psicólogos entendem muito melhor. Embora eu obviamente pense que vale a pena prestar atenção ao burnout, também não vejo a equiparação do burnout à depressão como um problema para a minha visão do burnout como um espectro que compreende vários perfis. Se existem múltiplas formas de experimentar o burnout – incluindo as condições parciais de sobrecarga, cinismo e frustração –, então não seria de se esperar correlações fortes entre as três dimensões de burnout. Concordo com Schonfeld que, como o verdadeiro burnout é mais do que um cansaço comum, não se pode curá-lo com apenas um tempo de folga (Patz, 2015). Muitas vezes são necessárias mudanças significativas no trabalho, incluindo a possibilidade de largá-lo, para recuperar-se do burnout. Também concordo que as pessoas com sintomas graves de burnout devem ser avaliadas a respeito da depressão. Embora nem a terapia da fala nem os antidepressivos tenham me ajudado muito, eles podem ajudar outras pessoas que passaram pelo mesmo tipo de estresse no trabalho que eu passei.

A pesquisa sobre a ligação entre o burnout e a depressão é encorajadora. Leva a sério o estresse relacionado ao trabalho e contraria as definições expansivas de burnout que nos deixam incapazes de tratá-lo. A lacuna entre o ideal dos trabalhadores e a realidade dos seus empregos pode causar estragos em seu bem-estar e impedi-los de florescer, e todos nós somos suscetíveis a ficarmos sobrecarregados por meio dessa lacuna. Isso porque, em se tratando de trabalho, os nossos ideais coletivos e a nossa realidade se separam em escalas nacional e global.

4
Como os empregos pioraram na era do burnout

Ensinar não foi o único aspecto da minha carreira como professor de teologia em que a realidade do meu trabalho se afastou dos meus ideais de trabalho. Ensinar era pelo menos uma parte do trabalho que eu podia imaginar quando sonhava com a vida acadêmica, fascinado pelas próprias aulas que tive na faculdade. Eu nunca imaginei o conjunto amorfo de tarefas que a faculdade chama de "serviço": o trabalho dos comitês que (supostamente) tem de ser feito e que, no entanto, é algo evitável. Durante o tempo em que estive na faculdade, atuei, em momentos diferentes, no comitê de currículo, em um comitê *ad hoc* para reformar o currículo, em um comitê que dirigiu um novo programa piloto dentro do currículo, em um comitê de avaliação curricular, em um comitê diretor de credenciamento, em um comitê de missão da faculdade, em um comitê de palestras e em um grupo de trabalho de educação on-line. Muitos desses comitês também tinham subcomitês. Em vários casos, fui presidente do comitê, o que significava responsabilidades adicionais sem compensação extra. Além disso, havia o trabalho comum do meu departamento acadêmico. E além de tudo isso, eu era o diretor de um centro de desenvolvimento de ensino. Os comitês transformaram o meu emprego dos sonhos em apenas um *emprego*.

O trabalho de serviço é vexatório não apenas porque há muito a ser feito mas também porque envolve empurrar e puxar contra a administração universitária de uma forma que o ensino e a pesquisa não fazem. É onde é mais provável que você fique frustrado. É também, literalmente, algo ingrato. Fiquei frustrado, até mesmo com raiva, quando encontrei o que pareciam ser obstáculos administrativos arbitrários. Comecei a questionar se realmente importava que eu fosse além dos requisitos estritos do trabalho. Parecia que eu receberia a mesma recompensa, independentemente de esforçar-me para fazer mais. Às vezes me arrependo de ter me importado tanto com a faculdade quanto me importei. Eu poderia ter feito muito menos.

Encontrei um consolo perverso nas palavras do sociólogo alemão Max Weber, que há mais de um século habitualmente perguntava aos aspirantes a professores universitários: "Você acredita que pode suportar ver uma mediocridade após a outra promovida acima da sua cabeça, ano após ano, sem se tornar amargurado e corrompido?" A academia, assim como muitos outros campos de carreira, é muitas vezes injusta. Finge recompensar o mérito, mas anos de trabalho árduo podem ser facilmente desfeitos pela má sorte: um programa de bolsas termina, os assuntos intelectuais mudam, um novo reitor prefere alguma outra iniciativa à sua. "É desnecessário dizer", Weber fala, quando se pergunta a um estudante iniciante sobre perseverança face à injustiça, "que você sempre recebe a mesma resposta: claro, eu vivo apenas para a minha 'vocação' – mas eu, pelo menos, encontrei apenas um pequeno grupo de pessoas que sobreviveram a esse processo sem danos à sua personalidade" (Weber, 2004, p. 7). Eu tinha sido um daqueles jovens professores ansiosos que acreditavam que a academia era justa e que, se não fosse, minha vocação iria me sustentar. Isso não aconteceu. Pelo menos eu não estava sozinho em minha personalidade ferida; se o relato de Weber for verdadeiro, então os acadêmicos estão passando pelos mesmos testes há mais de cem anos.

A longa história de injustiça e de falta de reconhecimento do trabalho é apenas uma parte do esgotamento acadêmico. Ao longo das últimas cinco décadas, o trabalho acadêmico também passou por mudanças que refletem a maneira como o trabalho em muitas indústrias se tornou menos recompensador e psicologicamente mais prejudicial. As universidades têm equipes administrativas muito maiores agora do que no início da cultura do burnout na década de 1970. De acordo com uma contagem, o número de administradores no sistema da Universidade Estadual da Califórnia, o maior sistema público dos Estados Unidos, mais do que triplicou entre 1975 e 2008, enquanto o número de professores em tempo integral cresceu apenas alguns poucos por cento (Campos, 2014). Paradoxalmente, o crescimento da equipe não docente não diminuiu a carga de trabalho do corpo docente. Se mudou alguma coisa, foi no sentido de que o corpo docente agora é responsável por *mais* papeladas, para satisfazer as demandas da administração inchada. Particularmente na área de avaliação – ou seja, não a do ensino em si, e sim a da avaliação da eficácia do ensino –, a carga administrativa aumentou dramaticamente. A pressão para administrar as universidades "como empresas" criou mais trabalho, o qual se desvincula daquilo que a maioria dos professores pretendia fazer quando entrou na academia.

Enquanto o setor administrativo se expande, a porcentagem de ensino universitário feito por professores em tempo integral com estabilidade está diminuindo. Cada vez mais o professor universitário típico não é um professor titular que usa *tweedy*, mas sim um instrutor que trabalha em tempo parcial ou um adjunto contratado semestralmente, ganhando menos de 3.500 dólares por turma, sem benefícios e talvez sem nem mesmo um escritório (Flaherty, 2020). Em 2018, 40% do corpo docente era composto de adjuntos de meio período, e outros 20% de estudantes de pós-graduação, um segundo grupo de mão de obra barata e temporária (Flaherty, 2018). O fato de tantas pessoas com currículos excelentes se inscreverem para o trabalho adjunto – inclusive eu durante os últimos anos – atesta tanto o poder da vocação que

Weber descreveu quanto o estado diminuído do trabalho profissional na era pós-1970. Por piores que sejam as condições do ensino adjunto, pode parecer a melhor coisa disponível, a melhor combinação para suas habilidades e inclinações.

Em todos os setores da economia durante as últimas décadas, o trabalho típico se tornou mais estressante e menos recompensador. Como resultado, temos de nos esforçar mais do que nunca para conectar o nosso trabalho aos nossos ideais de trabalho. Como esse mau negócio é tão predominante, esgotar funcionários pode parecer uma estratégia consciente de recursos humanos: recrutar, esgotar, demitir, repetir.

* * *

A maioria das pessoas trabalha para uma organização específica: uma loja, um hospital, uma escola, uma empresa, um departamento de polícia e assim por diante. As condições em cada ambiente de trabalho contribuem consideravelmente para que um trabalhador se esgote. Essas condições variam, e evidentemente dois trabalhadores podem experimentar as mesmas condições de maneira diferente. Mas as condições de trabalho em qualquer organização – pense nelas como o "clima" local – são moldadas pelo "clima" geral em torno do trabalho, pelas tendências gerais da economia e da cultura. Desde a década de 1970, esse clima virou contra os trabalhadores nos

Estados Unidos. Naquele período, em uma era frequentemente chamada tanto de pós-industrial (para enfatizar a mudança para o trabalho de serviços) quanto de neoliberal (para enfatizar o crescente poder dos mercados financeiros e o declínio do trabalho organizado), o trabalho nos impôs maiores encargos psicológicos e se tornou mais precário, enquanto os nossos ideais em relação a ele aumentaram. Mesmo em meio ao desemprego historicamente baixo de 2019, a proporção de empregos de boa qualidade para empregos de baixa qualidade na economia dos Estados Unidos caiu para o seu nível mais baixo desde que os pesquisadores começaram a rastrear esses dados em 1990 (Guilford, 2019). Em suma, durante pelo menos as últimas três décadas, os empregos simplesmente pioraram.

Uma grande razão pela qual o trabalho exige mais e dá menos retorno é que as doutrinas empresariais transferiram os custos e os riscos dos empregadores para os trabalhadores. Auxiliados pela desregulamentação e por outras mudanças políticas que são favoráveis aos proprietários de capital, os empregadores veem agora muitos trabalhadores como passivos em vez de ativos. Logo, de acordo com a doutrina pós-1970, cada empregado representa um custo significativo em salário e benefícios em vez de uma fonte de produtividade. Para maximizar os lucros, então, uma empresa deve sempre tentar encontrar o menor e mais barato pessoal possível, assim como pode tentar encontrar espaços de escritório com aluguel mais baixo ou embalagens menos caras (Hatton, 2011, p. 2-4).

O modelo de responsabilidade do emprego tem raízes no início da indústria da década de 1950, argumenta o sociólogo Erin Hatton. Os anúncios da época retratavam a "Kelly Girl" como uma competente e até mesmo glamorosa trabalhadora de escritório – que não exigia altos salários porque o trabalho era o seu passatempo. Seu marido era considerado o ganha-pão, então qualquer coisa que ela ganhasse seria apenas um "trocado" (Hatton, 2011, p. 22 e 39). No fim da década de 1960 e no início da década de 1970, naquela era crítica logo antes de o burnout entrar no cenário cultural, a indústria de trabalho temporário se expandiu rapidamente à medida que as empresas promoviam a ideia de que os funcionários efetivos eram preguiçosos e complacentes. Você tinha de pagar em tempo integral mesmo durante os períodos de lentidão dos empregados. Um trabalhador temporário, por outro lado, só aparece quando você precisa dele, faz o trabalho e vai embora. O que o empregador não vê é como o trabalho instável e imprevisível do modelo temporário prejudica o seu estado financeiro e psicológico. Como não é um funcionário, essas coisas não são problema da empresa.

O modelo de responsabilidade se tornou cada vez mais atrativo para os empregadores nas décadas seguintes, e o funcionário temporário virou o trabalhador ideal. Se ao menos todos pudessem ser temporários! Na década de 1970, as empresas começaram a remover funcionários de suas folhas de pagamento e, em seguida, contratar os mesmos funcionários por meio de contratos temporários (Hatton, 2011, p. 74-75). Isso tornou mais fácil "dimensionar corretamente" a equipe de forma rápida e silenciosa à medida que o ciclo de negócios girava. Uma demissão em massa de funcionários em tempo integral certamente atrairia atenção negativa, porém a liberação de trabalhadores oficialmente temporários passaria despercebida (Hatton, 2011, p. 93-94).

Se você trabalha para uma organização de qualquer tamanho, sabe que essa abordagem "curta e grossa" de contratação de pessoal leva as empresas agora a contratarem serviços que, há várias décadas, seriam executados por pessoas contratadas exatamente para isso. Em 2014, a Apple, a empresa mais valiosa dos Estados Unidos, empregava diretamente apenas 63 mil pessoas. Os outros 700 mil que realizavam as operações da Apple foram subcontratados como empregados por outras empresas (Weil, 2014, p. 7-8). Faculdades e universidades não contam apenas com trabalhadores temporários para ensinar; também contratam rotineiramente serviços de alimentação, manutenção e outras atividades que, segundo os administradores, estão fora da "competência principal" da instituição. A universidade contrata a empresa que oferece o menor preço para supervisionar esse trabalho, e a empresa externa, por sua vez, contrata os cozinheiros, conselheiros e técnicos de informática para fazerem o trabalho, enquanto essa mesma empresa também busca os seus próprios lucros (Blumenstyk, 2019). Ao admitir uma grande quantidade de trabalhadores contratados para orbitar um pequeno núcleo de funcionários diretos, uma empresa pode separar os custos confusos da produção real das atividades mais abstratas, como promoção da marca e inovação, que supostamente agregariam valor. A empresa pode então construir a sua marca insistindo nos padrões a que os seus contratantes, franqueados e vendedores devem aderir, mas evitando assumir "qualquer responsabilidade pelas consequências desse controle", escreve o economista David Weil (2014, p. 13-14). Weil chama esse modelo de "ambiente de trabalho fissurado".

O modelo é ruim para trabalhadores de ambos os lados da fissura: reduz o cumprimento das leis trabalhistas, incluindo as que abrangem os salários mínimos e o pagamento de horas extras; torna o trabalho mais arriscado para a saúde e a segurança; e transfere as recompensas da produtividade do trabalho para o capital (Weil, 2014, p. 16). Os trabalhadores contratados acabam por ter salários mais baixos e empregos mais precários. Por exemplo, quando as universidades fecharam seus dormitórios durante a pandemia de covid-19 em 2020, rapidamente demitiram funcionários contratados de serviços de alimentação, mantendo os seus empregados diretos na folha de pagamento (Burke, 2020). Além disso, a terceirização causa uma confusão significativa para os trabalhadores que estão presos a empregadores aparentes. Se você é porteiro em um hospital, mas o seu salário vem de uma empresa terceirizada, quem então é o seu verdadeiro chefe? Quem é responsável por você? E qual é a missão da organização que você está ajudando a prosperar?

Os funcionários principais desfrutam de maior segurança, mas as fissuras também os pressionam. As empresas cortam funcionários para eliminar folgas e aumentar a eficiência em seus sistemas de trabalho, no entanto, como mostra o estudioso de negócios Zeynep Ton, elas perdem a capacidade de lidar com contingências como doenças ou simplesmente um dia mais movimentado do que o esperado. Todos têm de trabalhar mais e, provavelmente, menos eficazmente do que fariam se houvesse simplesmente mais mãos disponíveis (Ton, 2014, p. 158-160).

A economia gig, manchete do serviço de transporte Uber, vai um passo além, reduzindo o contrato do trabalhador à menor unidade possível: uma tarefa única e isolada. "Fissurado" seria um eufemismo; a economia gig transforma o ambiente de trabalho em cascalho espalhado por um vasto terreno baldio. O resultado é que os empregadores mantêm os direitos trabalhistas básicos com um desprezo cada vez maior. A Uber se identifica como uma empresa de tecnologia, não como uma empresa de transporte, alegando que seus motoristas não são funcionários, e sim consumidores de seus serviços, assim como seus passageiros. A Uber e a sua concorrente, Lyft, argumentaram publicamente que a condução não é a sua atividade principal, tendo em vista que os motoristas são empreiteiros periféricos, não funcionários (Ghaffary, 2019).

Se os motoristas são empreiteiros, então as empresas podem evitar o pagamento de salários mínimos, benefícios ou impostos laborais – em outras palavras, todas as "responsabilidades" de ter um empregado. Ademais, como o jornalista investigativo Alex Rosenblat relata, a Uber usa o seu suposto *status* de empresa de tecnologia como cobertura para práticas antiéticas; os pagamentos perdidos devidos aos motoristas são "falhas", e a aparente discriminação de preços é culpa do algoritmo (Rosenblat, 2018, p. 203).

A retórica em torno do trabalho por contrato enfatiza a autonomia e a independência. Os trabalhadores não estão presos a um único emprego; são empreendedores leais apenas a si mesmos, armas contratadas que definem os seus próprios termos. Os trabalhadores temporários são uma "*eu*presa", que prospera no risco, e são os únicos responsáveis pelo próprio sucesso (e pelo próprio fracasso). É uma perspectiva adotada por trabalhadores tanto de colarinho branco quanto de colarinho azul – especialmente homens (Lane, 2011; Pugh, 2015b). Mais uma vez, o trabalho gig leva a tendência ainda mais longe, retratando o trabalho que é realizado por meio de microcontatos, como é a agitação moderna e autossuficiente da geração do milênio (Rosenblat, 2018, p. 35-37). No entanto, apesar dessa conversa sobre independência, os trabalhadores autônomos geralmente estão sujeitos a controle e supervisão pesados sobre seu trabalho. A Uber, por exemplo, monitora a quantidade de vibrações nos telefones montados no painel dos motoristas, dando notas aos motoristas pelas suas acelerações e frenagens durante cada viagem (Rosenblat, 2018, p. 139). Como os pagamentos para esses serviços tendem a ser baixos, os trabalhadores têm um incentivo para continuar trabalhando em todas as horas livres. Se eles tentarem sair do aplicativo móvel da empresa, o algoritmo inteligente promete que uma viagem muito lucrativa está na próxima esquina, um novo contrato está a apenas um passo de distância (Rosenblat, 2018, p. 133-135). Assim como os videogames viciantes, o aplicativo convida o motorista a aceitar mais uma carona, mais uma tarefa. Para um trabalhador instável, a agitação nunca acaba.

* * *

A mudança do risco do capital para o trabalho é apenas metade da história das condições de trabalho desde a década de 1970. A outra metade é a mudança de uma economia dominada pela indústria para uma economia dominada pelos serviços. Foi na área de serviços humanos – o intenso trabalho interpessoal de voluntários de clínicas gratuitas, assistentes sociais e defensores públicos – que o burnout surgiu pela primeira vez como um risco ocupacional (W. B. Schaufeli et al., 2009, p. 208). Nas últimas décadas, mais empregos nos Estados Unidos e em outros países ricos passaram a se assemelhar a essas profissões de alto risco de burnout, colocando as emoções das pessoas para trabalhar potencialmente em todas as horas do dia.

A transição de uma economia de indústria para uma economia de serviços está em andamento desde a Segunda Guerra Mundial. Em 1946, um terço de todos os empregados não agrícolas nos Estados Unidos fazia algum tipo de serviço para ganhar a vida. Em 1973, quando a força de trabalho tinha atingido o seu auge e o burnout tinha ganhado a atenção dos psicólogos, a fabricação empregava cerca de um quarto dos trabalhadores dos Estados Unidos. Em 2000, empregava 13%, e enquanto escrevo este livro menos de 9% dos trabalhadores estão em indústrias (US Bureau of Labor Statistics, [s.d.]-a). As perdas de emprego ocorreram em ondas, geralmente após uma recessão. No início dos anos 2000 e novamente em 2008/2009, um milhão de empregos industriais desapareceram *a cada ano* (US Bureau of Labor Statistics, [s.d.]-a). Graças à mão de obra altamente qualificada e a tecnologias eficientes, incluindo linhas de produção automatizadas, a fabricação nos Estados Unidos está mais produtiva do que nunca (US Bureau of Labor Statistics, [s.d.]-b). Ela simplesmente não depende mais de muitas pessoas para executar a produção.

Em vez de fazer coisas, os trabalhadores americanos vendem coisas. Em 2018, vendedor varejista foi o trabalho mais comum nos Estados Unidos, atendente de caixa em terceiro lugar, representante de atendimento ao cliente em sétimo e garçom e garçonete em oitavo (US Bureau of Labor Statistics, 2019). Toda essa venda exige uma mentalidade de "atendimento ao cliente": uma disponibilidade para gerenciar e responder aos desejos de outras pessoas. Quando não estamos vendendo coisas, estamos atendendo às necessidades de negócio, de educação ou de saúde uns dos outros. Em todo esse trabalho, falamos, ouvimos, fazemos contato visual, imaginamos e antecipamos os estados mentais das outras pessoas, repreendemos sem ofender, tranquilizamos. As nossas personalidades e emoções são agora o principal meio de produção.

Como resultado, os empregadores impõem uma disciplina cada vez mais insidiosa aos hábitos mentais e emocionais dos trabalhadores. Os chefes podem contratá-los, avaliá-los, promovê-los e demiti-los "com base em suas atitudes, sua motivação e seu comportamento", nas palavras da filósofa política Kathi Weeks (2011, p. 71). Isso significa que as emoções dos funcionários são *negociáveis*; os empregadores alugam essas emoções turno a turno e, ao fazê-lo, alteram-nas. Por exemplo, as comissárias de bordo achavam difícil, depois do término de seus turnos, desligar a personalidade sorridente e acolhedora que seu empregador chamava de "bem maior", de acordo com o clássico estudo de 1983 de Arlie Russel Hochschild sobre trabalho emocional, *The managed heart* [O coração controlado] (A. R. Hochschild, 2003, p. 4). Como resultado, as atendentes ficaram alienadas dos sentimentos que eram parte integrante de suas identidades fora do trabalho. Quando as emoções são importantes para o resultado final, os aspectos da vida interior dos trabalhadores que vão contra os objetivos corporativos devem ser "corrigidos". Funcionários de uma consultoria de mídia da era .com que lutam com as demandas psíquicas do trabalho foram convidados a se reunir com a equipe Morale Team, cuja missão orwelliana era ajudar os funcionários a "consertar o modo como se sentem" (A. Ross, 2003, p. 92).

A economia pós-industrial não viu apenas o setor manufatureiro diminuir à medida que o setor de serviços crescia. Também transformou os empregos de colarinho azul que permaneceram, de modo que eles agora também exigem uma ética profissional do colarinho branco. Uma mudança foi a expansão do "profissionalismo", uma norma que atrai a todos, de policiais a caminhoneiros, passando pelos enfermeiros e chegando até aos professores, em duas direções ao mesmo tempo, exigindo um delicado ato de equilíbrio emocional (Snyder, 2012, p. 73; Weeks, 2011, p. 8-20). Como Weeks coloca: "um profissional investe a sua pessoa no trabalho, mas não 'leva para o lado pessoal' quando lida com colegas de trabalho, clientes, pacientes, estudantes, passageiros ou clientes difíceis" (Weeks, 2011, p. 74-75). Ser um profissional significa que você está disposto a abrir mão do seu dia de folga para fazer um turno extra em uma central de atendimento, mas você mantém uma atitude educada quando um cliente o repreende por um problema que não foi você quem criou. Esse estranho e autocontraditório estado psicológico – em que você se funde com o seu trabalho, mas não muito – é uma inovação pós-industrial que controla os trabalhadores alterando um aspecto de sua individualidade, assim como o início da era industrial criou a disciplina do tempo que agora tomamos como certa e nos deixa ansiosos quando uma reunião começa com dois minutos de atraso. O "profissionalismo" coloca novas pressões sobre os trabalhadores e expõe mais de quem eles são à lógica e às condições de trabalho.

As doutrinas empresariais pós-industriais também levaram os trabalhadores de colarinho azul a pensarem mais como os trabalhadores de colarinho branco que os empregavam. No estilo de gestão participativa pioneiro da Toyota, uma pequena equipe de trabalhadores construiu cada carro por inteiro, oferecendo aos superiores suas sugestões sobre como melhorar o processo. O sucesso da Toyota levou as indústrias americanas a adotarem esse método nas décadas de 1980 e 1990, impondo novas disciplinas mentais aos trabalhadores (Glass, 2015). Uma mudança fundamental foi fazê-los deixar para trás a "perspectiva horária" incutida neles por meio de anos de trabalho no paradigma industrial e começar a pensar em si mesmos como "gerentes neófitos" que podem, como escreve a socióloga Vicki Smith, "sair de si mesmos e ativar seu capital humano e cultural para melhorar a qualidade, a inovação e a eficiência" (V. Smith, 2001, p. 64-65). Em uma madeireira que fez essa mudança, um trabalhador explicou a alteração para Smith dizendo que, antigamente, "entrávamos, fazíamos o nosso trabalho, depois íamos para casa e pronto. Não éramos pagos para pensar, estávamos lá por conta de nossa força" (V. Smith, 2001, p. 74). Em outras palavras, os trabalhadores podiam proteger suas mentes do trabalho – uma disciplina de desengajamento que era reforçada por limites fortes, óbvios e impostos externamente, incluindo tanto um cronograma bem definido quanto um contrato do sindicato com a administração.

Na maioria das vezes, relata Smith, os marceneiros abraçaram a mudança para um estilo de gestão mais participativo, em que eles tinham uma opinião sobre como a produção era feita. Mas, ao fazer isso, aceitaram novos fardos ambivalentes, e sua responsabilidade no trabalho migrou mais profundamente para as suas mentes. No modelo industrial mais antigo e sob seu contrato anterior, os trabalhadores não tinham de fazer muitos julgamentos. Eles não eram responsáveis pela situação financeira da fábrica, pela satisfação de seus clientes nem pela eficiência de seu processo de fabricação. Com um contrato de trabalho mais fraco e sob políticas de gestão participativa, os trabalhadores ganharam mais autonomia em alguns aspectos, mas se sentiram pressionados a "procurar continuamente o *brainstorming* na ausência de problemas concretos" e, com suas principais tarefas cada vez mais abstratas, a fazer muito mais do que parecia ser "trabalho ocupado" (V. Smith, 2001, p. 76). O novo regime também atribuiu mais responsabilidade individual aos trabalhadores para policiar os limites invisíveis e internos entre o seu trabalho e o resto de suas vidas.

Ninguém consegue manter perfeitamente esses limites. Quando o seu trabalho capitaliza a sua personalidade, você quase não consegue separar o trabalho do resto da sua vida. Disciplinas adquiridas no trabalho são transferidas para a sua vida familiar e cívica. Os resultados dessa transferência são mistos. Para os funcionários de uma empresa de fotocópias que Smith estudou, aprender a autogestão significa se adaptar às demandas intelectuais, emocionais e imaginativas do ambiente de trabalho fissurado; os trabalhadores constantemente tinham de conciliar os padrões de seu empregador direto com a cultura corporativa e as expectativas de seu cliente, um grande escritório de advocacia. Esses trabalhadores de baixa renda relataram que o treinamento em comunicação e resolução de conflitos que receberam – e que eles valorizaram muito – se traduziu em outras áreas de suas vidas, incluindo suas famílias. Mas o trabalho também os habituou à flexibilidade de papéis e horários que as empresas exigem na era pós-industrial. A gerência continuou transportando-os para diferentes locais de trabalho, tornando impossível formar relações de trabalho com (ou organizar) seus colegas de trabalho (V. Smith, 2001, p. 38-49). Já que você não pode mudar a sua mentalidade de trabalho tão facilmente quanto pode mudar o seu uniforme, a pessoa que seu trabalho quer que você seja é a pessoa que você tende a se tornar.

* * *

As grandes tendências pós-1970 no ambiente de trabalho – a natureza cada vez mais fissurada e precária do emprego, o crescimento de setores de emprego que exigem trabalho interpessoal e a colonização, pelo trabalho, da vida interior dos trabalhadores de colarinho azul – criaram as condições perfeitas para o esgotamento. Os trabalhadores são mais propensos a apresentar sintomas de burnout se tiverem de realizar trabalho emocional, como suprimir sentimentos negativos e realizar um profissionalismo alegre (Jeung et al., 2018). Além disso, as empresas que constantemente cortam funcionários aumentam a pressão sobre os trabalhadores que permanecem. As condições de trabalho só pioram, afastando-se cada vez mais daquilo que eles esperavam que o trabalho pudesse realizar para si mesmos e para os outros. Eles se esforçam para manter o controle tanto de seus ideais quanto da realidade cotidiana de seus trabalhos, empurrando-os ainda mais para baixo no espectro de burnout.

Assim como a nossa experiência cotidiana é mais diretamente afetada pelo tempo do que pelo clima, o risco de esgotamento dos trabalhadores depende principalmente de seu local de trabalho específico. É claro que as alterações climáticas afetam o tempo, tornando mais provável que um residente de Dallas sinta a necessidade de usar shorts e sandálias em uma terça-feira de novembro.

Mas as condições às quais reagimos – tanto meteorológicas quanto ocupacionais – são locais.

As lacunas entre as condições de trabalho e os ideais geralmente aparecem em alguns aspectos específicos da atuação profissional. Christina Maslach e Michael Leiter identificaram seis áreas em que os trabalhadores mais frequentemente experimentaram "desajustes entre as pessoas e seus empregos": carga de trabalho, controle, recompensa, comunidade, equidade e valores (Leiter & Maslach, 1999; Maslach & Leiter, 1997). Esses desajustes, por sua vez, tornam os trabalhadores mais propensos ao burnout. Um ponto chave é que o burnout não resulta apenas do excesso de trabalho. A sua carga de trabalho pode ser administrável, mas, se ninguém reconhecer isso, se você não tiver controle sobre ela ou se o que você faz entrar em conflito com os seus valores pessoais, ainda é provável que você caia no espectro de burnout. Da mesma forma, há essa chance se você receber tratamento injusto ou se o senso de comunidade entre os seus colegas de trabalho se romper.

Para Jessica Satori, uma empreendedora com uma carreira variada que abrange de tudo, desde figurinos até gerenciamento de informações, a comunidade foi o elemento chave de seu trabalho como professora de administração em uma universidade perto de Tacoma, em Washington. Uma vez removido o pino, as rodas caíram.

Satori disse-me que começou o trabalho com um forte comprometimento com os alunos, e ela tinha apoio dentro do seu departamento. Dois outros membros do corpo docente, ambos mulheres, tinham a tradição de dar um passeio duas ou três vezes por semana juntos em torno de um lago perto do *campus*, fizesse chuva ou sol. Quando Satori chegou, foi convidada para se juntar a elas. Satori descreveu um "ritual" de tirar os saltos altos e calçar tênis para uma caminhada pela trilha da floresta.

A caminhada ao redor do lago demorou quarenta e cinco minutos. Isso deu a cada uma das mulheres quinze minutos para ser o foco da conversa. Nos primeiros cinco minutos "você simplesmente desabafa", disse Satori, sobre um problema com algum aluno ou com o comitê de estabilidade da faculdade. "Você podia usar quanta emoção ou quanto volume quanto fosse necessário para desabafar." As outras duas pessoas ouviriam e depois passariam dez minutos oferecendo sugestões, apoio e orientação. Ambas trabalhavam ali há mais tempo do que Satori, mas ela disse que as duas a viam como uma colega que poderia contribuir com uma perspectiva valiosa. As caminhadas "nos ofereceram uma maneira de praticar o que pregávamos sobre lidar com conflitos ou com relações humanas", ela disse. "Estávamos moldando isso umas com as outras."

Depois do seu primeiro ano, Satori foi transferida para um *campus* diferente no sistema universitário. Continuou muito empenhada com os seus alunos, mas tinha perdido os seus mentores e o seu ritual. Ela se lembra de ter pensado: "estou tentando fazer essa coisa de estabilidade dar certo, e simplesmente não está funcionando". Ela perdeu a comunidade que tornava o trabalho possível. A empreendedora começou a ter problemas para sair da cama. Desistiu depois de um semestre no novo *campus*. Mais tarde, porém, ela trouxe essa experiência para o seu trabalho como *coach* de vida e diretora espiritual, ajudando as pessoas a navegarem pelas transições em suas vidas.

Maslach e Leiter argumentaram em 1997 que as condições em cada uma das seis áreas cruciais estavam piorando, criando uma "crise" no trabalho. Eles viram a globalização, a tecnologia, o declínio dos sindicatos e o crescente papel das finanças na condução da tomada de decisões corporativas como a base dessa crise (Maslach & Leiter, 1997, p. 2-9). Décadas depois, essa crise ainda está transformando os locais de trabalho em fábricas de burnout. No clima de emprego pós-1970, as condições se deterioraram ainda mais nas áreas em que os trabalhadores sentem mais a tensão entre o ideal e a realidade. O modelo de responsabilidade do emprego e o aumento do poder financeiro na era neoliberal são os principais responsáveis por essa tendência.

As cargas de trabalho são maiores e mais intensas em muitos setores – especialmente nos Estados Unidos, onde a quantidade de horas de trabalho permanece elevada, embora tenha diminuído nos países ricos (OCDE, [s.d.]). Metade dos trabalhadores americanos relatam que estão trabalhando em seu tempo livre; 10% dizem que fazem isso todos os dias (Maestas et al., 2017, p. 26). Os salários, no entanto, têm estado estáveis em termos reais desde 1973, o que significa que todo esse trabalho não leva a uma recompensa material maior (Bernstein, 2018). Embora alguns operários tenham conquistado certa autonomia por meio da gestão participativa, essa autonomia vem à custa de uma carga de trabalho mais intensiva e pessoalmente invasiva. Outros trabalhadores de fabricação, comércio e transporte estão cada vez mais sujeitos a uma vigilância invasiva, o que limita severamente a sua autonomia no trabalho (Bruder, 2015). O local de trabalho precário e fissurado prejudica a comunidade e a equidade, pois cada trabalhador se torna um contratado isolado com poucas chances de reconhecimento ou promoção dentro da organização a que serve. A Amazon, por exemplo, mantém os salários baixos e exerce controle sobre os seus muitos trabalhadores temporários, mantendo a perspectiva de que, se trabalharem arduamente, poderão se tornar funcionários diretos. Mas apenas 10 a 15% conseguem a promoção (Guendelsberger, 2019, p. 32). Fissurar também aumenta a "ambiguidade de papéis", um contribuinte para o esgotamento que enfraquece o controle dos funcionários sobre seu trabalho (Brunsting et al., 2014). Ainda, a crescente perspectiva gerencial coloca os valores dos trabalhadores de serviços em desacordo com o imperativo de aumentar a eficiência e o valor para os acionistas.

Mesmo enquanto o trabalho está se expandindo e se intensificando, também existem evidências de que está se tornando mais trivial e inútil, forçando os trabalhadores a gastarem tempo e energia em tarefas que não importam.

Muito do que as pessoas fazem no trabalho é simplesmente "algo que tem de ser feito porque existe uma regra que diz isso", ou então é algo no sentido de auxiliar a produção real das empresas, como a avaliação do ensino que fiz como professor universitário. Pense nos marceneiros que Vicki Smith entrevistou, criando trabalho para eles mesmos para demonstrar que eram autogestores eficientes. Esse tipo de coisa é típico dos "empregos de merda" que David Graeber teorizou. Os empregos de merda são uma charada: parecem trabalho, mas não realizam nada de valor social, e as pessoas que fazem o trabalho geralmente percebem isso. Graeber suspeita de "que pelo menos metade de todo o trabalho realizado em nossa sociedade poderia ser eliminado sem que fizesse qualquer diferença real" (Graeber, 2018, p. 26). O trabalho sem sentido ainda é trabalho; e pode desgastar você tanto quanto o trabalho real. Mais do que isso, a própria inutilidade do emprego de merda coloca a realidade dele em desacordo com *qualquer* ideal que o trabalhador possa ter trazido para o seu trabalho. Eles queriam ensinar, servir à comunidade ou vender produtos de que as pessoas necessitam, mas acabam ficando atolados em burocracias administrativas. Esse insulto é o que torna o emprego de merda tão propício ao esgotamento.

* * *

Os problemas de excesso de trabalho, de trabalhos ruins e de gerencialismo coincidem em uma área crucial em que o burnout é um grave problema: a medicina. Quando os médicos se esgotam, toda a sociedade sofre. A pandemia de covid-19 aumentou a carga de trabalho dos médicos que lidam com grandes surtos, mas reduziu as horas (e o salário) dos que realizam procedimentos não emergenciais ("Doctors describe harrowing realities inside NYC emergency rooms: 'It's really hard to understand how bad this is", 2020; Gabler et al., 2020). Em tempos mais comuns, esses profissionais de saúde costumavam ter longas semanas de trabalho. Médicos de família em um sistema de saúde de Wisconsin trabalhavam, em média, 11,4 horas por dia, de acordo com um estudo de 2017 (Arndt et al., 2017). Entre os médicos dos Estados Unidos como um todo, um estudo de 2019 descobriu que 38,9% relataram trabalhar mais de sessenta horas por semana, em comparação com apenas 6,2% de outros trabalhadores que disseram fazer o mesmo (Shanafelt et al., 2019, p. 1688). O mesmo estudo encontrou taxas significativamente mais altas de exaustão emocional e despersonalização (ou cinismo) entre os médicos, em comparação com a população trabalhadora em geral. Também existem evidências de que unidades de terapia intensiva com funcionários emocionalmente exaustos têm taxas de mortalidade padrão mais altas. Em outras palavras, quando médicos e enfermeiros estão sobrecarregados, os pacientes têm mais probabilidade de morrer (Welp et al., 2014).

Sempre que vou a algum médico, fico impressionado com a atenção calma e amigável das pessoas que cuidam de mim. Elas fazem uma boa frente. No entanto, a realidade do trabalho na saúde é muitas vezes de desafios constantes e conflituosos. Como descreve a médica Danielle Ofri:

> Você está no recital da sua filha e recebe uma ligação dizendo que o filho do seu paciente idoso precisa falar com você com urgência. Um colega tem uma emergência familiar, e o hospital precisa que você trabalhe em turno duplo. A ressonância magnética do seu paciente não está coberta pelo plano, e a única opção é telefonar para o plano de saúde e discutir o assunto. Você tem apenas quinze minutos para uma visita, mas as necessidades médicas do seu paciente exigem quarenta e cinco minutos (Ofri, 2019).

Além dessas dificuldades, os médicos passam grande parte de seus dias de trabalho registrando dados, trabalho que dificilmente necessita de um diploma de medicina para ser realizado. São profissionais que agora gastam quase o dobro do tempo por dia em registros eletrônicos de saúde e comunicação – documentando exames, revisando resultados de laboratório, solicitando medicamentos –, enquanto interagem face a face com os pacientes (Sinsky et al., 2016). Os médicos que passam mais tempo trabalhando em registros eletrônicos são mais propensos a apresentar sinais de burnout (Gardner et al., 2019; Shanafelt et al., 2016).

Como o esgotamento surge da lacuna entre os ideais e a realidade, não é surpreendente que os médicos que passam seus dias parados diante de um computador se esgotem com tanta frequência. Nenhum aspirante a praticante escreve sobre sua paixão por registros eletrônicos de saúde em sua redação de admissão na faculdade de medicina. Sumner Abraham, médico de medicina interna no Mississippi, disse-me que frequentemente via esses novos médicos lutando contra a lacuna quando supervisionava os residentes. "Eles se sentem sem rumo, porque não foi para isso que se inscreveram. Eles se inscreveram para passar muito tempo com as pessoas, ter uma renda estável e ter fins de semana livres", disse. "Em vez disso, estão ganhando nove dólares por hora, trabalham muitas noites e fins de semana e estão sentados na frente de uma tela de computador." Ficam exaustos e infelizes. Abraham disse que a exaustão não ocorreu por conta do excesso de trabalho, já que a comunidade médica reduziu as longas semanas de trabalho dos residentes nas últimas duas décadas. Em vez disso, os residentes estão exaustos porque "não conseguem entender a si mesmos", disse.

O caráter cada vez mais corporativo e burocrático da prática médica intensifica o conflito que esses profissionais vivenciam, porque opõe o cuidado dos pacientes à minimização dos custos. "O sistema é construído para faturar e não para cuidar dos pacientes", Liselotte Dyrbye, uma pesquisadora da Clínica Mayo, disse no *Washington Post* em 2019 (Wan, 2019). Ofri também vê os médicos atravessando a lacuna entre seus princípios e as demandas de seus empregadores, esticando o seu próprio tempo e a sua própria energia. "Se médicos e enfermeiras saíssem do trabalho quando suas horas pagas terminassem, o efeito sobre os pacientes seria calamitoso", ela escreve. "Eles sabem disso, e é por isso que não se esquivam. O sistema também sabe disso e aproveita" (Ofri, 2019).

E todo o trabalho extra pode nem sequer realizar nada. O cirurgião e autor Atul Gawande observa que muito do trabalho médico consiste em testes e tratamentos para doenças superdiagnosticadas ou inofensivas, sem nenhum benefício concreto para a saúde. Pior ainda, esse "cuidado" extra muitas vezes traz estresse desnecessário e prejudicial ao paciente. Gawande cita um estudo de 2010 que estimou que 30% das despesas com cuidados de saúde são um desperdício (Gawande, 2015). Outra maneira de colocar esse argumento é dizer que 30% de todo o *trabalho* de saúde é inútil. A realização de exames e procedimentos de que os pacientes não precisam, quando você não está apenas preso na frente de um computador, é uma receita para se sentir inútil, mesmo quando se trabalha o dia inteiro.

É fácil simpatizar com médicos, enfermeiros e outros trabalhadores clínicos que se dedicam a cuidar de nós, porém é mais difícil simpatizar com administradores de hospitais e seguros com quem falamos na maior parte das vezes quando estamos com alguma sobrecarga. Mas esses administradores – cujas posições aumentaram cerca de dez vezes entre 1970 e 2018 – também têm ideais frustrados por seus trabalhos (Drum, 2019). De fato, os administradores do hospital de veteranos eram mais propensos a estarem no espectro de burnout do que os médicos da instituição (o mesmo aconteceu com funcionários assalariados em áreas como serviço de alimentação e limpeza). Conforme mencionei no capítulo anterior, os administradores tinham mais tendência a apresentar o perfil de burnout frustrado, indicando uma alta sensação de ineficácia, do que seus colegas médicos (Schult et al., 2018, p. 494). Eles não parecem salva-vidas heroicos, mas estão presos no mesmo sistema corporativo mesquinho, sujeitos à mesma cultura de burnout.

* * *

As mudanças no clima trabalhista na era pós-industrial promovem condições "meteorológicas" sombrias em nossos locais de trabalho, mas duas pessoas que atuam nas mesmas condições não necessariamente se esgotarão, assim como pessoas diferentes podem ter experiências diferentes com a mesma chuva. Alguém pode ter trazido um guarda-chuva, outro pode ter alergias que surgem quando está molhado, e outra pessoa pode simplesmente amar um dia chuvoso. Embora as forças econômicas tenham contribuído muito para a cultura do burnout, o nosso caráter psicológico afeta a nossa probabilidade de esgotamento. Por exemplo, o burnout se correlaciona com o traço de personalidade que os psicólogos chamam de neuroticismo. Ou seja, pessoas cujos humores oscilam e que são propensas à ansiedade (como o autor deste livro) são mais suscetíveis ao burnout, e os batalhadores do tipo A [Type-A-go-getters], mais proativos, são especialmente propensos à exaustão (Bakker et al., 2006; Maslach et al., 2001, p. 411).

Existem padrões demográficos para o burnout, mas eles não são tudo o que você poderia esperar. Por exemplo, você pode pensar que, como o estresse parece se acumular ao longo do tempo, os trabalhadores mais velhos são mais propensos a estarem no espectro de burnout do que os mais jovens. Quando eu lecionava em tempo integral, não pensava muito em burnout, mas associava o termo ao envelhecimento; os esgotados eram os fósseis, professores que tinham se petrificado durante muitas décadas, enterrados sob milhares de provas e trabalhos. Entretanto, na verdade, em todos os setores, o burnout é mais prevalente entre os trabalhadores em início de carreira. Médicos mais jovens são mais propensos a terem sintomas de burnout do que os mais velhos (Shanafelt et al., 2019, p. 1688), e o burnout é um fator provável na elevada taxa de rotatividade entre os professores em início de carreira (Kim et al., 2017). Esse é um fenômeno de longa data. Christina Maslach observou em 1982 que os trabalhadores de serviços sociais em início de carreira apresentavam níveis mais altos de burnout do que seus colegas mais velhos (Maslach, 1982, p. 60).

Dado o papel que os ideais desempenham no burnout, faz sentido que os trabalhadores mais jovens sejam especialmente suscetíveis a ele. Nos seus primeiros anos de trabalho, especialmente em um trabalho que traz para você um sentido de vocação, é provável que os seus ideais estejam no seu auge. E então a realidade do trabalho atinge você, como atingiu os médicos residentes de que Sumner Abraham falou. Se você experimentar algo parecido com o que eles experimentaram, então cada dia é uma luta para se agarrar ao ideal e à realidade, e você é puxado pelo espaço crescente entre eles. Se você não conseguir aguentar, então pode desistir e buscar uma linha de trabalho em que encontrará um maior alinhamento entre esses dois polos. As pessoas que permanecem após o julgamento inicial são as que, por qualquer motivo, conseguiram manter um controle firme. Talvez elas tivessem ideais mais baixos no começo, tenham tido a sorte de ter condições um pouco melhores no trabalho ou tenham uma rara qualidade de resiliência. De qualquer forma, elas são, nas palavras de Maslach, "as sobreviventes" (Maslach, 1982, p. 60).

Para além da resiliência ou da idade, as injustiças generalizadas da vida social americana – racismo, sexismo e homofobia – também podem agravar o burnout. É evidente que pessoas com identidades marginalizadas carregam estresse adicional para os seus locais de trabalho. Da mesma forma, podemos esperar que a discriminação exacerbe outras pressões que as pessoas enfrentam na atuação profissional. Alguns estudos proeminentes mostram, de fato, que as mulheres experimentam o burnout em taxas mais elevadas do que os homens na mesma profissão. Entre os médicos, por exemplo, as mulheres têm uma probabilidade 30% maior de apresentar altos níveis de exaustão ou cinismo (Shanafelt et al., 2019, p. 1688). Uma razão provável é que as médicas enfrentam mais discriminação, abuso e assédio por parte de pacientes e parceiros de trabalho do que seus colegas do sexo masculino. Em um estudo, os médicos residentes que relataram ter sofrido tais maus-tratos tinham duas vezes mais chances de apresentar sintomas de burnout, e as mulheres eram muito mais propensas do que os homens a dizerem que foram maltratadas (Hu et al., 2019). Além disso, as disparidades de gênero no burnout podem resultar do "segundo turno" de cuidados infantis e manutenção doméstica que as trabalhadoras muitas vezes têm de assumir em casa (A. Hochschild & Machung, 2012; Sharp & Whitaker-Worth, 2020). No entanto, a ligação entre burnout e gênero não é definitiva. Muitos estudos não mostram nenhuma disparidade de burnout entre homens e mulheres, e não podemos fazer boas comparações em profissões que são dominadas por um único gênero (Gonzalez et al., 2019). Os pesquisadores também descobriram que as mulheres geralmente pontuam mais alto do que os homens no componente de exaustão do teste Maslach Burnout Inventory, enquanto os homens pontuam mais alto na despersonalização (Purvanova & Muros, 2010). Essas diferenças levam alguns pesquisadores a se perguntarem se as mulheres parecem sofrer com burnout com mais frequência porque o teste MBI é mais sensível na detecção da exaustão (Templeton et al., 2019).

Independentemente das possíveis diferenças de gênero na prevalência do burnout, a experiência das mulheres com o trabalho é um dos principais indicadores de como o burnout se expandiu em toda a força de trabalho desde a década de 1970. Os locais de trabalho em todo o mundo foram "feminizados" nas últimas décadas, o que significa, em certo sentido, que muito mais mulheres passaram a receber remuneração por trabalhos realizados fora de casa. Isso também significa que, na era pós-industrial, mais trabalhos se assemelham ao tradicional "trabalho feminino" – os trabalhos interpessoais e de escritório que vêm com uma carga pesada de cuidados e de trabalho emocional. Em uma sociedade muitas vezes sexista, isso significa que mais trabalhadores (incluindo homens) recebem um respeito diminuído típico desses empregos "femininos", codificados. O economista Guy Standing vê essa situação como um resultado irônico de "gerações de esforços para integrar as mulheres no trabalho assalariado regular como iguais". As mulheres ganharam muito mais oportunidades no local de trabalho, mas uma das principais razões foi que os homens começaram a demonstrar "o tipo de emprego e os padrões de participação da força de trabalho associados às mulheres" (Standing, 1999). Ou seja, todos os trabalhadores experimentaram condições semelhantes àquelas que as mulheres enfrentaram no setor temporário de meados do século XX. A trabalhadora temporária paradigmática era uma jovem e ansiosa "Kelly Girl" que (supostamente) não precisava de um salário digno ou mesmo de um emprego permanente. O modelo de responsabilidade do emprego e o local de trabalho fissurado, que juntos carregam tanta responsabilidade pelo clima do trabalho pós-industrial, dependem, em última análise, de uma visão de trabalho baseada no gênero: os homens, como provedores, merecem empregos estáveis, bem remunerados e com oportunidades de ascensão, enquanto as mulheres, cujo trabalho remunerado não passa de um bônus para a renda familiar, não. Existe também um componente racial nessa visão, uma vez que as mulheres negras nos Estados Unidos tradicionalmente tinham altos índices de emprego, frequentemente trazendo para casa salários muito significativos como trabalhadoras domésticas em lares brancos (Banks, 2019). Assim que o trabalho feminino temporário virou uma norma aos olhos dos gestores, o trabalho masculino se tornou custoso, e as empresas começaram a cortar empregos permanentes e terceirizar todo o resto, feminizando o *status* de muitos trabalhadores masculinos à medida que mais mulheres entravam no mercado de trabalho. Nas palavras da jornalista Bryce Covert: "Somos todas mulheres trabalhadoras agora, e todas estamos sofrendo por isso" (Covert, 2013).

A história do burnout e da raça é igualmente complexa. As recompensas inadequadas pelo trabalho contribuem para o esgotamento, e os trabalhadores negros e hispânicos nos Estados Unidos ganham significativamente menos dinheiro do que os brancos e asiáticos americanos (Wingfield, 2016). A diferença salarial racial também se cruza com a diferença salarial de gênero, de modo que as mulheres negras, em média, recebem menos do que os membros com as mesmas qualificações de qualquer outro grupo demográfico (Gruver, 2020). Além disso, como a professora de poesia Tiana Clark escreve em sua pesquisa sobre o burnout dos negros, trabalhadores negros podem sentir que cada ação tem um escrutínio especial. "Estabelecer limites sendo negro pode custar o seu emprego ou a sua vida", escreve Clark. "Se eu não responder a um e-mail ou não participar de uma reunião de departamento na minha universidade, posso sofrer consequências diferentes das dos meus colegas brancos" (Clark, 2019). As disparidades raciais que aumentam o estresse na sociedade em geral aparecem no trabalho de maneiras sutis e insidiosas, principalmente quando se cruzam com as disparidades de gênero, de acordo com Clark. Ela tem de administrar não apenas a si mesma mas também as emoções e reações dos brancos ao seu redor, enquanto tenta demonstrar uma competência incansável que não é esperada dos outros.

Abordar o papel da raça no burnout nos leva aos limites da pesquisa atual. Portanto, respostas claras são difíceis de serem obtidas. Poucos estudos consideram a relação entre burnout e raça. Os que a consideram produziram resultados inconsistentes e não mostram maior prevalência ou intensidade de burnout entre trabalhadores negros em comparação com trabalhadores brancos nos Estados Unidos (Lent & Schwartz, 2012; Pas et al., 2012). Esses estudos sugerem que as condições de trabalho e os métodos pessoais de enfrentamento desempenham um papel mais importante do que a raça no burnout. Em um estudo, gestores negros de casos de doenças mentais apresentaram menos esgotamento emocional e despersonalização do que seus colegas brancos; em outro, trabalhadores negros de creches tiveram pontuações mais altas em despersonalização do que os brancos (Salyers & Bond, 2001). No entanto, o estudo com os trabalhadores de creches descobriu que as estratégias de enfrentamento estavam mais fortemente correlacionadas com as três dimensões de burnout do que com a raça. Trabalhadores de qualquer raça que usavam uma estratégia de evitamento para lidar com o estresse – como negação ou desengajamento – eram os mais propensos a esgotar-se (Evans et al., 2004, p. 365). Os pesquisadores fizeram descobertas semelhantes em locais de trabalho de colarinho azul. Um estudo com motoristas de ônibus e operadores de trem no sistema de trânsito Muni de São Francisco, com base em dados da década de 1990, não encontrou nenhuma correlação estatística entre o burnout e a corrida dentro de sua força de trabalho radicalmente diversificada (Cunradi et al., 2003). Em vez disso, os pesquisadores descobriram que os motoristas tinham pontuações mais elevadas de burnout se também tivessem relatado problemas no trabalho – desde tratamento injusto até problemas com passageiros, bem como ocorrência de um acidente – ou problemas ergonômicos, como um assento desconfortável ou vibração no veículo (Cunradi et al., 2009).

Psicólogos e outros pesquisadores precisam focar mais a questão do burnout e da raça, incluindo sua interseção com outras categorias de identidade. Ao longo da história dos Estados Unidos e até os dias de hoje, os trabalhadores negros têm tido desproporcionalmente empregos subvalorizados e muitas vezes têm sido excluídos das proteções laborais que melhorariam as suas condições de trabalho (Kinder & Ford, 2020; Owens, 2017). É difícil imaginar que essa história e a realidade atual não tenham *qualquer* efeito em relação ao burnout. Ao mesmo tempo, temos de ter em mente que burnout não é a mesma coisa que opressão, nem é simplesmente um índice do quanto o seu trabalho é ruim. É uma experiência de condições que se afasta significativamente dos ideais sobre o trabalho, ideais que em si mesmo implicam em injustiça social. Até que tenhamos um conjunto mais profundo de pesquisas sobre esse assunto, os comentaristas podem oferecer apenas especulações informadas sobre a razão pela qual a literatura existente não mostra uma ligação significativa entre burnout e raça. Pode ser que a longa experiência de discriminação tenha levado trabalhadores de alguns grupos raciais, em geral, a esperarem menos do trabalho do que trabalhadores de outros grupos. O cientista político Davin Phoenix escreve: "Para muitos afro-americanos, a imagem de pessoas trabalhando longas horas e mal sobrevivendo, ao passo que a classe de elite prospera com o seu esforço, não representa um afastamento de uma norma satisfatória à qual eles se sentem no direito. Pelo contrário, essa imagem representa a própria norma" (Phoenix, 2019, p. 42). Como o burnout é em parte uma questão de expectativas, essas esperanças moderadas podem mitigar o risco específico de burnout enquanto os trabalhadores sofrem outras formas de injustiça.

Também é possível que pesquisas sobre burnout assumam falsamente que pessoas de diferentes raças experimentam ou relatam sintomas de burnout da mesma maneira. Essa possibilidade reflete uma explicação para as taxas mais baixas de depressão e ansiedade entre os afro-americanos, em comparação com os americanos brancos (Beaton, 2017; Pandika, 2018). Pode ser que os brancos apresentem taxas mais elevadas de doenças mentais porque as formas como os pesquisadores avaliam as doenças mentais são tendenciosas em relação às maneiras pelas quais os brancos se expressam. Na mesma linha, pessoas de diferentes origens culturais podem experimentar o estresse de forma diferente; afinal, o estresse é em si um fenômeno cultural, bem como biológico. Portanto, temos de considerar a possibilidade de os pesquisadores terem escrito pesquisas como o teste Maslach Burnout Inventory de forma a torná-los mais propensos a descobrir o burnout em pessoas brancas. Conforme afirma Tiana Clark, o burnout em pessoas negras pode ser diferente. As nossas medidas de burnout podem precisar ser alteradas para que possamos ver melhor essa realidade.

* * *

Olhando novamente para as seis áreas de seus empregos em que as pessoas mais frequentemente experimentam a tensão que causa o burnout, vejo uma linguagem que me é familiar nos meus anos de estudo e ensino de ética. A carga de trabalho e a recompensa representam o que se oferece no trabalho e o que se recebe em troca. A relação entre elas é uma questão de justiça, de se conseguir o que se merece. Equidade também tem a ver com justiça. A autonomia é indispensável à responsabilidade moral e à ação. A comunidade é o contexto humano para as nossas ações éticas e a fonte de nossas normas morais, e os valores fundamentam todos os aspectos de nossas vidas morais.

Justiça, autonomia, comunidade e valores: esses são os componentes básicos da ética. Quando esses componentes estão prejudicados ou ausentes em um local de trabalho, os funcionários provavelmente se sentirão engolidos por uma lacuna cada vez maior entre os seus ideais e a realidade de seus trabalhos. Eles ficam mais propensos a se tornarem exaustos e cínicos, além de perderem o sentido de realização. Isso significa que o burnout é fundamentalmente um fracasso na forma como tratamos uns aos outros; é um fracasso da ética, das normas de ação dentro de nossa cultura. As pessoas se esgotam porque, em nossas organizações, não lhes proporcionamos as condições que elas desejam ou merecem.

Embora os trabalhadores esgotados sejam vítimas desse fracasso moral, eles também o agravam quando não conseguem dar o melhor de si. Eu não podia ser o professor que os meus alunos mereciam. Médicos esgotados e desanimados não podem fornecer os melhores cuidados possíveis aos seus pacientes. Qualquer pessoa cujo esgotamento leve ao cinismo provavelmente está tratando colegas de trabalho e clientes como algo menos do que pessoas completas. Os próprios trabalhadores não são os únicos injustamente prejudicados por empregos de baixa qualidade.

Ainda assim, melhores condições nem sempre significam menos risco de burnout. Pense novamente no caso dos médicos. Eles desfrutam de altos salários e de grande respeito público, mas ainda pontuam significativamente mais alto em medidas de burnout do que a população em geral. É verdade que o trabalho médico se tornou mais intenso nas últimas décadas, mas o problema não é que os médicos trabalham em condições objetivamente precárias. O problema é que essas condições não estão de acordo com os seus ideais. Danielle Ofri aponta a dedicação dos seus colegas ao cuidado dos pacientes, a sua vontade de "fazer o que é certo pelos seus pacientes, mesmo com um alto custo pessoal", como o ideal que anima todo o trabalho no hospital. Em uma era de gestão cada vez mais empresarial de cuidados de saúde, "é essa mesma ética que está sendo explorada todos os dias para manter a empresa funcionando" (Ofri, 2019).

As condições de trabalho estão em apenas um lado da lacuna que atravessamos e que nos leva ao esgotamento. Do outro lado, estão os nossos ideais. Eles também são uma questão de ética, pois são os ideais que nos motivam a procurar uma vida boa por meio do nosso trabalho. Como esses ideais são amplamente compartilhados, também são um aspecto de nossa cultura. Durante as cinco décadas em que as condições de trabalho pioraram, os nossos ideais de trabalho só aumentaram.

5
Santos e mártires do trabalho: o problema com nossos ideais

Os ricos são irracionais quando se trata de trabalho. De todos na nossa sociedade, eles são os que têm menos necessidade de ganhar mais dinheiro, mas são os que mais trabalham. Os titãs bilionários da indústria de tecnologia se gabam de suas semanas de trabalho de cem horas, mesmo que o trabalho *deles* não seja o que impulsione os preços das ações de suas empresas nem o que os enriqueça ainda mais. Os americanos que têm uma formação de estudo mais elevada têm média maior de poder aquisitivo, mas normalmente trabalham mais e gastam menos tempo em lazer do que as pessoas que têm menos formação. Os filhos de pais ricos têm o dobro da probabilidade de ter empregos de verão do que os filhos de pais pobres, e vários profissionais americanos mais velhos, com muito dinheiro poupado para a aposentadoria, continuam aparecendo no escritório (Liu, 2015; Span, 2018; US Bureau of Labor Statistics, 2020a; Williams, 2019).

Entretanto, os sofrimentos de ter pouco trabalho são não apenas materiais mas também psicológicos. Para os homens brancos da classe trabalhadora, ficar sem um emprego estável significa ficar aquém do padrão de masculinidade honrada. Como resultado, depressão, vício e suicídio são agora preocupantemente comuns entre homens brancos sem educação universitária (Case & Deaton, 2017; Pugh, 2015b). Embora o ensino tenha desempenhado um papel importante para o meu burnout, eu me sentia tão sem rumo que, menos de dois anos depois de ter deixado meu emprego acadêmico de tempo integral, tornei-me instrutor adjunto em meio período, ganhando apenas alguns mil dólares por curso, uma fração do que eu recebia antes.

Tudo isso prova que não trabalhamos apenas pelo dinheiro. Muitas pessoas – voluntários, pais e artistas famintos – não são pagos pelo seu trabalho. Mesmo os trabalhadores que não são ricos, que realmente precisam de cada centavo de seu salário, costumam dizer que há mais do que dinheiro em jogo. Eles estão fazendo seus trabalhos por amor, por serviço ou por contribuição com um esforço coletivo. Trabalham não apenas por um bem material mas também por um ideal.

O agravamento das condições de trabalho que retratei no último capítulo, incluindo mais intensidade emocional e menos segurança do que o trabalho apresentava em meados do século XX, contam apenas metade da história do motivo pelo qual vivemos em uma cultura de burnout. Os nossos ideais compartilhados sobre o trabalho contam a outra metade. Alguns desses ideais são anteriores à era industrial, porém cresceram mais nas últimas décadas. Como resultado, a lacuna entre os nossos ideais de trabalho e a realidade de nossos trabalhos é maior agora do que era no passado. É por isso que o burnout é característico de nossa época, embora o trabalho seja fisicamente muito mais seguro agora do que era no período industrial. Há dois séculos, trabalhadores da indústria têxtil em Manchester, na Inglaterra, ou em Lowell, em Massachusetts, trabalhavam por mais horas do que o típico britânico ou americano de hoje, e o faziam em condições perigosas (Hopkins, 1982, p. 52-66). No entanto, eles não estavam mais esgotados do que estamos agora, porque não acreditavam que seu trabalho fosse o caminho para a autorrealização. Isso não quer dizer que eles não estivessem exaustos, mas eles não tinham a desordem do século XXI que chamamos de burnout, porque eles não tinham as ideias do século XXI sobre trabalho.

O ideal que motiva os americanos a trabalharem até a exaustão hoje em dia é a promessa de que, se você trabalhar arduamente, viverá uma vida boa: não apenas uma vida de conforto material mas também uma vida de dignidade social, caráter moral e propósito espiritual. Trabalhamos porque esperamos que o trabalho nos ajude a florescer em todos os sentidos. Mencionei na introdução como eu queria ser professor porque os meus próprios professores universitários pareciam estar vivendo uma vida boa. Eles eram respeitados e pareciam ser pessoas de bom senso, e o seu trabalho tinha o claro e nobre propósito de adquirir conhecimento para transmiti-lo aos outros. Eu não conhecia praticamente nada além disso, as suas vidas fora da sala de aula ou os demônios particulares com os quais lutavam. Dois dos meus mentores acabaram tendo a estabilidade negada e tiveram de encontrar novos empregos. Um outro morreu de ataque cardíaco alguns anos depois de ter assumido um importante papel administrativo. Não fiz qualquer ligação entre o infortúnio deles e as minhas próprias perspectivas de carreira. Como eu pude fazer isso? Eu estava cego pela minha confiança na promessa americana: se eu conseguisse o trabalho certo, então o sucesso e a felicidade certamente viriam junto.

Essa promessa, no entanto, é essencialmente falsa. É o que o filósofo Platão chamou de "nobre mentira", um mito que justifica um arranjo fundamental da sociedade (Platão, [s.d.]). Platão ensinou que se as pessoas não acreditassem na mentira, a sociedade cairia no caos. A nossa nobre mentira particular nos faz acreditar no valor do trabalho árduo. Trabalhamos para o lucro de nossos patrões, mas nos convencemos de que estamos alcançando um bem maior. Se o burnout é a experiência de se equilibrar entre duas pernas de pau que estão se afastando uma da outra – nossos ideais de trabalho e a realidade de nossos trabalhos –, então já entramos em nossos empregos com uma das pernas: os nossos ideais. Esperamos que o trabalho cumpra a sua promessa, porém essa mesma esperança nos coloca em condições que eventualmente nos esgotarão. A esperança nos leva a fazer horas extras, a assumir um projeto extra e a viver com a falta de aumento ou de reconhecimento de que precisamos. Ironicamente, acreditar no ideal de uma vida boa conquistada com muito trabalho é o maior obstáculo para alcançar o que esse ideal promete.

O trabalho árduo é, sem dúvida, o que a sociedade americana mais valoriza. Em uma pesquisa do Pew Research Center realizada em 2014, que perguntou às pessoas sobre as suas personalidades, 80% dos entrevistados se descreveram como "trabalhadores esforçados". Nenhuma outra característica atraiu uma resposta positiva tão forte, nem mesmo "simpático" ou "uma pessoa que aceita as outras". Apenas 3% disseram que eram preguiçosos, e um número estatisticamente insignificante foi identificado como muito preguiçoso (Kennedy & Funk, 2015). Esses números dizem mais sobre o que valorizamos do que sobre aquilo que realmente somos. Todos sabemos que muitos de nós somos genuinamente preguiçosos. Pense nos seus colegas de trabalho. Quantos deles são negligentes? E quantos deles diriam que são tudo, menos isso? Nós, americanos, trabalhamos duro, de modo geral, mas nem *todos* nós trabalhamos diligentemente o dia todo, empenhando-nos com nossos relatórios e suando em reuniões com clientes. Pelo contrário, nós dizemos que somos trabalhadores esforçados porque sabemos que devemos pensar em nós mesmos dessa maneira. É como estimamos a nós mesmos e aos outros. O valor que atribuímos ao trabalho duro não leva todos a trabalharem duro, mas leva muitas pessoas a trabalharem mais do que seus corpos e mentes podem suportar. Isso torna o nosso trabalho lucrativo. Também cria milhões de casos de burnout.

* * *

A nobre mentira sobre o trabalho como fonte de dignidade, caráter e propósito cresceu durante seus quatrocentos anos de história na América. Os bens que o trabalho promete se multiplicaram e se tornaram mais abstratos, a ponto de, agora, esperarmos algo tão sublime quanto a *realização* a partir de nossos trabalhos. O único bem que o trabalho prometia no início era muito mais concreto e crucial: sobrevivência. Na verdade, a nobre mentira começou mais como uma ameaça do que como uma promessa. Logo depois de o capitão John Smith ter assumido o comando do assentamento Jamestown, que estava doente e moribundo, em 1608, emitiu um decreto que se tornaria a base do ideal de trabalho americano: "aquele que não se reunir com os outros todos os dias como eu faço, no dia seguinte será colocado para além do rio e banido do Forte como um zangão, até que modifique as suas condições ou morra de fome" (Smith, [s.d.], p. 182).

O pronunciamento de Smith eliminou qualquer meio termo entre trabalhadores e pessoas inúteis, ou merecedores e não merecedores, ou membros da sociedade e marginalizados legítimos. Os líderes políticos americanos ainda fazem essa distinção quando colocam os "fazedores" da sociedade contra os seus "tomadores". A mesma dicotomia está incorporada no ideal de "pleno emprego" que, politicamente, tanto a esquerda quanto a direita valorizam igualmente (Livingston, 2016). É a base para os argumentos de que as pessoas devem ter de trabalhar se quiserem receber benefícios de assistência social, além de fundamentar propostas para uma garantia universal de emprego (Perdue, 2019; Spross, 2017).

A ameaça de Smith, emprestada da Segunda Carta de Paulo aos Tessalonicenses – "Quem não quiser trabalhar que também não coma" (2Tessalonicenses 3,10) –, é uma contrapartida à promessa de que ter um emprego é o único caminho para a dignidade. Dignidade, como define o sociólogo Allison Pugh, é "a nossa capacidade de nos colocarmos como participantes plenamente reconhecidos em nosso mundo social" (Pugh, 2012, p. 30). Dignidade é cidadania social. Atualmente, nos Estados Unidos, se você tiver um emprego, os outros o reconhecerão como alguém que contribui para a sociedade, e por esse motivo você pode emitir alguma opinião sobre o seu funcionamento. Pense no transeunte que grita "Arranje um emprego!" para as pessoas que estão protestando contra a injustiça social. É como se o direito à liberdade de expressão da primeira emenda à Constituição dos Estados Unidos se aplicasse apenas às pessoas que trabalham, como se o emprego remunerado fosse o único ingresso para reclamar da sociedade ou para reivindicar benefícios. É claro que, historicamente, o trabalho árduo foi o caminho para a dignidade apenas para homens brancos. As mulheres brancas trabalharam em casa durante séculos antes de ganharem direitos de propriedade e voto. Milhões de mulheres e homens afro-americanos trabalharam na escravidão e ainda assim tiveram a cidadania social negada depois de poderem ganhar legalmente um salário. A promessa é nobre: por meio do trabalho, qualquer pessoa pode ganhar o direito de fazer parte da sociedade americana. No entanto, o racismo e o sexismo muitas vezes tornam essa promessa uma mentira.

A segunda promessa do trabalho é a de que ele constrói o caráter. Essa afirmação é um princípio básico da sabedoria dos pais. Ao cortar grama, ser babá ou receber pedidos de *fast-food*, diz a história, crianças desajeitadas se tornam adultos direitos. A ideia por trás disso é que qualquer ação que realizamos repetidamente nos muda. Desenvolvemos hábitos, e nossos hábitos acumulados, bons e maus, formam o nosso caráter. "Nós somos o que fazemos repetidamente", escreveu Will Durant, resumindo a filosofia moral de Aristóteles. "A excelência, portanto, não é um ato, mas sim um hábito" (Durant, 1991, p. 76). Nessa perspectiva, a boa vida consiste em desenvolver virtudes como a coragem e a temperança. Se uma adolescente puder deixar o celular de lado tempo suficiente para se candidatar a um emprego para receber um salário mínimo, então, ao aparecer lá e cumprir as suas obrigações de trabalho, ela aprenderá a ter pontualidade, responsabilidade e coragem – todas características essenciais para ter uma vida moral. Esse segundo componente do ideal de trabalho, um passo além da simples dignidade, tornou-se proeminente nos Estados Unidos de 1820, quando os donos de fábrica impuseram simultaneamente uma disciplina de trabalho mais rígida e se preocuparam com o consumo de uísque dos seus empregados, fato que eles associaram a uma série de falhas morais. Dessa forma, os chefes proibiram o consumo de bebida alcoólica em serviço (Johnson, 2004, p. 57-58). A virtude da temperança, acreditavam eles, faria melhores trabalhadores, e o trabalho, por sua vez, faria homens melhores.

A terceira e maior promessa do trabalho é a de que ele é um caminho para o propósito. O grande profeta do trabalho com propósito é o cofundador da Apple, Steve Jobs, que disse em uma entrevista de 1985 que sua empresa precisava crescer rápido, mas não por causa da "meta do dólar, que não tem significado para nós". A Apple, ele explicou, estava mirando mais alto: "na Apple, as pessoas estão trabalhando dezoito horas por dia. Atraímos um tipo diferente de pessoa... alguém que realmente quer prosperar na vida e fazer um pequeno estrago no universo... Penso que temos essa oportunidade agora. E não, não sabemos aonde isso vai nos levar. Só sabemos que existe algo muito maior do que qualquer um de nós aqui" (Sheff, 1985). É evidente que a Apple acabou superando em muito a modesta meta de valor de mercado que Jobs estabeleceu para ela em 1985. Em 2011, pouco antes de sua morte, a empresa se tornou a mais valiosa do mundo na modalidade capital aberto. No entanto, isso "não tem significado".

A linguagem secular de autotranscendência de Jobs ressoa com argumentos antigos e modernos que justificam o trabalho árduo por motivos espirituais. A nobre mentira da República de Platão era que os deuses haviam implantado metais na alma do povo, ordenando cada um deles para uma posição social da qual não deveriam se desviar (Platão, [s.d.]). As primeiras páginas da Bíblia estão repletas de uma linguagem que dá significado ao trabalho humano. Deus cria os seres humanos para cuidar do jardim. Quando o desobedecem, divide o trabalho entre os sexos e condena os seres a uma vida de trabalho duro. Na Reforma Protestante, João Calvino e Martinho Lutero desenvolveram o conceito moderno de vocação para explicar como o trabalho de um agricultor ou de um comerciante estava envolvido no desígnio providencial de Deus para a sociedade humana (Calvino, 2008; Lutero, 1974, p. 124). O trabalho, de acordo com essa teologia, não salvaria a alma, mas cumpriria uma ordem divina. Hoje em dia, a linguagem do "propósito" indica que o trabalho não satisfaz apenas a necessidade mundana de um salário ou de um plano de saúde. Significa que o trabalho é, de forma vaga, mais do que isso.

A transformação do trabalho em empreendimento espiritual – o lugar de nossas aspirações para transcendermos a nós mesmos, para encontrarmos uma realidade superior, para nos realizarmos – é o passo mais alto no ideal do trabalho, mas qualquer trabalhador na economia atual supostamente pode alcançá-lo. Essa é uma mudança significativa em relação à visão de trabalho da era industrial; foi somente quando as pessoas começaram a fazer um trabalho mais abstrato e humanizado que o trabalho se tornou, para a maioria dos trabalhadores, um caminho para a transcendência. Nas décadas de 1960 e 1970, as feministas fizeram do direito de buscar significado um pilar importante em seus argumentos em favor de um maior acesso das mulheres ao trabalho remunerado. Betty Friedan escreve em 1963 em seu emblemático livro *A mística feminina* que a "crise de identidade – para as mulheres e, cada vez mais, para os homens" de sua época decorreu da riqueza e da abundância da sociedade pós-guerra. A tecnologia resolveu o problema da produtividade material, e por isso o trabalho acabou se tornando uma maneira de alcançar algo imaterial. "O significado humano do trabalho não está associado meramente a um meio de sobrevivência biológica, mas sim a algo no sentido de ser doador e transcendente de si mesmo, como criador da identidade e da evolução humana", ela escreve (Friedan, 2001, p. 458).

Atualmente, a linguagem da autorrealização aparece até mesmo na retórica em torno do trabalho de baixa remuneração e de baixo *status*. "Vocação" continua sendo um termo comum para o trabalho nos meios cristãos, sacralizando cada posição na hierarquia profissional, e "amor" supostamente dá propósito ao trabalho em todos os setores (Jaffe, 2021; Tokumitsu, 2015). A rede de supermercados Wegmans usou a frase "Faça o que você ama" em anúncios que convidavam as pessoas para trabalharem nos estoques e na parte de atendimento aos clientes. Para ser justo, a Wegmans é consistentemente classificada como uma das melhores empresas dos Estados Unidos para se trabalhar (P. Ross, 2020). Ainda assim, quando o trabalho é amor ou um meio de salvação, por que os trabalhadores deveriam se preocupar com as condições em que o fazem? Trabalhar por um ideal é a sua própria recompensa.

* * *

De acordo com o *ethos* do trabalho americano, dignidade, caráter e propósito estão disponíveis para os trabalhadores se eles realmente se *envolverem* com os seus trabalhos. O envolvimento dos funcionários também é supostamente bom para o resultado final. Se o lucro é o Santo Graal dos negócios americanos, então os funcionários engajados são como Galahad – incansáveis, dedicados e puros de coração. Gallup, que pesquisa sobre trabalhadores engajados, descreve-os em termos heroicos, até mesmo santos:

> Os funcionários engajados são os melhores colegas. Eles cooperam para construir uma organização, uma instituição ou uma agência e estão por trás de tudo de bom

que acontece lá. Esses funcionários estão envolvidos, entusiasmados e comprometidos com o seu trabalho. Conhecem o escopo dos seus trabalhos e procuram novas e melhores maneiras de alcançar resultados. Estão 100% comprometidos psicologicamente com o seu trabalho e são as únicas pessoas em uma organização que conseguem captar novos clientes (Gallup, 2013, p. 17).

Cem por cento psicologicamente comprometidos com o seu trabalho. Quem é assim? Se acreditarmos em Gallup, cerca de um terço dos trabalhadores dos Estados Unidos é assim (Gallup, 2013, p. 199). A maioria de nós não é composta de maníacos que querem captar clientes, fato que leva os comentaristas empresariais a relatarem esses números com as sobrancelhas franzidas, lamentando que "apenas" um terço dos trabalhadores está entusiasmado com os seus empregos, que cerca de 15% estão ativamente desengajados e que a maioria é "desengajada" e simplesmente não se importa de nenhuma maneira (Cunningham, 2013). Para os gestores e consultores que aceitam as descobertas de Gallup, os dois terços de trabalhadores que não estão envolvidos são um sério problema. Um escritor empresarial afirma que funcionários desengajados custam aos empregadores um adicional de 34% de seu salário por meio de absentismo e perda de produtividade (Borysenko, 2019a). Outro escritor os descreve como "assassinos silenciosos" (McKeever, 2014). Gallup adverte que trabalhadores improdutivos e complacentes podem até estar à espreita, despercebidos pela administração superior. Os ativamente desengajados podem até mesmo destruir o tempo e as realizações dos outros. "O que quer que os engajados façam, os ativamente desengajados tentam desfazer", Gallup declara (Gallup, 2013, p. 17). Em suma, eles são vilões, empenhados em minar a missão dos heróis.

Tal retórica não é apenas ridiculamente absurda; é também desumana. O fato é que os trabalhadores americanos estão mais engajados do que os de todos os outros países ricos, de acordo com a própria avaliação de Gallup. O seu nível de engajamento pode realmente se aproximar do limite humano. Ou a alta taxa de engajamento relatada pode ser nada mais do que um sinal de que os trabalhadores americanos sabem que devem dizer que estão engajados no trabalho, assim como sabem que devem dizer aos pesquisadores que são trabalhadores esforçados. Na Noruega, a taxa de engajamento é metade do nível dos Estados Unidos; no entanto, os noruegueses estão entre as populações mais ricas e felizes do mundo. Os sírios estão entre os mais pobres, mas a guerra civil é a grande culpada por isso, e não a taxa de engajamento dos funcionários no país em 2013 (Gallup, 2013, p. 112, 2017, p. 197).

Conforme eu aprendi em primeira mão, o envolvimento com o trabalho pode arruinar a sua vida. Nas condições erradas – ou seja, nas condições típicas dos locais de trabalho americanos –, o entusiasmo pelo trabalho culturalmente imposto causa esgotamento. É por isso que não chamo a ausência de sintomas de burnout de "engajamento", como faz Christina Maslach. Um trabalhador que não está engajado com o trabalho não está necessariamente no espectro de burnout. Ele pode simplesmente ter encontrado uma maneira de manter os seus ideais de trabalho alinhados com a realidade de seu trabalho, possivelmente mantendo suas expectativas relativamente baixas. Se ele está apenas 80% comprometido psicologicamente com o trabalho, mas ainda assim é razoavelmente competente, então qual é o problema? A exaustão que os trabalhadores esgotados sentem e a sua incapacidade de enfrentar mais um dia de trabalho ou, no meu caso, de corrigir mais um trabalho ou preparar uma aula são o resultado de já terem se comprometido demais com o trabalho. Vêm do fato de os trabalhadores tornarem o seu trabalho algo pessoal e de se depararem com a situação das prioridades dos seus empregadores serem impessoais.

Para ser honesto, o envolvimento com o trabalho realmente satisfaz algumas pessoas. Alguns dos meus amigos que são médicos, editores e até mesmo professores trabalham arduamente, adoram o seu trabalho e florescem. Algumas profissões, como a dos cirurgiões, parecem promover o florescimento mais do que outras. Embora todos os médicos sejam propensos ao esgotamento, os cirurgiões recebem não apenas alguns dos salários mais altos de todos os trabalhadores como também grande satisfação pelo trabalho e elevados níveis de significado ("Most and least meaningful jobs", 2020). Os cirurgiões fazem um trabalho importante e difícil e podem apontar para pessoas cujas vidas eles salvaram. Quando eles se afastam e pensam no que fazem, os cirurgiões *devem* se sentir bem com o seu trabalho.

No entanto, o engajamento não é recuo. Trata-se de imersão. Nos atos minuciosos de realizar um procedimento, os cirurgiões executam um trabalho que se presta à experiência do "fluxo", a perda da autoconsciência em uma atividade desafiadora, mas que oferece retorno e recompensas regulares e progressivas. Conforme o psicólogo Mihaly Csikszentmihalyi os descreve, as pessoas em estados de fluxo se fecham para o mundo e para as suas próprias necessidades corporais, renunciando à comida e ao sono enquanto fazem algo que parece ser bom em si mesmo. É um estado de envolvimento que os criadores de jogos de computador tentam promover, porque torna o jogo algo difícil de ser abandonado. "Só mais uma vez" ou "só mais um nível" é o que frequentemente leva uma pessoa a estar sem pestanejar às 3 horas da madrugada com um saco meio comido de Doritos na mão.

Nessa situação, não é possível distinguir o cirurgião da cirurgia. Embora os jogos sejam destinados a induzir esse estado, Csikszentmihalyi pensa que o fluxo ocorre mais facilmente no trabalho, que tem "objetivos, retornos, regras e desafios incorporados, todos eles incentivando a pessoa a se comprometer com o trabalho, a se concentrar e a se perder nele" (Csikszentmihalyi, 1990, p. 162). Trabalhadores exemplares que foram estudados por ele – incluindo um agricultor, um soldador e um cozinheiro – ficaram "perdidos na interação para que suas personalidades pudessem emergir mais fortes depois. Assim transformado, o trabalho se torna agradável e, como resultado de um investimento pessoal de energia psíquica, também parece ter sido escolhido livremente" (Csikszentmihalyi, 1990, p. 151-152).

Csikszentmihalyi acredita que fluir é a chave para a felicidade. Como ele e a sua coautora Jeanne Nakamura colocaram: "visto por meio da lente experiencial do fluxo, *uma boa vida é aquela que se caracteriza pela absorção completa no que se faz*" (Nakamura & Csikszentmihalyi, 2002, p. 89). Eu sei qual é a sensação do fluxo. Senti-a algumas vezes enquanto trabalhava neste livro. Descobrir como melhorar uma frase, e reconhecer que eu realmente a melhorei, e então fazer o mesmo na próxima frase e na seguinte – é disso que Csikszentmihalyi está falando. Uma conversa honesta e desafiadora em sala de aula entre pessoas comprometidas com o aprendizado é a mesma coisa.

O ideal de fluxo é tentadoramente universal; você não precisa ser um cirurgião ou um professor para alcançá-lo. Csikszentmihalyi chama a atenção para um soldador chamado Joe Kramer como um exemplo de personalidade "autotélica" – ou seja, alguém que facilmente entra em um estado de fluxo de trabalho, o que então se torna um fim em si mesmo. Embora Joe só tivesse estudado até a quarta série, ele conseguia consertar qualquer coisa na fábrica de vagões ferroviários onde trabalhava. Joe se identificava pessoalmente com o equipamento quebrado – tinha empatia por ele – para consertá-lo. Como Joe transformou as tarefas do seu trabalho em uma experiência autotélica, a sua vida era "mais agradável do que a de pessoas que se resignavam à vida dentro dos limites da realidade estéril que sentiam que não podiam alterar", afirma Csikszentmihalyi (1990, p. 149). Todos os seus colegas de trabalho concordavam que Joe era insubstituível. Apesar de seu talento raro, Joe recusou promoções. O seu patrão disse que a fábrica seria a líder das indústrias se ele tivesse mais funcionários como Joe (Csikszentmihalyi, 1990, p. 147-148).

A promessa de maior produtividade sem maiores custos: *é por isso* que o engajamento e o fluxo são conceitos tão atraentes para a gestão na era pós-industrial. Os funcionários são uma responsabilidade, de acordo com a doutrina empresarial atual. A contratação de outro funcionário é arriscada. Então, por que não verificar se é possível conseguir um pouco mais de esforço dos funcionários que já estão contratados? E por que não os convencer, por meio de pesquisas, seminários educativos e *best-sellers* de livrarias de aeroportos, de que, se eles se comprometerem totalmente com os seus empregos, serão felizes? Mais do que isso: eles serão, assim como Joe Kramer, contados entre os bem-aventurados, na comunhão dos santos do trabalho.

* * *

Para qualquer trabalhador, é difícil saber com certeza se tem o valor que Joe tinha para o seu empregador. Na era neoliberal, bons trabalhadores podem ser demitidos sem aviso prévio, se a deferência da administração se voltar contra eles (daí a necessidade de se tornar uma "*eu*presa", que não depende de um único empregador). O sistema que valoriza os funcionários engajados também cria a ansiedade que os funcionários tentam reprimir enquanto trabalham mais intensamente. Mesmo os trabalhadores que têm a segurança de um emprego vitalício, como os professores universitários titulares, absorvem a ansiedade do ambiente de trabalho inseguro dos Estados Unidos e encontram motivos para se preocuparem com a sua própria situação. Continuamos a nos voltar para o trabalho para validar o nosso valor, porém a cura também é o veneno. Para acalmar a nossa ansiedade, trabalhamos demais sem recompensa adequada, sem autonomia, sem equidade, sem conexões humanas e em conflito com os nossos valores. Tentamos nos agarrar aos nossos ideais enquanto estamos presos a essas condições. Nós nos tornamos exaustos, cínicos e ineficazes. Trabalhamos em busca da vida boa, mas, paradoxalmente, nossos empregos nos tornam ainda piores.

A ansiedade é construída no capitalismo. Essa é uma premissa chave no livro de Max Weber de 1905, *A ética protestante e o espírito do capitalismo*, que ainda hoje capta perfeitamente a mentalidade que sustenta a nossa ética de trabalho. Weber mostra como os protestantes europeus criaram um modo de pensar sobre dinheiro, trabalho e dignidade do qual não podemos escapar agora. O fato de as sociedades europeias e norte-americanas serem agora mais seculares é irrelevante. As formas protestantes de pensar ainda estão conosco; até os ateus as demonstram. Sem querer, os nossos antepassados protestantes construíram para si mesmos e para nós uma "gaiola de ferro" intelectual (Weber, 2002, p. 121).

Weber via o capitalismo como "um cosmos monstruoso" (Weber, 2002, p. 13). Quis, com isso, fazer um elogio. Para ele, o capitalismo é um sistema econômico e moral abrangente, uma das construções mais maravilhosas da humanidade. Nós, que vivemos no sistema, raramente podemos vê-lo. Tomamos como certas as suas normas, assim como o ar que respiramos. No entanto, o capitalismo "determina, com avassaladora coerção, o estilo de vida *não apenas* daqueles diretamente envolvidos nos negócios, mas também de cada indivíduo que nasce dentro desse mecanismo" (Weber, 2002, p. 120-121). Tudo o que você faz, desde ir à pré-escola "certa" até trabalhar em uma carreira produtiva, bem como receber cuidados médicos no seu leito de morte, é feito porque em algum lugar alguém pensa que pode ganhar dinheiro com isso. Independentemente de como você participa do cosmos capitalista, ele impõe uma escolha a você: adote a sua ética ou aceite a pobreza e o desprezo.

Como acadêmico, Weber não estava envolvido no comércio industrial. No entanto, ele ficou preso na gaiola de ferro da mesma forma que qualquer homem de negócios. Antes de escrever *A ética protestante*, passou cinco anos lidando com exaustão nervosa: a neurastenia. Passou por vários ciclos de intenso ensino e pesquisa, seguidos de colapso físico e mental, tratamentos e afastamentos para se restabelecer. Então ele voltava a trabalhar, e inevitavelmente as suas condições se deterioravam, levando-o a abandonar as suas responsabilidades e a procurar tratamento novamente. Sua esposa, Marianne, escreveu mais tarde que, durante esse período, ele era "um titã acorrentado a quem deuses invejosos e malvados estavam atormentando" (Weber, 1975, p. 243). Ele ficava irritado, deprimido e se sentia inútil; qualquer atividade, mesmo a leitura do trabalho de um estudante, tornava-se um fardo insuportável (Weber, 1975, p. 253). Por fim, ele tirou uma licença de dois anos da universidade, depois se aposentou e, então, tornou-se professor honorário, informalmente ligado à academia, aos 39 anos de idade (Weber, 1975, p. 263). Eu não sou Weber, mas encorajo-me pessoalmente com a sua história. O seu colapso profissional não foi a sua última palavra. Depois de ter deixado o seu emprego, realizou o seu trabalho mais influente.

A ética protestante é basicamente um artifício psicológico que os crentes pregam para si mesmos para lidarem com a ansiedade religiosa. A ética, como Weber argumenta, deriva da teologia de João Calvino, o reformador cristão do século XVI conhecido pela sua doutrina de predestinação. Predestinação significa que Deus escolhe ou "elege" algumas pessoas para a salvação, enquanto o restante das outras pessoas está destinado à morte eterna. Deus faz isso tanto incondicionalmente quanto fora da passagem normal do tempo. Ele não muda de ideia sobre o destino final de alguém, porque Deus é perfeito, e mudar significaria imperfeição. Só Deus sabe quem foi escolhido para a salvação e quem não foi, porém os humanos, compreensivelmente, querem descobrir isso. As boas obras, na teologia calvinista, não podem ter como consequência a salvação – é impossível fazer qualquer coisa para merecer o favor de Deus –, mas podem ser sinais de eleição. Em outras palavras, os eleitos de Deus realizarão boas obras como resultado da sua condição abençoada. Então, se você estiver curioso a respeito da sua eleição, examine as suas ações. São santas ou pecaminosas?

Para descobrir isso, um calvinista deve pensar se as suas ações contribuem para uma sociedade próspera. Deus se preocupa com o mundo que criou (uma crença conhecida como providência), mas, em vez de intervir diretamente nos assuntos do mundo, Deus ordena as pessoas para diferentes "chamados", a fim de realizar a sua vontade para a humanidade. Os trabalhadores humanos são as mãos de Deus, e assim, como Weber diz, "o trabalho a serviço dessa utilidade social promove a glória divina e é desejado por Deus" (Weber, 2002, p. 76). Dessa forma, para ter certeza da sua eleição, você precisa saber se está sendo produtivo, enriquecendo a si mesmo e sua comunidade por meio do trabalho de acordo com o seu chamado.

Os residentes seculares dos países ricos do século XXI não se preocupam muito com o fato de serem eleitos por Deus, mas nós ainda estamos presos na gaiola calvinista. Estamos ansiosos para demonstrar aos potenciais empregadores e a nós mesmos que somos talentosos, que somos personalidades autotélicas, que somos santos do trabalho. Tal como a eleição divina, esse tipo de *status* é uma condição abstrata que não podemos atribuir a nós mesmos, mas que esperamos que os outros reconheçam que a temos e, assim, nos mantenham empregados (Petriglieri, 2015). Quando o nosso estado de ansiedade se eleva, voltamos à herança religiosa de nossa cultura em busca de um bálsamo: trabalho duro e disciplinado. Por exemplo, Tristen Lee, uma profissional britânica de relações públicas da geração do milênio, conta uma história muito familiar de como longas horas de trabalho, falta de sono, falta de tempo de descanso e o valor excessivo do aluguel a mantêm na rotina. "Eu me entrego absolutamente de corpo e alma ao trabalho", ela escreve. "Estou tão obcecada em alcançar algum nível notável de sucesso e atingir minhas metas financeiras que me esqueci de como realmente se aproveita a vida." Ela ecoa o autodiagnóstico de Anne Helen Petersen de "paralisia de recados": "até mesmo simples tarefas cotidianas, como ir ao banco ou arrumar roupas, começaram a parecer impossíveis" (Lee, 2019).

Lee sente que tem "algo a provar – mas para quem?" Para ela mesma, Weber diria. A experiência de Lee é o eco do século XXI da teologia calvinista do século XVI. Ela internalizou o julgamento de uma sociedade que só valoriza a pessoa na medida em que se trabalha, então sente a necessidade de se assegurar do seu valor. Entretanto, nunca haverá garantias suficientes; na ideologia do trabalho atual, as suas realizações são menos importantes do que o seu esforço constante em direção à *próxima* realização.

"Qual é o resultado final?", Lee pergunta. "Quando cessa a agonia constante? Em que momento alcançamos a satisfação na vida e pensamos que estamos muito orgulhosos do que alcançamos e de quão longe chegamos?" (Lee, 2019). Nunca. É isso que significa estar em uma gaiola de ferro.

* * *

Quatro décadas depois de Weber ter publicado *A ética protestante e o espírito do capitalismo*, a sua pátria, destruída pela guerra, iniciou um experimento natural na economia política, enquanto tentava se reconstruir em um modelo de dois países separados sob sistemas econômicos rivais. Mas, aos olhos do filósofo alemão Josef Pieper, capitalismo e comunismo compartilhavam uma mesma falha moral. Ambos criaram uma condição que ele chamou de "trabalho total" (Pieper, 2009, p. 20). Pieper temia que, se os europeus não resistissem, o trabalho total tomaria conta da nova cultura do continente. "Não há dúvida sobre uma questão", ele escreveu em 1948 em seu livro *Leisure, the basis of culture* [Lazer, a base da cultura]. "O mundo do 'trabalhador' está tomando forma com força dinâmica – com tal velocidade que, com ou sem razão, somos tentados a falar da força demoníaca na história" (Pieper, 2009, p. 53).

O demônio vira os valores humanos de cabeça para baixo. Faz com que não mais trabalhemos para viver, mas sim que vivamos para trabalhar. Convence-nos de que o trabalho é a nossa principal atividade, que o único valor é o valor de *uso*, o tipo que os contadores registram em seus livros. O demônio leva-nos a pensar em nós mesmos como funcionários, como seres que são definidos unicamente pelas ações que realizam no trabalho. Possuídos pelo demônio, desvalorizamos qualquer coisa que não tenha uma utilidade óbvia, desde a poesia até a adoração. "Existe alguma esfera de atividade humana, até mesmo de existência humana, que não precisa ser justificada pela inclusão em um plano quinquenal e pela sua organização técnica? Existe tal coisa ou não?", pergunta Pieper (2009, p. 38). O demônio nos faz responder que não; como resultado, nós nos privamos de nossa plena humanidade.

O demônio também vive na sociedade do século XXI. É possível ver isso pela nossa linguagem. Não temos palavras para definir uma atividade louvável que não envolva trabalho. Chamamos a paternidade de "o trabalho mais difícil do mundo" (Rinaldi, 2017). Pensamos na educação quase inteiramente em termos de trabalho. Um amigo meu relata ter recebido uma carta da escola da primeira série de seu filho, que dizia: "É importante começarmos a tempo. Estamos treinando os nossos filhos para a força de trabalho" (Petrie, 2013). Uma outra amiga conta-me que os seus professores de jardim de infância conduziam as crianças para um cântico de pergunta e resposta todos os dias na hora do almoço: "Trabalho duro...compensa!" A principal razão que leva os estudantes universitários a buscarem um diploma é "poder conseguir um emprego melhor" (Stolzenberg et al., 2019). Dizemos que o casamento é um trabalho árduo. Até a morte é um trabalho. A irmã de Steve Jobs disse em forma de um elogio que, em suas últimas horas, a respiração de Jobs "tornou-se severa, deliberada, propositada... foi isso o que aprendi: ele também estava trabalhando naquele momento. A morte não aconteceu para o Steve, foi ele que a alcançou" (Simpson, 2011).

Com todos os aspectos da vida transformados em trabalho, nós, que vivemos na sociedade do trabalho total, desconfiamos de qualquer coisa que venha facilmente. Acreditamos que temos de ganhar tudo por meio do trabalho – não apenas dinheiro mas também conhecimento e prazer. Até mesmo, no caso de Steve Jobs, a morte. Nas palavras de Pieper, a pessoa que valoriza apenas o trabalho "recusa-se a ter qualquer coisa como um presente" (Pieper, 2009, p. 36). O tempo improdutivo é um desperdício. Justificamos o tempo livre como "autocuidado", o que soa como uma resistência ao trabalho total, mas que muitas vezes enquadramos como uma forma de nos mantermos suficientemente fortes para suportar uma pesada carga de trabalho. Conforme Pieper escreve: "Uma pausa no trabalho, seja de uma hora, um dia ou uma semana, ainda faz parte do mundo do trabalho. É um elo na cadeia de funções utilitárias" (Pieper, 2009, p. 49). Os locais de trabalho "divertidos" das *startups* de tecnologia estereotipadas, com suas salas de jogos e cápsulas para cochilos, não são de fato projetados para o lazer. São projetados para manter as pessoas no trabalho para sempre.

Esse compromisso implacável com os nossos trabalhos faz mais do que aumentar a nossa carga de serviço. Os hábitos que formamos no trabalho também estreitam o leque de habilidades humanas que podemos exercer, minando o crescimento moral que o trabalho supostamente promove. Adam Smith observou que o trabalho nas fábricas do século XVIII realmente transformava as pessoas em funcionários. Nas primeiras páginas do livro *A riqueza das nações*, ele fica maravilhado com a produtividade de uma fábrica de alfinetes, em que cada um dos trabalhadores da linha executava uma única ação, repetidas vezes, durante todo o dia (A. Smith, 1997, p. 109-110). Mas Smith também reconhece que essas ações, repetidas por tempo suficiente, tornam-se caráter, e com frequência mau caráter:

> O homem cuja vida inteira é gasta realizando algumas operações simples... não

tem ocasião para exercer a sua compreensão... Portanto, ele perde naturalmente o hábito de tal esforço e geralmente se torna tão estúpido e ignorante quanto é possível que uma criatura humana se torne... A sua destreza na sua própria profissão parece, dessa forma, ser adquirida à custa das suas virtudes intelectuais, sociais e marciais (A. Smith, 2000, p. 368-369).

As coisas não são tão diferentes para o "trabalhador do conhecimento" dos dias de hoje. Empresas de prestígio de consultoria e financiamento esperam que seus jovens funcionários trabalhem longas horas (Michel, 2011). No início, eles conseguem trabalhar efetivamente em um cronograma de oitenta horas por semana. Mas, depois de alguns anos, seus corpos e mentes começam a sofrer, segundo Alexandra Michel, estudiosa da cultura empresarial. "A habilidade técnica e a capacidade de fazer contas permanecem inalteradas", Michel diz, "mas a criatividade, o julgamento e a sensibilidade ética diminuem" (Li, 2015).

A pesquisa de Michel destaca como o esgotamento é um problema moral: quando perseguimos os ideais errados nas condições erradas no trabalho, prejudicamos capacidades humanas como a empatia, por exemplo, de que precisamos em nossas vidas éticas. Pieper acreditava que, à medida que as nossas habilidades diminuíam, também diminuía o alcance dos nossos desejos. O funcionário, ele escreve, "está naturalmente inclinado para encontrar plena satisfação em seu 'serviço' e, assim, alcança a ilusão de uma vida realizada, que ele reconhece e aceita de bom grado" (Pieper, 2009, p. 58). O trabalho total ocupa não apenas o nosso tempo mas também as nossas psiques. Não temos como nos compreender nem como expressar a nossa humanidade senão por meio de nossos trabalhos. Mesmo antes de nos esgotarmos, perdemos muito de nossa identidade e nossa capacidade de viver uma vida boa.

* * *

Um dos mais zelosos defensores da ética protestante – e, portanto, dos ideais de trabalho americanos – foi o educador Booker T. Washington. A sua vida e os seus ensinamentos mostram as oportunidades e os perigos que qualquer um que adota essa ética enfrenta, inclusive nós mesmos. Nascido no período da escravidão em 1856, Washington desenvolveu um foco obstinado na educação industrial e no trabalho árduo que o levou a fundar o Instituto Tuskegee, uma escola industrial no Alabama para estudantes negros, e a se tornar uma figura internacionalmente conhecida na virada do século XX. Tal como o presidente do Vale do Silício faria hoje, Washington pregava o evangelho secular do trabalho aonde quer que fosse, argumentando que apenas o trabalho diligente e qualificado permitiria que as vítimas da injustiça racial melhorassem a sua condição. Ele também praticava o que pregava; o seu exemplo pessoal demonstrou a forma trágica como a ansiedade alimenta a nossa mentalidade de trabalho total até o ponto da autoabnegação.

O coração da filosofia de Washington era uma "lei" que ele expressa repetidamente em seu livro *Up from slavery* [Acima da escravidão]: "existe algo na natureza humana que sempre faz um indivíduo reconhecer e recompensar o mérito, não importa em que cor de pele os méritos sejam encontrados" (Washington, 1995, p. 71). De acordo com essa lei, o mérito é adquirido por meio de um trabalho que atende às necessidades materiais de uma comunidade. Em última análise, o seu bom trabalho pode torná-lo uma pessoa indispensável, tal como Joe Kramer em sua fábrica de vagões (Washington, 1995, p. 72). Afinal, nenhum empregador racional demitiria um funcionário valioso, certo? Como os frutos do trabalho qualificado não têm raça, Washington acreditava que aprender uma profissão era a melhor maneira de os negros se tornarem cidadãos plenos do Sul pós-reconstrução. Assim, ele montou no *campus* do Tuskegee uma fábrica de tijolos e uma oficina de fabricação de carroças, ambas administradas pelos seus alunos, que depois vendiam os produtos prontos para os seus vizinhos. As tensões raciais diminuíram, afirmou Washington, por meio do comércio justo entre os artesãos negros do Tuskegee e seus clientes brancos. Por meio dessas trocas, a escola ganhou dinheiro, os vizinhos brancos adquiriram bons tijolos e carroças, e os alunos ganharam o prêmio máximo do trabalho: a autoconfiança adquirida pela feitura de "algo que o mundo queria que fosse feito" (Washington, 1995, p. 38).

Mas existe uma contradição no ideal de autoconfiança de Washington. Se a sua recompensa vem de fazer algo que os outros querem que seja feito, então você não é autossuficiente. Você depende dos gostos caprichosos do mercado. Quando esses gostos mudam, sua subsistência pode entrar em colapso. A sua dignidade e a sua confiança em seu próprio valor estão nas mãos de outra pessoa. Não é suficiente fazer um bom trabalho; você também tem de lidar com a incômoda preocupação: eles vão gostar? Ainda, quando você realiza um trabalho interpessoal como a maioria das pessoas na era pós-industrial, então o seu produto é você mesmo, e a sua preocupação se torna: eles vão gostar de *mim*?

Washington se preocupava constantemente, especialmente nos primeiros anos do Tuskegee. Aparentemente, ele estava preocupado com dinheiro, mas manter a escola financeiramente solvente significava muito mais. "Eu sabia que, se falhássemos, isso prejudicaria toda a corrida", ele escreve. "Eu sabia que a presunção estava contra nós." Ele lutava para dormir à noite. O estresse parecia "um fardo que nos pressionava… na proporção de mil libras por polegada quadrada" (Washington, 1995, p. 68). Por isso, Washington viajava constantemente para arrecadar dinheiro de brâmanes de Boston e de industriais ricos, tanto para atingir os seus objetivos para a escola quanto para acalmar os seus próprios medos. O seu esforço espelhava a teoria de Weber sobre a ansiedade religiosa que alimentava o desejo de trabalhar. Acontece que Washington não se preocupava tanto com a sua alma quanto com o sucesso de uma escola que, para ele, simbolizava os afro-americanos como um povo.

Apropriadamente, Max e Marianne Weber perderam a chance de encontrar com Washington quando visitaram Tuskegee em 1904. Ele estava fora, arrecadando fundos (Scaff, 2011, p. 109). Durante o tempo em que estava nessas viagens, Washington nunca renunciou ao controle sobre o funcionamento do Tuskegee. Ele exigia atualizações gerenciais, enviadas via telégrafo, sobre cada detalhe da atividade da escola, até mesmo sobre como a comida era preparada no refeitório (Washington, 1995, p. 119). O seu esforço valeu a pena. Cada cheque de um filantropo do Norte "levava parcialmente um fardo que estava me pressionando" (Washington, 1995, p. 86). Parcialmente – porque nunca se pode criar uma dotação universitária suficientemente grande, ter lucros suficientes ou adicionar linhas suficientes ao seu currículo, assim como um calvinista nunca pode dar glória suficiente a Deus. A ética do trabalho americano exige que você se revele por meio do trabalho, mas você nunca se revela de uma vez por todas. Você tem de fazer tudo de novo no dia seguinte.

A exigência incessante de que você demonstre o seu valor por meio do trabalho ajuda a criar a sociedade do trabalho total, que, combinada com as condições decepcionantes dos empregos da era pós-industrial, torna-se a cultura do burnout. Para continuar, você diz a si mesmo que é indispensável. Essa é outra barra na gaiola de ferro da ética do trabalho. No caso de Washington, seus benfeitores perceberam que ele estava trabalhando demais, por isso conspiraram para mandá-lo para longas férias na Europa. Ele tentou convencê-los de que não poderia ir, porque "cada dia a escola parece depender mais de mim para as despesas diárias... a escola não tem como viver financeiramente se eu estiver ausente" (Washington, 1995, p. 123-124).

Essa atitude é comum hoje em dia mesmo entre a grande maioria dos trabalhadores americanos que não administram uma organização inteira como Washington fazia. Antes da pandemia de covid-19, os trabalhadores americanos tiravam apenas cerca da metade do seu tempo de férias pagas todos os anos. Mesmo quando estavam de férias, cerca de dois terços deles trabalhavam. Nos primeiros meses da pandemia, eles tiraram ainda menos tempo de férias pagas (Carino, 2020). Quando perguntados sobre o motivo em uma pesquisa, muitos citaram as mesmas razões que Washington citou há mais de um século; um terço disse que trabalha durante as férias porque "tem medo de ficar para trás", aproximadamente outro terço afirmou que não havia mais ninguém para fazer o seu trabalho, e mais de um quinto afirma ser "completamente dedicado à sua empresa" ("Glassdoor survey finds Americans forfeit half of their earned vacation/paid time off", [s.d.]). A blogueira de finanças pessoais Sarah Berger especula que os trabalhadores da geração do milênio deixam a maior parte de seu tempo de férias sem uso porque "sentem que têm algo a provar e querem dissipar esses estereótipos negativos que os rotularam como gente com o rei na barriga ou preguiçosos" (Vasel, 2016). Vale a pena perguntar a quem eles estão tentando provar essa característica invisível: aos seus patrões ou a si mesmos? Quer a sensação de indispensabilidade do trabalhador decorra do ego, quer decorra da insegurança no trabalho, a pessoa presa nessa gaiola de ferro realmente está com medo de que a escola, a loja ou a empresa *possa* funcionar sem ela. Afastar-se é o teste mais verdadeiro para saber se a empresa pode sobreviver na sua ausência. Se os trabalhadores nunca tiram férias, não precisam descobrir.

Em certo momento, Washington "foi obrigado a se render" às férias que os seus benfeitores ofereceram. "Todas as vias de fuga tinham sido fechadas", escreve (Washington, 1995, p. 124). Ele dormia quinze horas por dia no navio a vapor para Antuérpia, na Bélgica. Durante a viagem de dez dias, foi a primeira vez em anos que ele ficou sem contato telegráfico com Tuskegee. Eu me pergunto como ele conseguiu seguir em frente sem saber o cardápio do refeitório da escola. Apesar de ter sido isolado da comunicação eletrônica – uma experiência que nunca precisamos suportar –, Washington rapidamente encontrou maneiras de trabalhar. Enquanto estava a bordo do navio, proferiu um discurso a pedido de alguns outros passageiros (isto é, potenciais doadores). Quando chegou à Europa, encontrou-se com dignatários, fez mais discursos e falou sobre a educação industrial como o caminho para a paz inter-racial. Nos Países Baixos, ele visitou fazendas leiteiras "com o objetivo de utilizar as informações em nosso trabalho no Tuskegee" (Washington, 1901, p. 273). Lançado em uma situação desconfortável e longe de seu domínio familiar, Washington conseguiu se adaptar. Superou quaisquer dúvidas sobre o seu valor ou o seu propósito com a dura garantia de trabalho.

Se a doutrina de engajamento dos trabalhadores sustenta um ideal de santidade no trabalho, então o regime de trabalho total cria um ideal de mártir do trabalho, que maximiza a produtividade sem levar em conta o próprio eu. O mártir do trabalho se assemelha ao funcionário de Pieper, cuja principal virtude é a vontade de sofrer (Pieper, 2009, p. 35). Esse também era o ideal de Washington. Ele acreditava que o melhor trabalhador "se perde", até "se oblitera completamente" no trabalho (Washington, 1995, p. 83,73). As palavras soam como as de um viciado, mas Washington as conecta a termos bíblicos para o autossacrifício de Jesus. Sobre o Dr. Hollis Frissel, o diretor branco do Instituto Hampton na Virgínia, Washington escreve que seu "esforço constante" era no sentido de se tornar "sem reputação" em nome da causa (Washington, 1995, p. 134). As palavras "sem reputação" são provenientes de Filipenses 2,7 na versão King James da Bíblia. Em uma tradução moderna dessa passagem, Paulo diz que Jesus "esvaziou-se a si mesmo, assumindo a condição de escravo... humilhou-se, feito obediente até a morte, até a morte numa cruz" (Filipenses 2,7-8). Esse é o modelo de Washington para os trabalhadores afro-americanos.

O ideal de Washington de martírio de trabalho se situa logo abaixo da fina camada de santidade do trabalho atual, tal como o encarnado pelo soldador autotélico Joe Kramer. Para ser como Joe, você precisa se comprometer totalmente com o seu trabalho. Perca-se nisso. Fique acordado a noite toda. Esqueça de comer. Esses imperativos são desumanos. Quando os trabalhadores quebram e não podem mais "engajar", são simultaneamente reverenciados – eles deram tudo de si, fizeram o que era preciso – e depois são insultados. Para quem o chefe pode justificar mais facilmente a demissão do que para um trabalhador esgotado? Como um ato final de martírio, os trabalhadores podem até desistir.

Sou um crítico de Washington, mas não posso condená-lo. Assim como tantos americanos, acredito no mesmo que ele. Eu gostaria que a sua lei do mérito, a convicção de que o trabalho árduo sempre terá a sua devida recompensa, fosse verdadeira. A ideia em si é nobre. Tragicamente, porém, Washington ensinou a estudantes cuja sociedade nunca iria honrar tal promessa. A lacuna entre os seus ideais e a realidade que os seus alunos enfrentavam com as leis de Jim Crow era imensa, e ele os ensinou a enfrentarem a realidade. Washington também fez isso. Em algum nível, ele sabia que a lei do mérito era uma mentira. Nas palestras de domingo à noite para os estudantes, não nos livros mais vendidos que escreveu para os brancos, ele admitiu que haveria luta, que a recompensa poderia nunca vir (Malesic, 2016, p. 416-417). A violenta opressão que os negros sofreram no mundo de Washington excede em muito a injustiça que os trabalhadores americanos tipicamente encontram hoje. Mas a promessa – a dignidade conquistada por meio do trabalho – é a mesma. Por causa dessa promessa vazia, entramos na lacuna e continuamos nos esforçando através dela.

* * *

Este livro começou a nascer com o meu desejo de compreender o que tinha acontecido que me tornou tão infeliz e ineficaz depois de ter conseguido o emprego dos meus sonhos e em seguida a minha estabilidade. Esse desejo levou-me a investigar a contestada compreensão cultural do burnout, a história do aparecimento do burnout na década de 1970, resmas de pesquisas psicológicas, o estado diminuído do trabalho nos Estados Unidos e em outros países ricos e, finalmente, os ideais éticos e espirituais para o trabalho, que continuam se afastando cada vez mais dessas condições.

Eu acreditava nos ideais, nas nobres mentiras sobre o trabalho como um lugar de significado e propósito. Assim, identifiquei-me com meu papel e continuei ansiosamente tentando provar que eu era indispensável para a missão da faculdade. Eu acreditava que dava mais à faculdade – melhor ensino, mais pesquisa, liderança superior – pelo mesmo salário que meus colegas. O orgulho que sentia por ser um funcionário tão produtivo e engajado se transformou em raiva perante a injustiça da situação: *Estou dando muito mais à faculdade do que aquele cara, mas estamos recebendo a mesma quantia!* Então continuei trabalhando para provar que a faculdade e os alunos me subestimavam, até que chegou um momento em que eu mal conseguia trabalhar. A minha imagem ideal de um bom professor motivou o meu trabalho e fomentou o meu esgotamento ao mesmo tempo, porque eu estava em desacordo com a realidade do trabalho. Queria ser um santo do trabalho e tornei-me um mártir, embora ressentido. Em resumo, eu era um trabalhador típico da nossa cultura de burnout. A mesma coisa que a nossa cultura diz que nos fará florescer – nosso trabalho – nos impede de fazê-lo.

Agora que podemos identificar esse problema paradoxal, precisamos descobrir como eliminá-lo. O período pós-pandêmico é a nossa melhor oportunidade em meio século para mudar a cultura do trabalho. Para isso, precisamos primeiro de um novo conjunto de ideais, baseado no reconhecimento da dignidade humana de cada pessoa, independentemente do fato de essas pessoas trabalharem ou não.

Parte II
Contracultura

6
Podemos ter tudo: uma nova visão da vida boa

Antes de tornar-me professor, eu era atendente de estacionamento. Eu tinha acabado de terminar o meu programa de PhD e não conseguia arranjar um emprego acadêmico, mas conhecia alguns caras que trabalhavam no estacionamento do outro lado da rua da universidade, e eles me apresentaram ao chefe deles. Em pouco tempo, eu estava coletando dinheiro em uma barraca pequena e desgastada atrás de uma pizzaria. Todos os dias eu me sentava no banco do motorista dos Volvos e Beamers dos professores aos quais eu queria desesperadamente ser igual, e ainda assim o trabalho que eu fazia parecia o mais distante possível do deles.

Eu amava. O trabalho era fácil, até mesmo divertido. Meu chefe se preocupava com os funcionários e nos tratava bem; ele sabia que o trabalho não era toda a nossa vida. Meus colegas eram brilhantes estudantes de graduação e pós-graduação, vários dos quais estavam cobertos de tatuagens, andavam de bicicleta com marcha fixa e tocavam rock pesado na cabine. Alguns faziam parte de bandas. Eu era mais velho e não tinha tatuagem, dirigia um Honda Civic azul brilhante e lia Kierkegaard. Eles me chamavam de Papa, porque com o PhD em estudos religiosos eu era a pessoa mais próxima de uma autoridade espiritual que eles conheciam. Durante o ano em que trabalhei no estacionamento The Corner, apaixonei-me por uma mulher que também estava em uma fase liminar da sua carreira, e ela me trazia café e doces para ajudar-me nos meus turnos noturnos. Atualmente, essa mulher é minha esposa.

O contraste entre a minha alegria em um emprego de baixo *status* e a minha infelicidade em um cargo acadêmico permanente aponta para uma maneira de acabar com a cultura do esgotamento. Eu pensava que ser professor universitário iria me satisfazer não apenas como trabalhador mas também como ser humano. Eu esperava que fosse a minha identidade completa, a minha vocação. Poucos empregos poderiam corresponder a essas expetativas, embora eu certamente tivesse absorvido a ideia de que o emprego acadêmico certo poderia fazer isso. É evidente que o meu emprego não estava nesse nível, e trabalhei por anos antes que a decepção e a futilidade se tornassem tão insuportáveis a ponto de eu desistir.

Em contrapartida, eu não tinha um ideal elevado de trabalho como atendente de estacionamento. Pensava no trabalho apenas como uma maneira pouco exigente de ganhar dinheiro. Não esperava "me envolver" com o trabalho. Não existe possibilidade real de experimentar o "fluxo" se você for um atendente de estacionamento. Não existe nenhum desafio progressivo em recolher dinheiro em uma cabine. Ninguém fica melhor nisso ao longo do tempo. As únicas pessoas que lhe dão alguma resposta são os motoristas irritados tentando escapar das tarifas. Quando estava nesse emprego, nunca me envolvi tanto a ponto de eu me esquecer de comer; na verdade, passei grande parte do meu tempo na cabine em conversas com os meus colegas de trabalho, decidindo o que pedir para o almoço (geralmente pizza). O trabalho em nada favoreceu a absorção em uma tarefa que supostamente torna o trabalho produtivo e o trabalhador realizado. Era perfeito.

Estou convencido de que a minha *falta* de envolvimento com o trabalho foi a razão paradoxal pela qual fui tão feliz durante o meu ano como atendente de estacionamento. O trabalho resistiu a qualquer esforço para torná-lo moral ou espiritualmente significativo. Não prometeu dignidade, crescimento de caráter ou sentido de propósito. Nunca ofereceu a possibilidade de uma vida boa. Como eu não conseguia encontrar realização por meio do meu trabalho, tive de procurar em outro lugar. E achei: na escrita, nas amizades, no amor.

O meu trabalho no estacionamento fez mais do que apenas ficar fora do caminho do meu florescimento como pessoa. Os meus ideais em relação ao trabalho eram baixos, mas as suas condições eram muito boas. O salário era decente. Os meus colegas atendentes rapidamente se tornaram amigos. O nosso chefe tinha confiança em nós para o seu negócio, e nós tínhamos confiança uns nos outros.

Todos nós aderimos a uma regra não escrita de que, se algum de nós estivesse perto do estacionamento, passaria na cabine para ver se o atendente de plantão precisava de uma pausa, de um café ou apenas de alguém para conversar. Houve conflitos ocasionais com clientes sobre quanto tempo durou a permanência no estacionamento ou quanto eles nos deviam por terem deixado seus carros durante toda a noite, mas houve muito mais conversas amigáveis com clientes habituais que continuaram, em aumentos de trinta segundos por meio das janelas abertas dos carros, por meses. Um documentário sobre estacionamentos, *The parking lot movie*, enfatiza os conflitos e o potencial de esgotamento nesses locais de trabalho, porém a minha experiência foi, no geral, melhor do que aquela que o diretor Meghan Eckman retrata na tela (Eckman, 2010).

Eu sou apenas um trabalhador; quero ter cuidado para não tirar conclusões exageradas sobre o *trabalho em si* a partir de experiências que possam ser peculiares a mim. Mas a minha experiência como professor e como atendente de estacionamento se encaixa no modelo de burnout que a minha pesquisa levou-me a considerar – nomeadamente, que os ideais culturais que trazemos para os nossos empregos têm um efeito importante na forma como o burnout nos afeta.

Muitos trabalhadores estão em risco de burnout porque a realidade degradada de nossos empregos, desde a década de 1970, coincide com um ideal de trabalho muito elevado. A lacuna entre os nossos ideais e a nossa experiência no trabalho é grande demais para suportarmos. Isso significa que, se quisermos acabar com a epidemia de burnout, precisamos fechar a lacuna, tanto melhorando as condições de trabalho quanto diminuindo os nossos ideais. Nos capítulos 7 e 8, falarei a respeito de pessoas que trabalham em condições mais humanas. No entanto, como a nossa cultura de burnout resulta tanto de nossas ideias quanto dos fatos concretos de nossos trabalhos, precisaremos de expectativas éticas e espirituais diferentes para o trabalho, tanto quanto precisaremos de melhores salários, melhores cargas horárias e maior apoio. Na verdade, precisaremos de um novo conjunto de ideais para nos guiar à medida que construímos essas condições.

A ética protestante que levamos para a era pós-industrial ajudou a criar a vasta riqueza dos países que hoje estão mais preocupados com o burnout, entretanto também valorizou um ideal destrutivo de trabalho até o ponto de martírio. Para superar o esgotamento, temos de nos livrar desse ideal e criar uma nova visão compartilhada de como o trabalho se encaixa em uma vida bem vivida. Essa visão substituirá a antiga e desacreditada promessa da ética do trabalho; tornará a dignidade universal, em vez de associá-la ao trabalho remunerado; colocará a compaixão por si mesmo e pelos outros à frente da produtividade; e afirmará que encontramos o nosso maior propósito no lazer, não no trabalho. Implementaremos essa visão na comunidade e a preservaremos por meio de disciplinas comuns que mantenham o trabalho em seu lugar. A visão, elaborada a partir de ideias novas e antigas, será a base de uma nova cultura que deixará o burnout para trás.

Temos de formar essa visão logo, porque as inteligências automática e artificial estão prontas para desestabilizar o trabalho humano nas próximas décadas. Uma vez que só vale a pena empregar humanos em funções limitadas, não nos esgotaremos, mas o sistema de significado que construímos sobre o trabalho deixará de fazer sentido.

* * *

Para construir um novo modelo de vida boa, precisamos cavar uma base mais profunda do que as nobres mentiras que nos fazem trabalhar para garantir o nosso valor. O primeiro ponto a ser contestado, então, é a promessa básica de que o trabalho é fonte de dignidade.

Dignidade é uma palavra complicada. Todos concordam que a dignidade do trabalho deve ser defendida, mas, assim como no próprio caso do burnout, não há consenso sobre o que significa dignidade do trabalho. Sociologicamente, significa o direito de ter voz ou de pertencer a uma sociedade (Pugh, 2012, p. 30-31). Dignidade também pode significar algo além disso: a capacidade não apenas de pertencer a algo como também de manter a cabeça erguida, de ter a estima dos outros. Nos Estados Unidos, políticos de direita e de esquerda invocam a dignidade do trabalho para justificar políticas trabalhistas e de bem-estar público. Há uma boa razão para eles fazerem isso: o conceito ressoa como uma cidadania que se considera trabalhadora. No entanto, por baixo da boa sensação que os americanos têm quando ouvem a frase "dignidade do trabalho", as políticas que esses agentes propõem vão em direções opostas. Os apelos à dignidade do trabalho muitas vezes justificam as condições de trabalho desumanas que contribuem para o esgotamento.

Escritores e políticos conservadores nos Estados Unidos falam sobre a dignidade do trabalho quando argumentam a favor de regulamentações trabalhistas mais suaves e proteções de bem-estar social reduzidas para pessoas que não trabalham. Por existir dignidade no trabalho, eles querem eliminar barreiras artificiais relacionadas ao emprego, como leis de salário mínimo (Brooks, 2017). Quando, em 2019, o governo Trump reforçou as regras que exigem que os adultos que recebiam assistência pública alimentar tivessem empregos, o secretário de Agricultura Sonny Perdue, cujo departamento supervisionou o programa, afirmou que requisitos de trabalho mais rigorosos "devolveriam a dignidade do trabalho para um segmento considerável da nossa população" (Perdue, 2019). Políticos mais liberais apresentaram argumentos semelhantes. O Presidente Bill Clinton, ao assinar um projeto de lei de reforma previdenciária em 1996, afirmou que a ajuda pública incondicional "exilava" os beneficiários "do mundo do trabalho". O trabalho, Clinton (1996) continuou, "dá estrutura, significado e dignidade à maior parte de nossas vidas". Certamente é verdade que os trabalhadores sentem um certo orgulho por terem um emprego e sustentar a si mesmos e suas famílias, mas as abordagens de Perdue e Clinton também depreciam os salários e reduzem a capacidade dos trabalhadores de exigirem melhores condições. É como se a dignidade fosse recompensa suficiente.

Essa visão pró-mercado da dignidade do trabalho isola os trabalhadores como indivíduos e os pressiona a continuarem conquistando sua dignidade, porque a dignidade não é previamente assegurada. Essa visão também incentiva o desdém em relação àqueles que não conseguem encontrar trabalho ou que não podem trabalhar devido a idade, doença ou deficiência. Isso coloca uma pressão adicional sobre os trabalhadores que não podem confiar em suas identidades como brancos, homens ou nativos para a estima social. Como vimos no caso de Booker T. Washington no capítulo 5, as pessoas ficam ansiosas quando sua dignidade está constantemente em questão e farão qualquer coisa para manter o emprego, não apenas porque é a sua salvação econômica mas também porque sua posição social está em jogo. Em uma sociedade que vê o trabalho como meio de provar o valor dessas pessoas, elas vão trabalhar cada vez mais, expondo-se aos riscos físicos e psicológicos do trabalho, incluindo o burnout. Tudo isso beneficia patrões e proprietários de capital –

pelo menos, beneficia-os até que a capacidade dos trabalhadores de fazerem o seu trabalho se degrade, e a sua produtividade diminua. Mesmo assim, enquanto houver trabalhadores substitutos disponíveis, o custo de agitar e esgotar funcionários ansiosos para provarem a sua dignidade é relativamente pequeno.

Políticos pró-trabalho nos Estados Unidos, a maioria deles democratas, adotam uma abordagem diferente em relação à dignidade do trabalho. Para eles, a dignidade não é algo que as pessoas alcançam por meio de seus empregos, e sim algo que os empregos propiciam quando satisfazem as necessidades dos trabalhadores. Isso significa que a dignidade do trabalho é menos um estado permanente do que um objetivo político pelo qual vale a pena lutar. Sob esse ponto de vista, os trabalhos que as pessoas realizam *devem* ser dignificados com um salário decente e de proteção para os trabalhadores. Por exemplo, o Senador de Ohio, Sherrod Brown, baseou toda uma série de propostas políticas, desde um salário mínimo mais elevado e licenças médicas remuneradas até o financiamento da educação, na ideia da dignidade do trabalho. "Dignidade do trabalho significa que o trabalho árduo deve ser compensado para todos, não importa quem seja ou que tipo de trabalho realize", diz o site da turnê *Dignity of work* de 2019 de Brown. "Quando o trabalho oferece dignidade, todos podem pagar por saúde e moradia… quando o trabalho oferece dignidade, o nosso país tem uma forte classe média" (Brown, [s.d.]).

O apelo para que o trabalho, e não o trabalhador, tenha dignidade é o primeiro passo para fechar a lacuna que causa o burnout. Isso tira a pressão sobre os trabalhadores de aprovarem a si mesmos e manterem os seus ideais e condições alinhados, mesmo que as práticas comerciais pós-industriais padrão tentem separá-los. Os empregadores, com o devido impulso do governo, têm o poder de dignificar o trabalho que as pessoas fazem; isso significa que eles têm a responsabilidade de fechar a lacuna do lado das condições de trabalho. A cultura como um todo, então, precisa empurrar do outro lado – o dos ideais.

* * *

A abordagem do Senador Brown em relação à dignidade do trabalho está enraizada na promessa básica da ideologia do trabalho americano, ou seja, a de que as recompensas materiais e morais vêm para aqueles que trabalham. O seu objetivo declarado é cumprir essa promessa. Porém, a sua linguagem de que o trabalho deve ter uma dignidade proporcional ao trabalhador reflete também uma visão do trabalho que os papas católicos adotaram em seu ensinamento social há 130 anos. Quero recorrer aos papas para orientação sobre trabalho e dignidade porque eles não consideram o *ethos* capitalista da era industrial como uma norma inquestionável. Como resultado, o pensamento deles corre obliquamente para o nosso. De fato, a escrita papal a respeito do trabalho é muito mais radical e favorável aos trabalhadores do que se pode supor. Além disso, se uma nova visão de trabalho vai se firmar em nossa cultura, então ela terá de apelar às pessoas religiosas, e, nos Estados Unidos, a maioria da população é cristã. No entanto, as fontes religiosas não são as únicas que devem justificar os nossos ideais de trabalho. Se um grande apelo vai ser necessário, este terá de ser justificado por diversos embasamentos. É o que farei neste capítulo.

Em 1891, o Papa Leão XIII publicou um documento intitulado *Rerum Novarum* sobre a relação entre capital e trabalho. Foi um marco, o primeiro ensinamento papal que abordou diretamente a injustiça social moderna. Os seus argumentos revelam uma Igreja claramente assustada pelo marxismo; o papa defende a propriedade privada e repreende os socialistas por promoverem um ensino falso e explorarem a inveja dos pobres em relação aos ricos (*Rerum Novarum*, 7). Não obstante, ele frequentemente toma o partido dos trabalhadores contra a classe capitalista. O primeiro dever dos empregadores, escreve ele, é respeitar em cada ser humano a sua dignidade como pessoa enobrecida pelo caráter cristão (*Rerum Novarum*, 10). Como consequência dessa dignidade, os trabalhadores têm um direito natural a um salário digno. Isso significa que, independentemente do tipo de trabalho que realiza, quem trabalha corretamente merece um salário suficiente para sustentar uma família. Além disso, Leão XIII argumenta que as horas de trabalho e de descanso devem "depender da natureza do trabalho, das circunstâncias de tempo e lugar e *da saúde e da força do trabalhador*" (*Rerum Novarum*, 25). Ele cita os mineiros em particular como trabalhadores que merecem dias de trabalho mais curtos por conta da dificuldade física e do perigo de seus trabalhos. O argumento de Leão XIII é que a dignidade da *pessoa* – não a dignidade do trabalho – é o princípio mais elevado quando se trata de trabalho, e os patrões devem fornecer aos seus funcionários condições proporcionais a essa dignidade, mesmo que isso signifique dar menos horas de expediente para os funcionários doentes. Ainda assim, não há desculpa para pagar a alguém menos do que um salário digno, independentemente da sua capacidade de trabalhar um dia inteiro.

Um local de trabalho organizado em torno dos princípios de Leão XIII é praticamente inimaginável para os americanos do século XXI. Seria aquele local em que os empregadores levassem o florescimento dos seus trabalhadores tão a sério quanto levam os seus lucros. Pelo fato de as pessoas terem necessidades e capacidades diferentes, teriam de ser tratadas de maneira diferente no trabalho. Uma enfermeira cuja dor crônica nas costas impossibilita que ela fique de pé durante todo o turno receberia um serviço mais leve ou menos horas de trabalho, mas tudo isso ganhando um salário digno de tempo integral. A maioria dos americanos não tolera pensar em justiça em termos de pessoas tendo suas necessidades particulares satisfeitas ou tendo seu verdadeiro valor honrado.

Do jeito que as coisas estão agora, as pessoas se ressentem dos professores que entram em greve (Siebold, 2019). *Eles já não são pagos o ano todo para trabalhar apenas dez meses? Deve ser muito bom!* Poucos veem o sucesso dos professores na negociação de um contrato melhor e pensam: *Talvez eu devesse me associar a um sindicato também*. Essas objeções brotam do profundo individualismo em que estão imersas as ideias dos americanos sobre o trabalho – um individualismo alimentado pela teologia calvinista. Para a mente americana, cabe a você encontrar e manter o trabalho que demonstre o seu valor. "Ninguém deve nada a você" é o mantra das pessoas que acreditam nessa noção degradada de justiça.

Leão e os papas subsequentes têm como objetivo colocar a justiça trabalhista em uma base mais elevada. Noventa anos depois da *Rerum Novarum*, João Paulo II, outro papa preocupado com o comunismo, mas comprometido com os direitos dos trabalhadores, escreveu mais um documento sobre trabalho, *Laborem Exercens*, no qual afirmou que o trabalho apenas tem dignidade porque os seres humanos têm dignidade. "O fundamento para determinar o valor do trabalho humano não é, antes de tudo, o gênero de trabalho que se realiza, mas sim o fato de aquele que o executa ser uma pessoa", escreve o papa no número 6 da encíclica. Em outras palavras, o trabalho não nos dignifica; nós dignificamos o trabalho. Para João Paulo II, isso se deve ao fato de a pessoa ser uma criatura feita à imagem de Deus. Em uma sociedade pluralista, não teríamos de fundamentar o nosso compromisso com o valor teológico inerente de cada pessoa, como faz João Paulo. Um argumento secular de direitos humanos também serviria. O economista Gene Sperling apresenta argumento semelhante no seu livro *Economic dignity* [Dignidade econômica]. Argumenta, seguindo o filósofo Immanuel Kant, que as pessoas merecem dignidade econômica porque nunca são apenas os meios para algum fim econômico, e sim são sempre "fins em si mesmas" (Sperling, [s.d.], p. 136).

No entanto, independentemente da base metafísica para as reivindicações de dignidade, só podemos quebrar a ansiedade que alimenta a ética protestante afirmando a dignidade de cada pessoa, quer trabalhe ou não a troco de remuneração. Ao fazer isso, os riscos relativos ao trabalho diminuirão consideravelmente. Com a certeza de nosso valor na sociedade, não sentiremos mais tanta pressão para prová-lo no trabalho. As ofensas comuns que experimentamos no trabalho – desde chefes mesquinhos e plágio dos alunos até motoristas relutantes em pagar pelo privilégio de estacionar seus carros – não parecerão afrontas pessoais. Não sufocarão a nossa autoestima nem estimularão o nosso cinismo.

O trabalho no estacionamento treinou os atendentes para pensarem em sua dignidade como algo distinto de seu trabalho. No documentário sobre os estacionamentos, os atendentes reclamam de ex-alunos da universidade e pais de alunos recém-formados oferecerem conselhos não solicitados sobre como um diploma universitário poderia ajudá-los a sair de seu emprego. Um atendente diz que ex-alunos, de modo condescendente, dizem-lhe "Boa sorte com a sua *vida*" quando o encontram na cabine. Ele se imagina dizendo a eles: "Você não sabe do que se trata a minha vida. Só porque você me vê no meu trabalho, não significa que você saiba o que é a minha vida" (Eckman, 2010). O que esses motoristas não sabiam era que, muitas vezes, os atendentes tinham diplomas. Ou que estavam ajudando suas famílias. Ou que eram músicos e artistas. Não que isso faça alguma diferença para a dignidade que eles tinham antes de trabalhar no estacionamento, mas o trabalho não os definia. Eles encontraram engajamento e significado em outro lugar que não na cabine.

A noção de dignidade como algo inerente à pessoa também nos habilitará para concordarmos com condições de trabalho à altura dessa dignidade: carga de trabalho adaptada à capacidade do trabalhador, salários e estabilidade no emprego que sejam capazes de sustentar as famílias, confiança na capacidade do trabalhador de tomar decisões e tratamento justo pelo fato de cada trabalhador ser igualmente valioso. Um trabalho eticamente melhor se espalhará a partir dessa única fonte e extinguirá o burnout.

* * *

Para mim, a visão secular mais convincente da dignidade humana diante do trabalho desumanizante pertence a Henry David Thoreau. Thoreau não achava que fosse possível viver uma vida autêntica sob as condições da era industrial, então escapou delas. É verdade que o seu afastamento para Walden Woods não o tirou completamente da sociedade. A sua cabana ficava a 20 minutos a pé da hospedaria que sua mãe administrava no centro de Concord. Na primeira frase de *Walden*, Thoreau se gaba de viver "a um quilômetro e meio de qualquer vizinho", mas na realidade a floresta estava cheia de habitantes humanos: trabalhadores, viajantes e curiosos sobre a celebridade local que fez um espetáculo de vida deliberada (Thoreau, 2004, p. 3; Walls, 2017, p. 198-199). Como deixa claro, Thoreau contava os pássaros e as marmotas como seus vizinhos também contavam. Porém, o "experimento" que ele documenta em seu livro de 1854 desafiou poderosamente a sabedoria da era industrial sobre o trabalho, o que mais tarde se fundiria na ética protestante de Booker T. Washington e na nossa própria.

Alguns leitores de hoje culpam Thoreau por se vangloriar de sua independência enquanto contava com o trabalho das mulheres. Mais notoriamente, ele é acusado de mandar sua mãe e suas irmãs lavarem a sua roupa (Solnit, 2013, p. 18-19). Vale a pena dizer que Thoreau foi devotado à sua família e gostava de receber visitas em casa. Como sua biógrafa Laura Dassow Walls escreve: "Como Cynthia teria ficado magoada se seu próprio filho tivesse recusado sua famosa mesa generosa!" (Walls, 2017, p. 194). Entretanto, Henry, assim como sua mãe, era um comprometido ativista antiescravidão. A casa de Cynthia era uma estação na Underground Railroad, e Henry ajudou muitos ex-escravizados a fugirem em segurança para o Canadá (Walls, 2017, p. 215-216). Ele também foi a primeira figura pública a defender a tentativa impopular e fracassada de John Brown de armar uma rebelião de escravizados em 1859, proferindo um discurso em Concord que foi reimpresso em jornais de todo o país (Walls, 2017, p. 451-453). É fácil debochar da suposta hipocrisia de Thoreau, mas seria insensato nos privarmos de sua visão moral por causa disso.

Eu não me tornei um fã de Thoreau de maneira estereotipada. Não fui atrás de *Walden* como um adolescente em busca de liberdade das restrições de meus pais e professores. Li *Walden* pela primeira vez quando tinha meus 30 e poucos anos, depois das minhas primeiras frustrações com meu trabalho de professor, mas antes de perceber que estava a caminho do burnout. Quando finalmente o li, fiquei surpreso com o quanto o livro tratava sobre trabalho. Thoreau, ao olhar para os seus companheiros da Nova Inglaterra, vê que o trabalho os forçou a posturas absurdas e ossificou seus corpos e mentes. Ele se compadece dos trabalhadores pobres que se diminuem para conseguir emprego e depois se rebaixam ainda mais no trabalho, muitas vezes em uma busca irônica de uma vida melhor no futuro. Os seus dias são tão consumidos pelos "trabalhos supérfluos da vida que seus melhores frutos não podem ser colhidos por eles. Os seus dedos, por causa do trabalho excessivo, são muito desajeitados e tremem demais para isso" (Thoreau, 2004, p. 6).

Thoreau viveu décadas cedo demais para se preocupar com neurastenia, muito menos com o burnout, mas reconheceu que a frenética ética de trabalho americana era ao mesmo tempo autodestrutiva e moralmente prejudicial. Quando o ego se expande e se contrai repetidamente para atender às demandas do trabalho, ele acaba quebrando. "O homem trabalhador não tem lazer para uma verdadeira integridade dia após dia", ele escreve. "Ele não tem tempo para ser outra coisa senão uma máquina" (Thoreau, 2004, p. 6). Tal como Adam Smith, que no século anterior se preocupava com o que o estresse repetitivo fazia com os sentidos e as sensibilidades dos trabalhadores fabris, Thoreau acreditava que o principal problema do trabalho industrial era o seu poder de impor hábitos aos trabalhadores. Para ele, o trabalho coloca as pessoas em rotinas que, ao longo do tempo, definem-nas e fecham possibilidades de crescimento. E assim os trabalhadores se tornam mortos-vivos. Agricultores são "arados no solo para fazer adubo" (Thoreau, 2004, p. 5). O carroceiro vive apenas para alimentar os seus cavalos e colher seu esterco (p. 7). Os trabalhadores irlandeses que colocam dormentes sob a ferrovia se tornam o que constroem: "os trilhos são colocados sobre esses trabalhadores, e estes são cobertos de areia, e os carros passam suavemente sobre cada um" (p. 92). De acordo com essa teoria do trabalho alienado, você está sob grande pressão para se identificar com o seu trabalho, o que consequentemente o desumaniza. Ainda sentimos essa pressão. Mesmo um bom trabalho ameaça transformá-lo em uma máquina. Basta perguntar aos médicos que tentam examinar um paciente e fazer um diagnóstico em 15 minutos ao mesmo tempo que digitam em um teclado de computador o tempo todo.

Thoreau queria algo melhor para os trabalhadores. Enquanto as pessoas vendiam suas vidas baratas em mão de obra, ele pensava, era imoral que pregadores ou poetas falassem de "uma divindade no homem" (Thoreau, 2004, p. 7). Para que as pessoas pudessem viver de acordo com sua divindade real, os hábitos negativos que o trabalho impõe teriam de ser quebrados, e a maneira de fazer isso é com uma autodisciplina mais positiva. Thoreau pretendia ser um modelo vivo desse novo ascetismo. Ir para a floresta foi a sua experiência para mostrar como poderia ser próspera uma vida humana a partir do momento em que ele se livrasse de todo o trabalho mortífero e construísse novos hábitos.

Assim Thoreau se desapegou incessantemente, livrando-se de todos os bens desnecessários (ele se orgulha de ter jogado fora três pedaços de calcário que precisariam ser limpos frequentemente), construindo a sua própria cabana e encontrando a maneira mais fácil de "ganhar 10 ou 12 dólares por algum método honesto e agradável" (Thoreau, 2004, p. 36 e p. 54). Ele estabelece o cultivo de feijão como uma forma de ganhar dinheiro, uma tarefa que lhe rende quase 9 dólares em apenas seis semanas de trabalho durante todo o ano. Como bônus, o trabalho no cultivo leva Thoreau a um estado de alegria estética e de arrebatamento psíquico: "Quando minha enxada tilintou contra as pedras, aquela música ecoou na floresta e no céu, e foi um acompanhamento do meu trabalho que rendeu uma colheita instantânea e imensurável. Não era mais feijão que eu arrancava, nem era eu que arrancava feijão" (p. 159). Ele entra em um estado que lembra o fluxo, mas, ao contrário do que professam os gurus do engajamento de hoje, isso não o inspira a trabalhar mais tempo ou investir mais na tarefa. É um prazer, no entanto é delimitado pelo que ele precisa ganhar. Qualquer trabalho, mesmo o bom, ficará ruim se você fizer demais. Se Thoreau tivesse mantido sua "diversão" no campo de feijão, ele brinca, "poderia ter se tornado uma dissipação" (p. 162).

* * *

Todos nós lemos conselhos padrão em sites de negócios e bem-estar sobre como prevenir ou curar o burnout. Durma mais. Aprenda a dizer não. Organize as suas tarefas de acordo com a urgência e a importância. Medite. Todas essas coisas são basicamente superstições: ações individuais e simbólicas que estão desconectadas das verdadeiras causas do burnout. Os nossos locais de trabalho e os nossos ideais culturais contribuem mais para o nosso esgotamento do que os nossos métodos de organização pessoal. Ainda assim, os indivíduos não são imponentes diante do esgotamento. Temos um papel a desempenhar no alinhamento dos nossos ideais com a nossa realidade no trabalho, e Thoreau, o individualista que pregou a autoconfiança, pode nos ajudar a identificar esse papel.

Thoreau ocasionalmente soa como um *hacker* da realidade do século XXI, do tipo que se gaba por sua semana de trabalho de duas horas, que, apesar disso, rende-lhe dinheiro suficiente para se aposentar aos 17 anos. Essa pode ser a razão pela qual ele perturba alguns leitores de maneira errada. *Ele* deixou para trás os sérios problemas de ser um operário, enquanto *você* ainda está levando uma vida de desespero silencioso. Ele parece injustamente julgador ao dizer a uma família trabalhadora que eles teriam mais dinheiro e melhor saúde, para não mencionar uma consciência mais limpa, se parassem de tomar café e mudassem para uma dieta vegana (Thoreau, 2004, p. 205). Porém, se alguma coisa pode redimir a presunção de Thoreau, essa coisa é a sua convicção sincera de que todos somos capazes de muito mais do que as preocupações cegas que o nosso trabalho nos impõe. É uma crença radical nos ideais da independência americana; cada um de nós pode determinar o curso de nossa própria vida, porque cada um de nós tem um potencial ilimitado. Thoreau vê esse potencial no mais humilde dos trabalhadores, como um cortador de lenha canadense, cujo autocontrole faz Thoreau pensar "que pode haver homens geniais nos graus mais baixos da vida... que são tão sem fundo como se pensava que Walden Pond fosse, embora possam ser escuros e lamacentos" (Thoreau, 2004, p. 150).

A minha parábola favorita de *Walden* expressa esse otimismo sobre o que pode acontecer quando as pessoas se afastam do trabalho e libertam as suas capacidades latentes. Thoreau apresenta John Farmer, que "depois de um duro dia de trabalho... sentou-se para recriar o seu homem intelectual" (Thoreau, 2004, p. 221-222). Atualmente, essa condição do homem ressoa em qualquer trabalhador exausto que tenta reconstruir o seu eu completo depois de um dia inteiro sendo apenas o funcionário que tenta alcançar os propósitos de outra pessoa. Há uma ambiguidade maravilhosa na palavra "recriar" usada por Thoreau. Seria "recriar" ou "recrear"? [*Recriar* tem o sentido de *criar de novo*; *recrear* transmite a ideia de *recreação*.] O homem pode precisar fazer as duas coisas. Enquanto ele se senta, a sua mente está em seu trabalho; depois de um tempo, o som da música da flauta invade o seu pensamento. Ele tenta ignorar, mas o som continua reconquistando a sua atenção. Eu amo esse indício de transcendência na vida comum, essa ideia de que a beleza não permitirá que você a ignore. A música "chegou para os seus ouvidos a partir de uma esfera diferente daquela em que ele trabalhava e mobilizou certas faculdades que estavam adormecidas nele". Em seguida, a música leva John Farmer para além de seu entorno imediato.

> Uma voz lhe disse:
> – Por que você fica aqui e vive essa vida miserável, quando uma existência gloriosa é possível para você? Essas mesmas estrelas brilham sobre outros campos além deste.
> – Mas como sair dessa condição e realmente migrar para lá?
> Tudo o que ele conseguia pensar era em praticar alguma nova austeridade, deixar sua mente descer em seu corpo e redimi--lo e tratar-se com um respeito cada vez maior (Thoreau, 2004, p. 222).

Essas três ações que ocorrem a John Farmer não são, de fato, coisas separadas. Você assume a austeridade, cortando seu consumo e seu trabalho, em parte porque você já percebeu que está destinado a coisas maiores do que seu trabalho permite. Você já ouviu a música e a voz e está pronto para empreender um programa moral e espiritual que o tornará inteiro novamente. Você é melhor do que o seu burnout e pode fazer algo a respeito dele. Comece honrando a dignidade que você já tem.

Thoreau limitou o seu trabalho ordinário para ficar livre para "seguir a tendência da minha genialidade, que é muito tortuosa a cada momento" (Thoreau, 2004, p. 56). Essa genialidade é uma realidade espiritual, um *genius loci* pessoal, que é simultaneamente de cada pessoa e também está conectada à natureza e aos ideais humanos mais elevados. A sua genialidade o chama para a autotranscedência, "para uma vida mais elevada do que a que nos faz adormecer". O problema é que ela compete com os "empurrões mecânicos" do relógio da fábrica e do apito – ou com as notificações telefônicas – que nos chamam para nos vendermos barato (Thoreau, 2004, p. 89).

Limitar o seu trabalho por causa da sua genialidade não apenas dá a Thoreau mais tempo; isso muda completamente a sua relação com o tempo. O trabalho comum consome seus poucos dias na terra, enquanto perseguir a sua genialidade permite que você ultrapasse tempo e vá para a eternidade. Thoreau se gaba de passar manhãs inteiras à sua porta, "arrebatado em um devaneio", deleitando-se com o tempo que teria desperdiçado se tivesse continuado no trabalho com os feijões. Essas horas "não foram tempo subtraído da minha vida, mas sim algo muito além do meu subsídio habitual" (Thoreau, 2004, p. 111-112). Elas não foram conquistadas; são presentes.

É até possível escapar completamente do tempo enquanto se trabalha, desde que o trabalho esteja em sintonia com a sua genialidade. Uma parábola final em *Walden* diz respeito a "um artista na cidade de Kouroo que estava disposto a buscar a perfeição" esculpindo um cajado de madeira. "Como ele não firmou nenhum compromisso com o Tempo, o Tempo manteve-se fora do seu caminho", Thoreau escreve sobre o artista. "A sua singeleza de propósito e resolução e a sua elevada piedade dotaram-no, sem seu conhecimento, de juventude perene." Enquanto ele trabalha, seus amigos envelhecem e morrem, os reinos caem e são esquecidos, até as estrelas se movem. Mas o artista faz algo verdadeiramente novo, "um novo sistema de fazer um cajado, um mundo com proporções plenas e justas". Ao terminar, ele percebe que "o lapso anterior foi uma ilusão e que não tinha se passado mais tempo do que o necessário para que uma única cintilação no cérebro de Brahma caísse e inflamasse a chama de um cérebro mortal" (Thoreau, 2004, p. 326-327).

Normalmente não vivenciamos o tempo de trabalho dessa maneira. A entrada instantânea do artista de Kouroo na eternidade novamente traz à mente o estado de fluxo teorizado por Mihaly Csikszentmihalyi. É uma inversão do tempo agitado do trabalho total, no qual é imperativo tornar rentável cada momento. No regime de trabalho total, não temos dias inteiros, mas sim "24 horas potencialmente monetizáveis que por vezes nem se restringem aos nossos fusos horários ou aos nossos ciclos de sono", nas palavras do artista e escritor Jenny Odell (2019, p. 15). Quando eu era um professor universitário esgotado, o meu cérebro estava totalmente consciente da passagem do tempo. Sempre parecia que eu estava atrasado. *São 21 horas e eu não tenho um plano de aula para amanhã de manhã*, era o meu pensamento enquanto olhava para um livro e bebia outra cerveja. *Agora são 22 horas e não estou nem perto de estar pronto para a aula*. Fugir da ansiedade do tempo e fugir do trabalho total pode ser a mesma coisa.

Tal como a proposta do Papa Leão XIII de um salário mínimo para todos os trabalhadores, a visão de Thoreau de perseguir a sua genialidade parece irremediavelmente idealista para pessoas que acreditam que suas horas de trabalho, para não mencionar seus pensamentos e desejos durante esse período, pertencem aos seus patrões. É difícil imaginar um executivo de alto escalão emitindo um memorando no qual autoriza que os funcionários se sintam à vontade para perder uma manhã de trabalho por motivos de contemplação, mas podemos imaginar que a realização dos princípios de Thoreau eliminaria muitas causas imediatas de burnout. Muito trabalho e pouca autonomia contribuem para o esgotamento; o plano do autor limita o trabalho para promover a autodeterminação. A linha individualista de Thoreau significa que ele subestima a comunidade, mas ele quer criar condições nas quais as pessoas que reconhecem sua própria dignidade possam seguir sua genialidade e, assim, realizar um trabalho superior: harmonizar-se com o seu supremo sentido de valor.

* * *

Para acabar com a cultura do burnout, temos de melhorar as condições de trabalho enquanto reduzimos as nossas expectativas sociais, morais e espirituais sobre o trabalho. No entanto, é possível argumentar que melhorar algumas condições de trabalho – aumentar os salários, dar aos trabalhadores mais controle sobre os seus horários, instituir um estilo de gestão mais colaborativo –

abriria portas para um domínio ainda maior do trabalho sobre nossas vidas. Se o trabalho é bem pago, confortável e até mesmo agradável, então por que não fazê-lo sempre? Melhorar as condições pode, portanto, acabar elevando tanto as cargas de trabalho quanto os ideais.

Se os ideais e as condições são como um par de pernas de pau que sempre ameaçam se soltar uma da outra, puxando a pessoa que as segura em direções opostas, então um trabalho melhor, mas mais intenso, pode não aliviar o esgotamento. Pode trazer condições para um alinhamento mais próximo com os ideais, todavia em um conjunto muito mais alto de pernas de pau, em que mesmo pequenas oscilações podem se tornar catastróficas – como no caso do trabalho bem pago mas estressante dos médicos nos sistemas de saúde corporativos. Esse não é um argumento contra a melhoria do trabalho, e sim um argumento no sentido de que melhorar o conforto e a remuneração dos trabalhadores pode não ser suficiente para evitar o esgotamento se isso também tornar o trabalho mais exigente.

Para evitar uma maior intensidade de trabalho, então, devemos exigir *menos* trabalho mesmo quando exigimos *melhores condições* de trabalho. É exatamente isso que a filósofa política Kathi Weeks faz no seu livro de 2011, *The problem with work* [O problema com o trabalho], no qual ela tenta desfazer o domínio do trabalho sobre a nossa moral e a nossa imaginação. Weeks escreve a partir de uma perspectiva feminista marxista, mas critica as correntes dominantes dos pensamentos tanto marxista quanto feminista que endossam o trabalho como a chave para uma libertação política mais ampla. Na sua opinião, a pressão feminista pela igualdade de gênero em um contexto em que o trabalho é a principal fonte de prestígio social apenas aumentou a carga de trabalho das mulheres (Weeks, 2011, p. 109-110).

É certamente verdade que as mulheres trabalham agora por salários mais elevados do que em meados do século XX, antes do surgimento da cultura do burnout. A porcentagem de mulheres americanas na força de trabalho aumentou dramaticamente entre 1950 e 2000 (Toossi & Morisi, 2017). As mulheres em diversos países ricos, durante o mesmo período, passaram cada vez mais tempo por dia cuidando dos filhos; em todos esses países, as mulheres com formação universitária passam mais tempo com seus filhos do que seus pares menos instruídos. O tempo que os homens passam cuidando dos filhos também aumentou significativamente, embora permaneça menor do que o tempo que as mulheres passam (Dotti Sani & Treas, 2016). Mulheres e meninas que cresceram na era pós-industrial ouviram repetidamente que poderiam "ter tudo": filhos, carreira, comunidade, amizades. Mas ter tudo, especialmente quando a maternidade é vista como um trabalho, significa submeter toda a sua vida à lógica cruel do trabalho total (Rinaldi, 2017). O problema com o trabalho, como Weeks o vê, é semelhante ao problema que Thoreau identifica. Mais trabalho significa mais exposição ao poder do seu trabalho de formar e deformar você. O trabalho "gera não apenas renda e capital mas também indivíduos disciplinados, sujeitos governáveis, cidadãos dignos e familiares responsáveis", escreve Weeks (Weeks, 2011, p. 8). Esse também foi o ponto de vista de Max Weber, quando chamou o capitalismo de um "cosmos monstruoso" que, "com uma coerção avassaladora", nos transforma nos industriosos fazedores de dinheiro que ele precisa que sejamos (Weber, 2002).

Weeks quer que o feminismo liberte as mulheres por outros meios que não o trabalho; ela quer que o feminismo abrace "uma visão da sociedade do trabalho não aperfeiçoada, mas sim superada" (Weeks, 2011, p. 15). Ela admite não saber como será essa sociedade, entretanto isso faz parte da questão. Precisamos de mais tempo longe dos nossos empregos "para forjar alternativas aos ideais e condições atuais do trabalho e da vida familiar" (Weeks, 2011, p. 168). Em suma, é necessário menos trabalho se quisermos quebrar as restrições do patriarcado e do heterossexismo, porque o trabalho ajuda a perpetuá-las. As principais feministas argumentam hoje que reduzir as horas de trabalho permitirá que homens e mulheres passem mais tempo criando os filhos. Para Weeks, isso é apenas um chamado para reduzir uma forma de trabalho em prol de outra. Ela quer que pensemos maior, argumentando que uma semana de trabalho mais curta liberaria as pessoas "para imaginarem, experimentarem e participarem das relações de intimidade e sociabilidade que escolhessem" (Weeks, 2011, p. 34). Como poderiam ser as nossas vidas se deixássemos de tentar justificar a parentalidade em termos de trabalho? E se deixássemos de organizar o nosso tempo de acordo com a produtividade e o lucro (de outras pessoas)? Quais as maneiras de tornar isso possível? Se a autodeterminação é o objetivo político, então o trabalho deve ser limitado para que as pessoas possam se moldar dentro das comunidades de acordo com a forma como imaginam a boa vida.

As perspectivas muito diferentes do ensino papal, do transcendentalismo e do feminismo marxista convergem em um conjunto de pontos em oposição à ética do trabalho industrial que forma o pano de fundo intelectual e moral da cultura do burnout. Leão, Thoreau e Weeks apontam para um modelo de florescimento no qual o trabalho desempenha apenas um papel coadjuvante. As diversas formas que eles abordam os princípios para uma sociedade pós-ética do trabalho – dignidade das pessoas, menos horas, salários dignos e autodeterminação – sugerem uma possibilidade de amplo acordo social sobre a substituição da ética do trabalho que dominou as sociedades industriais por mais de dois séculos. Apesar das suas diferentes perspectivas, todos esses pensadores concordam que o trabalho assalariado compromete o caminho de uma vida bem vivida. Em alguns casos, eles têm razões diametralmente opostas para limitar o trabalho. Leão XIII queria reduzir as horas de trabalho e instituir um salário mínimo para sustentar a família patriarcal que ele via como central para o florescimento humano. Ele esperava que melhores salários cumprissem "o dever mais sagrado da natureza", ou seja, o "de que um pai deve prover comida e todas as necessidades para aqueles que ele gerou" (*Rerum Novarum*, 6). Weeks apela a políticas semelhantes – uma semana de trabalho padrão de trinta horas e renda básica universal –, mas visa abrir possibilidades para *além* do patriarcado (Weeks, 2011, p. 32-33).

Weeks soa aparentemente como Thoreau quando escreve, nas páginas finais de *The problem with work*: "Uma vida é o que cada um de nós precisa ter; não se pode ter uma vida se os seus termos forem ditados apenas a partir do exterior". Ela, entretanto, separa-se do Thoreau mais individualista na frase seguinte: "Dito isso, ter uma vida também é necessariamente um esforço coletivo; não se pode obter algo tão grande como uma vida por conta própria" (Weeks, 2011, p. 232-233). Terá de acontecer dentro de uma comunidade que possa honrar a dignidade dos seus membros e incorporar novos termos de vida imaginados coletivamente.

* * *

Eu assisti ao documentário *The parking lot movie* muitas vezes. Mesmo se eu não tivesse trabalhado no estacionamento The Corner ou aparecido brevemente no filme, gosto de pensar que me sentiria atraído pela sabedoria que os atendentes compartilham sobre o trabalho.

Uma citação de Scott Meiggs, que trabalhou no estacionamento anos antes de mim, sempre me intrigou. Meiggs reflete sobre o estacionamento como um local de transição para os seus funcionários. A maioria de nós tinha sonhos maiores para nós mesmos, e o estacionamento era um bom lugar para planejá-los. Meiggs diz com seu sotaque peculiar: "O que quer que façamos, não parece chegar nem perto do tipo de potencial que parecíamos ter no estacionamento. No estacionamento éramos dínamos, redemoinhos. Éramos governantes. Tínhamos total autonomia. Tínhamos tudo isso em um mundo que não tinha nada para nos oferecer" (Eckman, 2010). É um monólogo comovente. As suas imagens conectam-me à autoestima que construí durante o período em que trabalhei lá, após anos em uma pós-graduação que esmagava o meu ego, mas eu nunca entendi bem o que Meiggs estava dizendo em sua última frase. A frase parecia ter sido concebida para ser profunda, porém, em uma análise mais atenta, não fazia sentido. Como assim, tivemos "tudo isso"? O mundo não tinha algo para nos oferecer? Isso parecia incoerente para mim.

Depois de ter me esgotado e de ter deixado o emprego que eu sonhava ter quando trabalhava no estacionamento, comecei a entender. Enquanto isso ainda não está comprovado, você pode pensar que é capaz de qualquer coisa. Você pode ter tudo isso na sua mente, no seu potencial. Você pode ser um grande artista, músico, estudioso ou qualquer outra coisa – potencialmente. No entanto, uma vez que você realmente se propõe a se tornar isso, corre o risco de não estar à altura. Exceto talvez no caso da Beyoncé ou do Tom Brady, todos sabem como é ter tudo na mente, mas encontrar tetos mais baixos na realidade. Não é muito diferente da lacuna que nos leva ao esgotamento. Na verdade, o esgotamento pode certamente resultar da insistência obstinada na ideia de que ainda podemos ter tudo com um pouco mais de esforço. Normalmente associamos potencial à juventude; é o que os empregadores procuram nos trabalhadores que eles acabarão pressionando demasiadamente, que não apoiarão e com os quais, depois, ficarão decepcionados. Ainda assim, é legítimo, talvez até mesmo necessário, agarrar-se a essas grandes esperanças. Mesmo na meia-idade e depois, é bom imaginar que faremos grandes coisas no futuro, que nossos melhores dias estão à nossa frente. Sem isso, não temos nenhuma base para o autodesenvolvimento. Por isso, precisamos sonhar com o nosso potencial. Nós precisamos, nos termos de Thoreau, continuar ouvindo a música a partir de uma esfera diferente, a partir da visão da vida superior.

À medida que eu pensava mais sobre burnout e potencial, percebi que poderia haver uma noção mais radical a respeito disso na afirmação oracular de Scott Meigg de que "tínhamos tudo isso em um mundo que não tinha nada para nos oferecer". Talvez o potencial não seja algo a ser cumprido como um todo na "vida real". O potencial pode ser apenas um sentimento de "autonomia completa", mas desvinculado de uma necessidade sentida de traduzir essa autonomia para o mundo além, e certamente desvinculado também de algum empreendimento lucrativo. Estou convencido de que Meiggs está falando "sobre a alegria do ilimitado como uma experiência presente", na interpretação do escritor que atende pelo apelido de Alonzo Subverbo, em uma postagem de blog sobre o filme. Ele continua:

> Não se trata de antecipar a atuação como dínamos, redemoinhos, governantes, mas sim de ser essas coisas no presente momento. O potencial não é algo que percebe seu valor em algum momento no futuro, e sim no presente... isso está muito longe do potencial solenemente discutido por educadores e empregadores. É iluminar o território, Walt Whitman, rock'n'roll. É o estacionamento The Corner (Subverbo, 2016).

O que Kathi Weeks quer além de uma releitura radical do que poderia significar "ter tudo"? Em Walden Pond, o que Thoreau tinha – em um mundo que ignorou o seu primeiro livro e ofereceu apenas trabalho degradante – além de tudo isso? "A minha maior habilidade tem sido a de querer, mas pouco", escreve (Thoreau, 2004, p. 69). Ele esperava que a austeridade, juntamente com uma imaginação livre, pudesse libertá-lo para seguir a sua genialidade e se redimir. É assim que você pode ter tudo. Mas isso nunca é a sua única posse. Alonzo Subverbo chama a atenção para "nós" e "nos" no pronunciamento de Scott Meigg (Subverbo, 2016). *Nós* podemos ter tudo. O nosso potencial é realizado em comum. Pertence a todos ao mesmo tempo.

Para prevenir e curar o nosso esgotamento, precisamos diminuir nossos ideais de trabalho, mas não precisamos diminuir todos os nossos ideais. Precisamos de ideais *mais elevados* para nós mesmos: dignidade universal, potencial infinito, ter tudo isso e recusar o nada que o mundo, tal como atualmente constituído, tem para oferecer. Seria um movimento ousado construir uma vida, até mesmo uma comunidade, em torno desses ideais. Mas algumas pessoas estão tentando. Vamos descobrir como elas fazem isso.

7
Como os beneditinos domam os demônios do trabalho

Em um desfiladeiro remoto no norte do Novo México, em meados da década de 1990, monges beneditinos do Mosteiro de Cristo no Deserto passavam suas manhãs em uma dúzia de computadores Gateway, em uma sala com chão de terra batida, criando a internet. Havia um crucifixo pendurado na parede logo acima de um quadro branco onde eles esboçavam sites. Os monges estavam fazendo uma versão digital do trabalho que os beneditinos já fazem há mais de mil anos. Eles eram escribas.

Os monges deram ao seu serviço de web design o nome constrangedor da era .com de scriptorium@christdesert e visaram ao vasto mercado católico de paróquias e dioceses; eles esperavam até mesmo conseguir um contrato com o Vaticano. O scriptorium produziu páginas que se aproximavam da aparência das iluminuras medievais (que devem ter levado uma eternidade para carregar no único e primitivo celular que servia como modem). Como o produto era eletrônico, a localização remota do monge não era obstáculo para o trabalho, embora a sua conta de telefone ultrapassasse os mil dólares por mês (L. Miller, 1996). O projeto visava lucrar tanto com o resultado final quanto com a vida espiritual do escriba HTML. "O que estamos fazendo agora é mais criativo, e isso é bom para os monges", Abade Philip Lawrance, que liderou o Cristo no Deserto de 1976 até sua aposentadoria em 2018, disse a um repórter na época. "Se você está fazendo algo criativo, isso traz à tona um aspecto completamente diferente da alma" (Baker, 1995).

O scriptorium foi um sucesso. Recebeu um impulso das notícias nacionais e logo teve uma abundância de pedidos – incluindo um da Santa Sé. Em 1996, o Irmão Mary-Aquinas Woodworth, um analista de sistemas em sua vida secular, previu que a receita do mosteiro quadruplicaria (Cohen, 1996). A certa altura, o tráfego para o site dos monges era tão grande que causou um colapso do serviço de internet em todo o estado (Allen, 1998). O Irmão Mary-Aquinas lançou a ideia de um provedor católico de internet aos bispos dos Estados Unidos, nomeando-o de AOL, depois um fornecedor onipresente de serviço *dial-up*, como "o modelo, o competidor" (Allen, 1998), e os bispos aprovaram a sua proposta. À medida que a reputação do scriptorium crescia, ele começou a fazer planos para abrir um escritório em Santa Fé, mas estava disposto a procurar cidades maiores – incluindo Nova York e Los Angeles – se não conseguisse o espaço de que precisava no Novo México. Ele sonhava em contratar até duzentas pessoas (Rivera, 1997).

Mas depois, em 1998, os negócios do scriptorium foram fechados. Os monges não podiam fazer turnos de dezoito horas para atender aos pedidos. Eles não podiam responder aos e-mails dos clientes enquanto estavam rezando, estudando ou comendo juntos – as atividades não negociáveis que compõem a maior parte do seu dia. O Abade Philip disse-me em um e-mail que o projeto terminou porque ele não podia justificar o trabalho que o scriptorium exigia. Levava muito tempo para treinar monges para o trabalho, mas ele não conseguia capitalizar totalmente as suas habilidades, porque pouco depois de um monge começar a projetar sites, o abade precisava mandá-lo para o estudo teológico. Em sua história sobre o mosteiro, *Brothers of the desert*, Mari Graña escreve: "Havia tantas encomendas de serviços de design que aquilo, que a princípio parecia a resposta perfeita para um trabalho que não interferisse na vida contemplativa, logo começou a tomar conta dessa vida" (Graña, 2006, p. 131-132).

Não é necessário dizer que nenhuma empresa no mundo além do desfiladeiro colocaria fim a um empreendimento tão promissor quanto o scriptorium@christdesert. Se a sua equipe não pudesse acompanhar os pedidos, a empresa contrataria mais funcionários. Possuída pelo espírito do capitalismo, incentivaria as pessoas a fazerem horas extras. Os monges, no entanto, não podiam fazer isso, não sem frustrar a razão pela qual eles entraram no mosteiro em primeiro lugar. Por isso, desistiram.

* * *

Procurei os monges do Mosteiro de Cristo no Deserto na esperança de encontrar um modelo de trabalho nos Estados Unidos que estivesse o mais longe possível da cultura do burnout. Eu queria cavar por baixo das nossas suposições da era industrial sobre o trabalho até atingir o alicerce medieval. Eu sabia que o trabalho tinha sido essencial para a vida beneditina durante 1.500 anos. *Ora et labora*, "oração e trabalho", é um lema para os monges e irmãs católicos romanos que vivem suas vidas de acordo com a Regra de São Bento do século VI. Mas eu também sabia que a Regra faz da oração a prioridade máxima em um mosteiro. Fiquei sabendo pelo site deles que os monges do Cristo no Deserto trabalhavam seis manhãs por semana, das 9 horas até pouco depois do meio-dia. Eu queria saber como era viver em uma comunidade que trabalhava apenas algumas horas por dia, em uma comunidade que seria capaz de desistir de um projeto com tanto potencial como o scriptorium digital.

Então eu fui para o deserto. Aluguei um carro em Santa Fé em um outono e desci os 21 quilômetros de estrada de cascalho esburacada que acompanham cada curva do Rio Chama da estrada até o mosteiro, que fica na base de uma mesa [no sentido de acidente geográfico] ocre tracejada de pinheiros. Do outro lado do amplo desfiladeiro e sob um céu sem nuvens, folhas de algodão amarelo brilhante cintilavam ao vento. Eu nunca tinha estado em um lugar tão bonito.

Ainda assim, eu estava apreensivo e incerto sobre o que eu teria de enfrentar lá. Para preparar-me para a viagem, li alguns dos dizeres dos Padres do Deserto – os primeiros monges cristãos, que deixaram a agitação enlouquecedora das cidades do século III para viverem no deserto egípcio. Eles falavam muitas vezes de demônios, incluindo o "demônio do meio-dia" da acédia, a inquietação improdutiva que os afastava da oração. Santo Antão, o eremita do século IV, disse que se você for para o deserto, mas não renunciar a todas as coisas deste mundo, os demônios vão rasgar a sua alma da mesma forma que cães selvagens rasgariam um homem que caminhasse pela cidade vestindo carne em seu corpo nu (Ward, 1975). Que demônios, eu me perguntava, iriam me visitar no desfiladeiro silencioso e estrelado? No segundo dia da minha visita, eu disse a um irmão, que tinha mais ou menos a minha idade e que usava óculos e uma touca preta de tricô, que os Padres do Deserto me preocupavam. Eu esperava que ele me tranquilizasse, que me dissesse que eles estavam apenas exagerando. Não tive essa sorte. "Existem muitos demônios", ele respondeu, sem nenhum indício de ironia. "É por isso que estamos aqui."

Ao longo de vários dias de trabalho e oração com os monges, percebi que a ética de trabalho americana incessante e obsessiva era um desses demônios, certamente aquele que assombrava a mim e a maioria das pessoas que eu conhecia. Somos uma sociedade quase totalmente sob seu poder. Ele infla os nossos ideais profissionais mesmo com o declínio das nossas condições de trabalho. Avaliamos o valor das pessoas de acordo com seus empregos e rebaixamos qualquer pessoa que não possa trabalhar. Renunciamos ao período de férias, ansiosos por provar que somos indispensáveis. Josef Pieper chamou o trabalho total de uma "força demoníaca na história" (Pieper, 2009, p. 53). Esse demônio está conduzindo a cultura do burnout.

Os próprios monges também lutam contra o demônio. Abade Philip adverte em seu informativo semanal que "a vida espiritual é um combate espiritual". De vez em quando, ele escreve, as tentações da existência mundana surgem – incluindo "conflitos com os outros e muito tempo na internet tornarem o meu trabalho na comunidade mais importante do que reservar um tempo para rezar e assim por diante". Ele admite que "às vezes parece que seria muito mais fácil abandonar todo o esforço" da vida contemplativa (Lawrence, 2018). As observações do Abade Philip lembram-me da história do evangelho de Jesus sendo tentado por Satanás no deserto. Satanás oferece bens reais a Jesus: pão, propriedade, autoridade (Mateus 4,1-11). A ética do trabalho também oferece bens reais, desde aumento de salário e produtividade até a estima dos outros. Mas a oferta do tentador tem sempre um custo. Para os monges, os benefícios do trabalho competem com seus ideais espirituais e com o relacionamento com Deus. Na vida secular, podem acarretar sujeição a patrões, desgastes físicos e emocionais e a eterna sensação de que há mais trabalho a fazer. Para ganhar as recompensas da ética do trabalho, você necessariamente corre o risco de esgotar-se. Uma tentação adicional é a falsa crença de que isso não vai acontecer com você.

Abade Philip e seus irmãos monges conseguem domar o demônio dessa ética do trabalho limitando suas próprias atividades enquanto perseguem bens mais elevados. Nós, que vivemos no que os monges simplesmente chamam de "mundo", precisamos aprender suas estratégias. Eu não penso que todos nós devamos nos juntar a mosteiros para vivermos a vida boa, mas os princípios monásticos de restringir o trabalho e subordiná-lo ao bem-estar moral e espiritual podem nos ajudar a mantermos nossos demônios distantes, alinharmos nosso trabalho com nossa dignidade humana e acabarmos com a cultura do burnout.

* * *

São 3h30 de uma manhã de segunda-feira, o terceiro dia da minha visita, e o sino do mosteiro desperta-me. Calço as botas e o casaco, pego uma lanterna e subo uns 400m pelo desfiladeiro, desde a casa de hóspedes até a capela. Eu entro e sento-me no canto que está reservado para os convidados. O sino toca novamente pouco antes das 4 horas, dessa vez com mais urgência, e trinta e poucos monges, todos bocejando, fungando e usando seus hábitos pretos de corte amplo, enfileiram-se nos dois conjuntos de cadeiras do coro, um de frente para o outro, sobre o altar.

Abrimos os nossos breviários encadernados em espiral e iniciamos a primeira sessão, ou "ofício", da Liturgia das Horas, os sete períodos de oração comunitária que pontuam o dia monástico. Os monges e convidados recitam os salmos em canto gregoriano durante cerca de setenta e cinco minutos. Nós paramos durante quinze minutos e depois voltamos por mais uma hora. Os convidados murmuram enquanto decifram a notação musical medieval. Ninguém, nem mesmo os monges, projeta sua voz, criando uma suave conformidade de som.

A certa altura, um irmão fica de pé em um púlpito e lê a passagem habitual de segunda-feira de manhã da Segunda Carta de Paulo aos Tessalonicenses: "Quem não quiser trabalhar que também não coma" (2Tessalonicenses 3,10). É uma categórica admoestação para começar a semana. O irmão termina a leitura e volta para o seu lugar. Continuamos a cantar, e em seguida acontece a missa. Quando esta termina, por volta das 7 horas, os monges saem em fila, dois a dois. Eles se curvam profundamente ao altar no centro da capela, depois se ajoelham diante do sacrário que contém a hóstia eucarística, curvam-se uns para os outros e saem com os capuzes para cima.

O sino toca novamente às 8h45, e os monges estão de volta à capela, vestidos com túnicas curtas com capuz sobre calça jeans – sua roupa de trabalho. Os mais novos, com 20 e poucos anos, usam calças e tênis. Nesse ofício, eles rezam para que se lembrem do sacrifício de Cristo, que ficou pendurado na cruz por três horas – horas que passarão cozinhando e limpando, cuidando do jardim e do rebanho de ovelhas, cuidando da loja de presentes, examinando a papelada de imigração dos muitos irmãos que se juntaram à comunidade vindos do exterior e fabricando produtos cuja venda manterá o mosteiro de pé: cerveja, sabonete, rosários de madeira, cintos de couro, cartões de felicitações.

O trabalho cessa durante o dia com um sino às 12h40. É isso; os monges cumpriram a sua parte do acordo de Paulo. Eles limpam, rezam outro breve ofício e depois comem sua refeição principal em silêncio enquanto um monge lê para eles um livro sobre a história do catolicismo nos Estados Unidos. Eles passam a tarde descansando ou em oração silenciosa, fazem uma refeição leve e têm uma breve reunião comunitária à noite. O último ofício do dia, inteiramente em latim, termina às 20 horas com um ritual de aspersão da comunidade com água benta. Assim começa o Grande Silêncio, quando os monges voltam para as suas celas, e muitos não falam. Eles não voltarão ao trabalho até a manhã seguinte.

Perguntei ao Dom Simeon, um monge que falou com uma confiança cultivada ao longo dos anos que passou como advogado de defesa, o que ele fazia quando o sinal das 12h40 tocava, mas parecia que o seu trabalho estava inacabado.

"Você supera isso", ele respondeu.

* * *

Superar é uma disciplina espiritual que raramente praticamos na vida secular, mas é algo que torna possível a abordagem profundamente humana do trabalho no mosteiro. Os beneditinos que vivem no desfiladeiro vigiam rigorosamente o seu tempo e a sua atenção. Ao fazer isso, eles mantêm as suas aspirações em ordem, e isso também mantém o trabalho dentro dos limites. Eles superam o trabalho para que possam lidar com algo que é muito mais importante para eles.

A subordinação do trabalho à oração reflete o argumento de Josef Pieper de que a forma de romper com o trabalho total é com o lazer. Para Pieper, a forma mais elevada de lazer é a adoração. "A celebração de Deus em adoração não pode ser feita a menos que seja feita por si mesma", ele escreve. "Essa forma mais sublime de afirmação do mundo como um todo é a fonte do lazer" (Pieper, 2009, p. 72). A adoração não é útil para mais nada. É antitética à nossa tendência de valorizar apenas a atividade "produtiva". O teólogo judeu Abraham Joshua Heschel ecoa essa noção em seu livro de 1951, *The sabbath* [*O Schabat*]. Aos seus olhos, um dia de descanso semanal é incomensurável com a "civilização técnica" e a conquista da natureza por meio do trabalho. "O sábado não serve para o bem dos dias da semana; os dias da semana servem para o bem do sábado", Heschel escreve. "Não é um interlúdio, mas sim o clímax da vida" (Heschel, 2015, p. 14). A primazia do lazer também se traduz em contextos seculares. A filósofa política Julie L. Rose argumenta que o tempo livre é um direito humano, um recurso essencial para a autodeterminação que as sociedades liberais prometem para os seus cidadãos. Como você não pode realizar muitas atividades cívicas, recreativas ou familiares, a menos que as outras pessoas tenham o mesmo tempo livre que você, leis que proíbem a maioria dos trabalhos um dia por semana podem, com razão, ter lugar em uma sociedade pluralista (Rose, 2016, p. 94-95). Mas não importa como a justifiquemos, o ponto é permitir que algum bem maior coloque um limite rígido no trabalho. *Algo* deve ser sagrado para que o trabalho possa ser profano.

É difícil manter tais limites por conta própria, por isso precisamos de comunidades que nos ajudem a superar nosso trabalho e reforçar os limites em torno dele. São Bento escreve que "nada deve ser preferido à Obra de Deus", pelo que ele quer dizer Liturgia das Horas (Bento de Núrsia, 1982, cap. 43.3). Os monges que chegam atrasados devem "fazer penitência pela satisfação pública" (Bento de Núrsia, 1982, cap. 43.6). Em duas ou três ocasiões durante a minha visita ao Cristo no Deserto, um monge chegou à capela depois de o ofício já ter começado. A cada vez, o monge caminhava diretamente para o altar no centro da capela e se ajoelhava no chão de concreto, de cabeça baixa, até que um superior sinalizava com uma batida que ele poderia se levantar e ocupar seu lugar em sua cadeira no coro. A penitência durava apenas alguns segundos, mas era uma clara censura por ter feito algo – uma breve conversa, uma verificação final de seu trabalho, uma ida ao banheiro – mais importante do que a Obra de Deus.

Tanto no trabalho quanto na oração, os monges normalmente atuam de acordo com o seu próprio tempo. *Un travail de bénédictin* – literalmente, um trabalho beneditino – é uma expressão francesa para o tipo de projeto que alguém só pode realizar durante muito tempo por meio de um esforço paciente, modesto e constante. É o tipo de coisa que não pode ser apressada: iluminar uma bíblia inteira, escrever uma história de mil anos, registrar a posição das estrelas a cada hora da noite por um ano inteiro. É um trabalho que não fica bom em um relatório trimestral de ganhos. Não maximiza as horas faturáveis. Não dá direito ao pagamento de horas extras. É, entretanto, uma maneira de trabalhar sem a ansiedade que nos leva a batalhar por longas e intensas horas e a desenraizar as nossas vidas a cada ano em busca de empregos "melhores". Um monge idoso e curvado, com olhos brilhantes por trás dos óculos, disse-me, comendo biscoitos caseiros e tomando café instantâneo depois da missa de domingo, que estava catalogando todos os livros do mosteiro, tarefa que lhe tinha sido atribuída quatorze anos antes. Ele começou o trabalho e continuou, dia após dia, livro após livro. Nem sequer estava perto de concluir.

Os beneditinos por vezes dizem que o seu objetivo é unir oração e trabalho, tornando *ora et labora* uma única atividade. De certa forma, a própria oração deles parece uma espécie de trabalho, com horários de madrugada e uma programação rígida. Mas a oração monástica é muito mais diferente do trabalho secular do que semelhante. Não há salários, promoções ou cotas de produtividade. Nunca paira sobre as cabeças dos monges, como algo inacabado. Eles não podem adiar os ofícios do dia e prometer rezar duas vezes mais amanhã. Não podem usar a oração para provar o seu valor aos olhos dos outros. Não ficam ansiosos porque os robôs irão substituí-los. Na Idade Média, os monges foram os primeiros a adotarem os moinhos de água para melhorar seu trabalho agrícola e ter mais tempo para oração (Le Goff, 1980, p. 80). Os monges do Cristo no Deserto dependem da energia solar e da comunicação por satélite. Os beneditinos se preocupam com a eficiência, mas não quando se trata de suas orações. Em quinze séculos, eles não fizeram nenhum esforço para racionalizá-las.

De fato, os monges do Cristo no Deserto se esforçam para resistir à eficiência na Obra de Deus, recitando orações muito mais lentamente do que as pessoas nas paróquias católicas comuns. Durante os primeiros ofícios de que participei, fiquei impaciente com o ritmo – outro demônio provocando-me. Os monges cantam os salmos de forma antífona, com coros em cantos opostos da capela alternando versos. A pausa entre os versos se estendia demais para mim. Estávamos desperdiçando preciosos milissegundos. Os monges podem rezar mais rápido, mas não querem. Eles não têm algo melhor para fazer.

* * *

Na segunda-feira de manhã, depois das orações, apresentei-me para trabalhar no escritório do monge que lida com convidados – o mestre de cerimônias –, mas não havia nada para nenhum de nós fazer. Assim, liderados pelo demônio da nossa ética de trabalho, encontramos coisas para fazer. Alguém percebeu que as janelas na área da recepção do mosteiro estavam sujas e perguntou se havia Windex para limpá-las. Outros limparam os peitoris das janelas e recolheram pedaços de lixo perdidos em um pátio. Um homem alto, na idade dos 50, disse que queria limpar um caminho de cascalho que estava ficando cheio de ervas daninhas. Eu queria ser útil também, então fui com ele. Depois de uma hora arrancando ervas daninhas e marcando as margens do caminho com pedras, admiramos nosso trabalho.

Voltei para a casa de hóspedes e encontrei duas mulheres de meia-idade que estavam arrumando a cozinha. Eu peguei um copo de água e as deixei lá. Enquanto isso, irmãos jovens usando luvas azuis de nitrilo estavam entrando e saindo de banheiros e quartos de hóspedes vazios, preparando-os para os recém-chegados. Um deles usava um discreto par de fones de ouvido. Quando terminaram o trabalho, eles se recostaram em cadeiras do lado de fora de um quarto de hóspedes e conversaram em vietnamita. Estavam descansando um pouco, como qualquer trabalhador braçal. Voltaram para o claustro antes mesmo de o sino tocar.

Dom Simeon disse-me que, ao orientar monges noviços de todo o mundo, consegue ver a ética de trabalho de muitas culturas diferentes. Os americanos são os mais obsessivos com o trabalho, disse. Mas ele pensa que, independentemente da nacionalidade, os monges mais jovens precisam de tempo para se adaptar ao horário monástico e à prioridade da oração. Os irmãos mais jovens muitas vezes ficam ansiosos com o trabalho, segundo ele. Lutam para superar o fato de que podem deixá-lo no fim do período de trabalho e retomá-lo no dia seguinte. Eles querem provar isso para si mesmos, porque ainda não aprenderam o que significa viver uma vida de oração pelo mundo, um mundo ao qual renunciaram. "Você está dando a sua vida e não vê nenhum resultado", Dom Simeon disse, "então *é claro* que você quer trabalhar".

* * *

Os monges podem não ser movidos pelo desejo de resultados mensuráveis, mas precisam se sustentar. Têm de se envolver com o mundo; afinal, é onde o dinheiro está. A casa de hóspedes é uma das principais fontes de renda do mosteiro (fechou quando a pandemia começou). Os monges dependem de doações também. Eles tentaram muitos empreendimentos nas últimas décadas para encontrar o equilíbrio certo entre lucratividade e integridade de suas vocações: abriram um brechó e uma loja de presentes em Santa Fé, que duraram alguns anos;

também tentaram apicultura, mas nunca produziram mel suficiente para vender com lucro; assinaram um contrato de gravação com a Sony Masterworks para produzir CDs de seus cantos; e apresentaram um *reality show* para o Learning Channel, no qual cinco homens – incluindo um extremamente rebelde e descontrolado – viveram como monges por quarenta dias.

O scriptorium foi o projeto mais ambicioso; o seu potencial parecia revolucionário. À frente do projeto estava o Irmão Mary-Aquinas, um monge com rara capacidade técnica e visão expansiva. Ele disse em 1998 que precisava haver "um novo tipo de espiritualidade" para monges que trabalhassem com tecnologia da informação. "É extremamente exigente, requer muita concentração. Muitas vezes você leva de oito a dez horas para conseguir resolver um problema", disse. "Não se encaixa facilmente na programação monástica." Ele traçou um contraste entre as raízes agrárias do trabalho beneditino e os modelos de informação: "o sentido moderno do trabalho é, de certa forma, uma visão muito mais perfeita" (Allen, 1998).

O próprio São Bento reconhece que a comunidade monástica deveria incluir membros com capacidades de comercialização. Se vai sobreviver, deve sobreviver. Mas ele tinha uma advertência severa para os seus monges: um artesão "que fica ensoberbecido com a sua habilidade em seu ofício e sente que está conferindo algo ao mosteiro" deve ser ordenado a cessar o seu trabalho até que seja capaz de fazê-lo com humildade (Bento de Núrsia,

1982, cap. 57). Essa regra não faz sentido para os olhos seculares. No mundo, o talento é considerado um produto raro. As empresas competem por trabalhadores competentes – sejam eles programadores, cirurgiões ou goleiros – e depois tentam fazê-los trabalhar o maior número de horas possível. É assim que as empresas acreditam que vão ganhar mais dinheiro. No mosteiro, porém, o conhecimento pode atrapalhar a saúde da comunidade e impedir o desenvolvimento espiritual do conhecedor. Se um artesão habilidoso investir em seu ofício, desenvolverá seu talento e se tornará mais produtivo. Mas esse investimento traz o risco do orgulho, o pecado humano fundamental. Se o monge não estiver vigilante ou se seus irmãos não estiverem vigilantes em seu nome, o prazer que ele sente no ofício pode ultrapassar o propósito para o qual o ofício é feito.

Abade Philip escreveu em um e-mail para mim: "um dos desafios, ainda hoje, é desenvolver artesãos e artistas cuja primeira identidade é ser monge". Um talentoso tecelão e um fabricante de móveis deixaram o mosteiro para seguir seus ofícios pelo mundo. "O desafio para nós é a formação de um monge", Abade Philip continuou, "e por vezes as outras atividades tornaram-se mais importantes, e perdemos o monge enquanto produzíamos um grande artista".

O Irmão Mary-Aquinas também deixou o mosteiro no mesmo ano em que o scriptorium fechou, em 1998. De acordo com o site atual do NextScribe, o empreendimento scriptorium que ele iniciou o fez voltar para a vida secular depois de "o seu arcebispo ter julgado que a sua nova vocação no campo do Desenvolvimento Espiritual Apoiado por Computador... já não era a de um monge eremita" (Woodworth, 2020).

* * *

Henry David Thoreau pensava que o ascetismo poderia nos libertar de nossa labuta interminável, desesperada e desolada. Descubra o que é realmente indispensável, deixe o resto e trabalhe apenas o tempo necessário para abastecer a sua despensa com o que você verdadeiramente precisa. Assim você pode lutar por ideais mais elevados. Thoreau confiava na capacidade de seus vizinhos de levarem adiante esse modo de vida, mas pensava que cada um deles deveria fazer isso sozinho. As convenções sociais podem aumentar os seus fardos; além disso, a sua tarefa é seguir *a sua própria* genialidade. Ninguém mais pode conduzi-lo a ela.

A filósofa política Kathi Weeks adota uma abordagem oposta para superar a ética do trabalho. Para ela, a sociedade pós-trabalho é, por sua própria natureza, um empreendimento comunitário, mas ela desconfia do ascetismo como forma de superar a questão. Na opinião dela, desejar menos para trabalhar menos é apenas uma imagem espelhada da regra da ética do trabalho, articulada pelo menos desde São Paulo, de que seus desejos devem ser apenas proporcionais ao seu trabalho (Weeks, 2011, p. 146). Para superar a ética do trabalho, pensa Weeks, devemos exigir cada vez mais em troca de cada vez menos trabalho.

Mesmo que prefiramos a visão reconhecidamente utópica de Weeks, temos de viver, por enquanto, em um sistema em que o trabalho é o único meio da maioria das pessoas para satisfazer suas necessidades e seus desejos materiais. Como devemos trabalhar, e o que devemos desejar, no período entre o agora e a era da abundância pós-trabalho? Os beneditinos mostram que, quando você está tentando descentralizar o trabalho em sua vida, não há oposição entre comunidade e ascetismo. De fato, *somente* uma comunidade que se comprometeu a honrar a sua dignidade humana pode tornar suportável o ascetismo necessário para forjar uma vida para além do trabalho total e do esgotamento. A comunidade não apenas atende às suas necessidades, desde o dia em que você entra até o dia em que morre, mas também estabelece limites para o seu trabalho.

Uma dupla recente de pesquisadores sobre burnout afirmou que "comunidades ideológicas" como ordens religiosas católicas e escolas Montessori apresentam baixos níveis de burnout porque a ideologia compartilhada dá estrutura e significado às tarefas comuns, equaliza as relações entre os membros e reduz o conflito e a ambiguidade que causam estresse aos trabalhadores (Cherniss &

Krantz, 1983). Porém, como eu já vi, a vocação dos beneditinos não é um superpoder que lhes permite ultrapassar a lacuna entre o ideal e a realidade do trabalho sem sofrer esgotamento. Em vez disso, o que mantém o ideal e a realidade alinhados é a forma específica de vida que sua vocação compartilhada inspira. As comunidades beneditinas já são construídas em torno de práticas que mantêm afastados os "descompassos" institucionais mais comuns que promovem o esgotamento: excesso de trabalho, falta de reconhecimento ou autonomia, injustiça, ruptura da comunidade e conflito de valores. O objetivo de um mosteiro é a vida em conjunto; a comunidade é protegida acima de tudo. O compromisso dos beneditinos com a Regra mantém os seus valores em harmonia. É verdade que os religiosos católicos renunciam a grande parte de sua autonomia – afinal, fazem voto de obediência –, mas eles não necessariamente abrem mão de mais do que funcionários administrativos fariam. E eles também estabelecem limites ao trabalho. No Mosteiro de Cristo no Deserto, os monges alternam as suas atribuições de trabalho, como instruiu São Bento (Bento de Núrsia, 1982, cap. 35). Os monges têm tarefas mais leves à medida que envelhecem. O tempo de oração mantém o período de trabalho sob controle. Eles se esforçam para serem santos, mas não precisam ser santos do trabalho.

Eu dirigi de volta pela estrada de cascalho para longe do Mosteiro de Cristo no Deserto sentindo-me radiante. Foi emocionante perceber que a forma como eu vivia, com minhas rotinas habituais de trabalho, sono, alimentação e perda de tempo, não era a única maneira de viver. Eu não mudei fundamentalmente a minha vida depois da minha visita, mas percebi que a mudança era possível. Cada um dos irmãos tinha vivido no mundo, assim como eu, e depois fez a escolha radical de se afastar dele, de viver o mais próximo possível dos escritos da Regra de São Bento e de dar a sua vida para a contemplação. Poucos de nós podemos viver como os monges. Essencialmente porque os beneditinos não têm filhos para sustentar, são livres dos deveres da paternidade (eles cuidam de membros idosos e enfermos de sua comunidade). Ainda assim, as suas vidas sugerem que existem ideais alternativos – ideais tão elevados para nós mesmos que não podemos permitir que o trabalho interfira –, mesmo que nunca pudéssemos realizá-los em larga escala. Então, procurei beneditinos, que são mais engajados com o mundo e cujo modo de vida incorpora esses mesmos valores, mas que são mais acessíveis às pessoas seculares. Encontrei-os na pradaria do centro de Minnesota.

**

A Irmã Cecelia Prokosch, membro do Mosteiro de São Bento na cidade de St. Joseph, em Minnesota, disse-me que quando entrou para a ordem, no fim da década de 1950, a piada que corria era que as irmãs viviam uma vida de *ora et labora et labora et labora*. Naquela época, ela administrava o serviço de alimentação de todo o mosteiro e do vizinho College of St. Benedict, um colégio beneditino para meninas. "Era muito trabalho, e eu quase nunca chegava à oração", ela me disse enquanto nos sentávamos à mesa em uma cozinha impecável no mosteiro. "Eu praticamente morava no meu escritório." Irmã Cecelia passava as noites em um dormitório da faculdade na época e perdia a oração da manhã para chegar ao trabalho às 7h30 ou às 8 horas da manhã, e depois ainda continuava trabalhando até tarde da noite. Ela manteve esse horário por quatorze anos. Durante parte desse tempo, também dava aulas e estudava para um MBA. "Isso me desgastava", disse, "mas na época eu era jovem e tinha energia".

Quando conheci a Irmã Cecelia, o seu trabalho durante os últimos quinze anos tinha sido como coordenadora de hospitalidade do mosteiro, a pessoa para quem enviei um e-mail para marcar entrevistas com membros da comunidade. Sua agenda mais leve significava que ela poderia se concentrar mais no lado contemplativo da vida monástica: Liturgia das Horas, *lectio divina* (oração focada nas Escrituras) e meditação. Ela quase nunca perdia a oração comunitária nessa época.

Minnesota Central é uma terra beneditina. Em meados do século XX, quatrocentos monges e mais de mil irmãs pertenciam aos dois grandes mosteiros da região, as mulheres ao Mosteiro de São Bento e os homens à Abadia de St. John em Collegeville, a 8 quilômetros de distância.

As irmãs tinham mais de cinquenta escolas em todo o Estado, enquanto os monges serviam como párocos e administravam uma série de empreendimentos, incluindo uma universidade, uma escola secundária, uma editora, uma estação de rádio e a marcenaria que virou a cama onde dormi durante a semana em que visitei Collegeville.

Os beneditinos chegaram ao centro de Minnesota no século XIX para ensinar e evangelizar os imigrantes alemães que se estabeleceram na região. Era uma missão de trabalho intensivo, que exigia que os monges e irmãs fizessem compromissos com São Bento. Embora a população dos mosteiros seja agora uma fração do que era antes, e apenas alguns membros estejam ensinando ou servindo nas paróquias, ainda há trabalho a fazer na comunidade. As irmãs têm tentado promover o entendimento cultural e religioso entre os descendentes desses imigrantes alemães e os recém-chegados da Somália (Dickrell, 2016). O seu espírito de envolvimento ativo com o mundo permanece.

E assim as irmãs e os monges ainda fazem concessões. Reúnem-se três vezes por dia para a oração comunitária em vez de sete. Não fazem todas as refeições em silêncio. Bento não tem nenhuma disposição a respeito de cantar "Parabéns", mas foi isso que as irmãs fizeram para alguém que estava completando 80 anos no dia em que visitei a sala de jantar do mosteiro para almoçar. Um monge da Abadia de St. John disse-me que não havia penitência pública em sua comunidade por se atrasar para a oração, apenas um lembrete ocasional do abade para chegar na hora. Toda a vida adulta de irmãs e monges tem sido uma constante negociação entre os ideais da vida monástica da Regra Beneditina e a realidade de seus trabalhos. Nenhum deles tem de realizar essa negociação sozinho. Os mosteiros representam toda uma cultura que permite a cada um dos seus membros encontrar o equilíbrio.

Um dos principais compromissos que os monges e irmãs têm é com a oração comunitária. Bento é rigoroso nesse ponto, dizendo que eles não devem preferir nada à Liturgia das Horas (Bento de Núrsia, 1982, cap. 43.3). Essa regra é a razão por trás do imperativo de Dom Simeon de que os monges devem "superar" o término do período de trabalho. No entanto, todos os beneditinos com quem conversei em Minnesota disseram que seu trabalho diário os impediu, em algum momento de suas carreiras, de chegar a todos os ofícios. "Você tem de se ajustar", disse Irmã Lucinda Mareck, que tem cabelos brancos lisos e fala com intensidade. Durante suas seis décadas na ordem, ela trabalhou em uma escola secundária, um centro de retiros e um ministério do *campus*; atuou como diretora postulante, diretora de vocações e coordenadora de casa em sua comunidade; fez aconselhamento sobre luto e divórcio para a Arquidiocese de St. Paul e Mineápolis; e dirigia uma paróquia católica, assumindo o cuidado pastoral. Durante muitos desses anos, simplesmente não foi possível chegar para a oração do meio-dia com a comunidade. Depois de cinquenta anos na "vida rápida" do ministério ativo, Irmã Lucinda se tornou padeira, realizando um sonho de longa data. Ela não trabalha mais à noite ou nos fins de semana. Assim como Irmã Cecelia, ela raramente perde um ofício nos dias de hoje.

* * *

A Igreja da Abadia de St. John oferece uma metáfora visual marcante para o mosteiro como lugar de trabalho em comunidade. Uma parede inteira da enorme estrutura brutalista – uma das obras de assinatura do arquiteto modernista Marcel Breuer – é um vitral do chão ao teto em forma de colmeia. A igreja é uma colmeia onde os monges se reúnem antes de irem trabalhar e para onde voltam ao meio-dia e à noite.

Um lugar onde os monges trabalham desde que estão em Collegeville é na Universidade de St. John, construída no terreno ao redor do mosteiro. Em meados do século XX, a maior parte dos professores eram membros da comunidade beneditina. Agora, apenas cerca de dez são. Conheci um dos monges mais jovens da comunidade, o professor de teologia Dom Nickolas Becker, em seu escritório no Quadrangle, um vasto edifício vitoriano que abrigou a comunidade por um século. É um homem grande e, na tarde de verão que conversamos, usava uma camisa Oxford branca e uma calça azul-marinho. Em sua mesa arrumada havia um iPhone, um comentário bíblico e um relógio Pomodoro – um daqueles cronômetros em forma de tomate que as pessoas usam para manter o foco no trabalho por vinte e cinco minutos de cada vez.

Dom Nickolas admitiu que considera um desafio manter um trabalho exigente e participar plenamente da vida de sua comunidade. O desafio, como disse-me, é que ele é atraído pela vida contemplativa, mas se encontra em um papel ativo. É um conflito entre um ideal e a realidade de sua posição; se não conseguir resolver essa tensão, corre o risco de se esgotar. Ele não apenas tem uma grade completa de aulas de teologia moral mas também vive com os alunos do segundo ano em um dormitório. Para conseguir fazer tudo, ele emprega técnicas de produtividade de fontes como *Os 7 hábitos das pessoas altamente eficazes* de Stephen Covey. "Eu sou intencionalmente disciplinado e programado", ele disse, algo que me pareceu verdadeiro para um monge quase por definição. Mesmo assim, ele não usou o Pomodoro durante a conversa.

Dom Nickolas descreveu a carga de trabalho de seu primeiro semestre de ensino como "ser atropelado por um caminhão Mack". Assim que os exames foram classificados para o semestre, visitou um mosteiro trapista em Iowa para um retiro. Ele admira a ordem trapista mais contemplativa, dizendo que eles têm uma abordagem "mais saudável" sobre o trabalho. Enquanto estava lá, adquiriu um novo apreço pela oração privada e pela leitura espiritual. Agora, uma ou duas horas dessa prática – que ele chamou de "minha própria vigília" – é uma das coisas "não negociáveis" de sua vida durante o ano acadêmico, juntamente com a oração comunitária sempre que possível, a missa diária e uma refeição com a comunidade. "Não vou deixar o trabalho me esmagar e não vou desistir de uma visão da vida monástica", disse.

Perguntei a cada um dos beneditinos que conheci em Minnesota se a palavra burnout fazia parte de seu vocabulário para descrever o estresse do trabalho, da oração e da vida comunitária. Quase todos fizeram uma pausa de tempo incomumente longa antes de responder. Apesar da intensidade de seus trabalhos, todos disseram que não, o burnout não era um problema em suas comunidades. Apenas um disse ter sofrido burnout, mas isso foi antes de ir para St. John. Os monges e irmãs também não defendiam a ética do martírio do trabalho que é tão comum em empregos de serviço secular, apesar da proeminência do amor sacrificial na teologia cristã.

O único monge que disse ter se esgotado o fez no início de sua carreira monástica. Dom Luke Mancuso, um professor de inglês cuja cabeça calva e cujos óculos lhe conferem uma semelhança passageira com o teórico francês Michel Foucault, disse que antes de ingressar na Abadia de St. John pertencia a um mosteiro em seu estado natal, Louisiana. Após sua ordenação como padre em 1983, serviu como capelão de hospital, ganhando um salário de que a pequena comunidade precisava. Durante três anos, ele esteve de plantão seis dias por semana. Os monges rezam em horários determinados todos os dias; o sino da abadia funciona como um relógio para todos.

Mas, como capelão, Dom Luke enfrentou uma "ameaça implícita de intrusão constante". A chamada para o trabalho poderia chegar a qualquer momento. Ele tinha de manter uma vigília constante.

Enquanto estávamos sentados em seu escritório – as paredes cobertas com pôsteres de filmes e retratos de Walt Whitman, a banda inglesa de Shoegaze Slowdive tocando em seu computador –, Dom Luke descreveu um caso clássico de burnout, usando uma linguagem de exaustão, desengajamento e ineficácia. O trabalho do hospital estava "me esgotando", disse. Simplesmente não se encaixava em quem ele era. Na época, queria ser como o monge trapista e escritor Thomas Merton, que combinava erudição e ativismo político com inteligência pessoal e sentido de solidariedade para com as pessoas nas margens sociais. A tensão entre esse desejo e o trabalho diário real de Dom Luke o "quebrou", ele disse. Permaneceu no cargo de capelão, porém, por conta de um sentido de dever para com a comunidade. Chamou de dever um dos "demônios com os quais tive que lutar" em sua vida como monge. O demônio o impediu de perceber que algo estava errado com o seu trabalho até que fosse tarde demais.

Dom Luke foi transferido para St. John, fez pós-graduação, obteve o PhD e entrou para o corpo docente da universidade. Continua ocupado – "tenho o oposto da acédia", falou –, mas pelo menos não está mais de plantão. Ele nem sempre consegue chegar para a oração comunitária da noite depois de um longo dia de ensino, porém pratica a oração solitária frequentemente. As duas ou três horas que passa sozinho em sua cela à noite o energizam.

* * *

Uma área em que os beneditinos não fazem concessões é na dignidade dos seus irmãos e irmãs. Cada um tem o direito de pertencer, independentemente do trabalho que realiza. Ambas as comunidades em Minnesota estão envelhecendo, e seus membros expressam uma forte consciência da necessidade de alguns deles ganharem salários. Os monges da abadia de St. John sabem que alguns trazem mais dinheiro do que outros. No entanto, conforme afirma a Regra de Bento sobre os artesãos, aqueles que ganham mais devem "praticar seu ofício com *toda humildade*" (Bento de Núrsia, 1982, cap. 57.1, ênfase adicionada). Dom Luke, por exemplo, sabe que está entre os que ganham mais na abadia, mas disse: "Você não pode julgar a dignidade ou o valor dos monges em particular pela quantidade ou pela qualidade do trabalho que realizam... temos de pensar que eles têm um valor infinito". Ouvi repetidamente palavras como essas de beneditinos que entrevistei. Mesmo quando um monge perde o seu emprego, ele tem de ter dignidade na comunidade, Dom Luke acrescentou. "Temos de conviver com essa pessoa e apoiá-la enquanto ela se reinventa."

Quando se trata de pertencimento, o contraste não poderia ser maior entre o mosteiro e o local de trabalho secular fissurado, onde os funcionários do "núcleo" têm dignidade, ao passo que os temporários e os trabalhadores contratados são invisíveis e substituíveis. Como Dom Luke observou, ele goza dos votos perpétuos e da posse, ao contrário da precariedade e da dispensabilidade que prevalecem na economia convencional. A diferença é uma questão de promessas. Na era pós-industrial e neoliberal de segurança mínima no emprego, existe um "sistema de honra de mão única" entre empregadores e empregados, argumenta o sociólogo Allison Pugh. Isto é, os trabalhadores mantêm elevados níveis de dedicação ao seu trabalho, mesmo sabendo que seus empregadores não vão retribuir (Pugh, 2015a, p. 18-19). É um sistema projetado para causar esgotamento: você tem grandes expectativas para o desempenho do seu trabalho, mas não tem garantia de que as suas condições irão satisfazer esses ideais ou até mesmo de que conseguirá manter o seu emprego.

O sistema beneditino é baseado em votos feitos a Deus. Os beneditinos prometem "estabilidade de vida", vinculando-se perpetuamente a uma comunidade específica, e raramente podem transferir seus votos como Dom Luke fez. De acordo com a Regra Beneditina, o abade ou a abadessa devem fornecer tudo o que os membros professos do mosteiro precisam para que o "vício da propriedade privada seja completamente desenraizado" (Bento de Núrsia, 1982, cap. 55.18). Esse compromisso permite a Dom Nickolas ter ideais elevados sobre o que significa ser monge, incluindo duas horas de oração privada por dia. Ele sabe que nem tudo depende do fato de ele ser professor. Mesmo que não seja titular na universidade, continuará a ter um lar, será designado para outro trabalho. "Mas", ele acrescenta, "eu também não tenho dinheiro nem esposa e família". Ele é casado com a comunidade.

A analogia secular mais próxima do modelo beneditino de apoio perpétuo para todos os membros da comunidade é pouco mais do que um sonho enquanto escrevo isto. As propostas de renda básica universal constituiriam uma promessa de toda a sociedade de cuidar das pessoas, quer elas trabalhassem, quer não. Essa renda básica diminuiria os riscos de qualquer emprego e tornaria mais fácil deixar empregos ruins ou trabalhar simplesmente por amor a uma atividade que não paga bem. Combine essa segurança com uma ênfase mais forte na dignidade de cada pessoa – que é em si mesma uma justificativa sólida para uma renda básica –, e avançaremos muito na eliminação da ansiedade a respeito do dinheiro e do *status* que nos leva a trabalhar até o esgotamento.

* * *

A colmeia da Abadia de St. John está mais silenciosa agora do que há cinquenta anos, quando monges zumbiam pela região, educando, construindo e ministrando às comunidades rurais. A idade de seus membros, em média, é superior a 70 anos, e, assim como as irmãs do Mosteiro de São Bento, estão se tornando uma comunidade mais contemplativa à medida que envelhecem. Ainda assim, os beneditinos nunca se aposentam realmente, um deles disse-me. Eles apenas acabam assumindo outra função, como a Irmã Cecelia, que se tornou coordenadora de hospitalidade, ou a Irmã Lucinda, que se tornou padeira. Tenho argumentado que, ao limitar o seu trabalho, os beneditinos o tornam mais humano, e o fato de vários que eu conheci ainda estarem na ativa nos seus 80 anos pode parecer *falta* de um limite. Mas penso que isso paradoxalmente reflete como irmãs e irmãs continuam a ter dignidade ao longo de suas vidas. Porque o seu trabalho não os esgota – em ambos os sentidos do termo –, eles podem continuar a contribuir para a comunidade até a sua morte. O trabalho que os beneditinos mais velhos fazem é adaptado às suas capacidades e determinado em consulta com os seus superiores, como exige a Regra (Bento de Núrsia, 1982, 48, 24-25). O seu trabalho também reflete o apelo do Papa Leão XIII para horários de trabalho adaptados "à compleição e à saúde dos operários" (*Rerum Novarum*, 25). Mesmo os membros mais enfermos dos mosteiros beneditinos em Minnesota têm algo a fazer: rezar pelas preocupações que as pessoas trazem à comunidade. Uma irmã, que tinha 88 anos na época em que a conheci, era responsável por coordenar os pedidos de oração que chegavam ao mosteiro por meio de seu site, muitas vezes em nome de pacientes da Clínica Mayo, no sul de Minnesota. Ela escrevia de volta para as pessoas que fazem os pedidos para compreender melhor o que é necessário, depois entrega os pedidos às irmãs que moram em um convento de aposentadoria e de assistência social nas proximidades. A comunidade também depende delas.

Eu conheci um monge de 90 anos que estava cuidando da loja de presentes na Abadia de St. John. Quando entrei na loja, ele me entregou um pedaço de papel com uma citação de São John Henry Newman: "Que Ele nos sustente durante todo o dia, até que as sombras se prolonguem, e a noite chegue, e o mundo agitado seja silenciado, e a febre da vida acabe, e o nosso trabalho seja feito! Então, em sua misericórdia, Ele pode nos dar acomodação segura, e um descanso santo, e paz no fim!" (Newman, 1869). As palavras de Newman pareceram-me apropriadas para meditar sobre a aposentadoria. O monge irradiava alegria trocando histórias com os clientes, incluindo um casal que tinha se conhecido enquanto eram estudantes nas faculdades. Outro monge, Dom Rene McGraw, que tinha acabado de se aposentar do ensino de filosofia aos 84 anos quando o conheci, estava aguardando sua nova designação pelo abade. Ele disse que estava pronto para fazer o que quer que fosse designado, "seja limpar mictórios ou varrer o chão".

Os americanos não são tão bons quando se trata de aposentadoria, em parte porque construíram muito de sua identidade, sua comunidade e seu sentido de propósito em torno do trabalho, ainda que esse trabalho faça com que muitos se esgotem. Eles anseiam desesperadamente pela aposentadoria, mas não sabem o que fazer quando suas carreiras terminam. Desde 2000, a porcentagem de trabalhadores americanos com mais de 65 anos aumentou de forma constante, mesmo quando a taxa geral de participação da força de trabalho adulta diminuiu (DeSilver, 2016). Cerca de 40% desses trabalhadores mais velhos já haviam se aposentado e depois voltaram a trabalhar (Span, 2018). Henry David Thoreau zomba de pessoas que ocupam "a melhor parte da vida ganhando dinheiro para desfrutar de uma liberdade questionável durante a parte menos valiosa dela" (Thoreau, 2004, p. 54). Muitos americanos não podem nem sequer fazer isso.

A perspectiva de aposentadoria deixa alguns beneditinos nervosos. A Irmã Jeanne Marie Lust, por exemplo, professora de biologia, é membro da comunidade desde que se formou no College of St. Benedict em 1973. Ela adora o seu trabalho e adora jogar golfe no verão. Quando conversamos, Irmã Jeanne usava uma camisa Oxford para fora da calça, por cima da camiseta e da calça capri. Ela tinha cabelos curtos e usava óculos, com apenas uma linha no rosto. Uma vez aposentada, ela não sabe o que fará a seguir. "Não consigo ver nenhum emprego por aqui que eu realmente queira ter", falou. A Irmã Jeanne não se vê como sendo "do tipo santo", então a direção espiritual, algo que os membros mais velhos da comunidade costumam fazer, não a atrai. Talvez pudesse aprender a cultivar vegetais hidropônicos para a comunidade, ela disse.

Estatisticamente falando, é provável que a Irmã Jeanne seja tão feliz na aposentadoria quanto a Irmã Cecelia ou a Irmã Lucinda ou o monge na loja de presentes. Um estudo revelou que as irmãs beneditinas alemãs expressaram uma satisfação de vida significativamente maior do que a população geral de mulheres alemãs, casadas e solteiras. De fato, enquanto o típico alemão experimenta uma queda de satisfação na meia-idade, as mulheres beneditinas não. Elas continuam ficando mais felizes à medida que envelhecem (Janotík, 2015).

* * *

Suspeito que viver uma crença na dignidade uns dos outros – e assim manter o trabalho em perspectiva enquanto são satisfeitas as necessidades humanas do outro – tem algo a ver com a felicidade dos monges e das irmãs. Independentemente dos nossos compromissos religiosos, precisamos reconhecer essa dignidade, nos outros e em nós mesmos, se quisermos evitar que o nosso desejo de produtividade se torne demoníaco. Uma meta de lucro trimestral não vale tanto quanto a pessoa que trabalha, à custa de sua saúde, para alcançá-la. Nenhuma reputação de satisfação do cliente vale tanto quanto a pessoa que atende a pedidos e suporta reclamações. O seu orgulho de um trabalho bem-feito, a sua ansiedade ou o seu esgotamento a serviço do seu empregador: nada disso vale tanto quanto a sua dignidade como pessoa.

Recordo a forma como os monges do Cristo no Deserto deixam os seus bancos do coral no fim de cada ofício de oração. Cada um se curva para o altar, depois para o seu irmão à sua frente. Eles repetem essa ação sete vezes por dia. Em comparação com uma cultura que exige que você trabalhe constantemente para provar o seu valor, isso pode ser a coisa mais radical que os monges fazem.

8
Variedades de experiência anti-burnout

Uma tarde, enquanto estava em Collegeville, Minnesota, passei pelo estúdio de cerâmica de Richard Bresnahan. A porta estava aberta, e fiquei olhando por vários minutos, admirando prateleira após prateleira de jarras e xícaras vermelhas e cinzas sem vidro, antes que Bresnahan, que estava jogando barro em uma tigela rasa, percebesse que eu estava lá. Seus aprendizes estavam do outro lado da estrada, preparando-se para acender o enorme forno à beira do lago dentro de alguns meses: lavagem de prateleiras sob pressão, divisão de troncos. Eles acendem o forno apenas uma vez a cada dois anos, enchendo-o com quase 15 mil objetos embalados de forma apertada; e esses objetos são queimados por meio de 22 cordões de madeira (Marohn, 2019).

Mas todos os dias, às 15 horas, o trabalho é interrompido para que os oleiros e qualquer outra pessoa que entre no estúdio possam se sentar ao redor da mesa *irori* de um metro quadrado do local. Há um queimador no meio da mesa e uma chaleira de ferro suspensa acima dela. Uma aprendiz monitorava a temperatura da água observando suas bolhas enquanto preparava bule após bule de chá verde. Bebemos o chá, jogamos conversa fora e passamos um para o outro uma tigela com os tomates-cereja mais doces que eu já comi, que um dos aprendizes cultivou em seu jardim. Quando uma oleira da Dakota do Norte apareceu inesperadamente com o marido, arrumamos nossas cadeiras para dar espaço para eles.

A mesa é um pequeno monumento que carrega o significado de que uma vida humana próspera precisa de comunidade e de lazer regular para estabelecer limites ao trabalho e dar às pessoas a oportunidade de honrar a dignidade umas das outras. Representa um ideal de trabalho mais humano do que aquele a que a maioria de nós aspiramos hoje em dia.

Precisamos de uma ruptura radical com a cultura do burnout. Em meu esforço para compreender como seria essa ruptura, sinto-me atraído pelas margens culturais, por pessoas cujas vidas parecem incomuns ou "malsucedidas" de acordo com os nossos padrões atuais. Esses padrões fazem parte de uma cultura que precisa mudar. Não podemos erradicar o burnout sem também acabar com a cultura do trabalho total. Não podemos continuar trabalhando da mesma forma que temos feito nos últimos cinquenta anos e esperar que os resultados melhorem subitamente. É por isso que a esmagadora maioria do nosso discurso sobre burnout, sobre o qual falei no capítulo 1, é tão superficial e tímida. Dizemos que não queremos nos esgotar, mas também não queremos abrir mão do sistema de significados – para não falar do sistema de lucro – que construímos em torno do trabalho e que provoca o nosso esgotamento.

Os melhores exemplos de uma boa vida construída em torno de algo que não seja o trabalho vão parecer difíceis. Ainda assim, as pessoas estão dando uma chance a eles: estão criando melhores locais de trabalho, investindo em *hobbies* depois do expediente e assumindo projetos de arte quando a deficiência as impede de trabalhar por remuneração. Por meio desses exemplos, precisamos ver quais estruturas comunitárias e disciplinas pessoais estão ajudando as pessoas a encontrarem dignidade, valor moral e propósito fora do trabalho. Como os seus ideais interagem com a realidade de seus trabalhos? Em outras palavras, quais são as características da contracultura anti-burnout?

* * *

Em uma manhã chuvosa de primavera, vários meses depois da minha viagem a Minnesota, participei como visitante da reunião mensal da equipe da CitySquare, uma organização sem fins lucrativos em Dallas que faz um trabalho direto de combate à pobreza por meio de programas de habitação, alimentação e saúde. A diretora de pessoal da CitySquare na época, Jarie Bradley, que me convidou, disse que a reunião seria como uma festa. A reunião foi realizada em uma modesta igreja batista de tijolos, próxima a uma rodovia no sul de Dallas. No interior, café, suco e tacos para o café da manhã estavam em uma mesa em um corredor. Música gospel tocava no sistema de som do santuário, que tinha paredes azuis, carpete azul e estofamento azul nas cadeiras de metal empilhadas. Os funcionários ali reunidos – a CitySquare tem cerca de 160 no total – eram em sua maioria mulheres; entre o grupo racialmente diverso, cerca de metade eram afro-americanos.

Bradley, que estava vestindo uma camiseta laranja da CitySquare por baixo de uma jaqueta e cujo cabelo estava tingido com um vermelho forte, circulava pela sala enquanto as pessoas entravam, abraçando todas que via. Ela começou a reunião apresentando três mulheres recém-contratadas para trabalhar no departamento de habilitação: "Vamos aplaudir as nossas novas combatentes da pobreza!" Nós aplaudimos.

A seguir, na ordem do dia, estava "É melhor você reconhecer", um fórum aberto para reconhecer o trabalho de outra pessoa. Esse parecia ser o aspecto de festa da reunião. Bradley entregou o microfone a vários combatentes da pobreza que queriam elogiar um colega de trabalho. *É melhor você reconhecer* o pessoal dos programas alimentares. *É melhor você reconhecer* a equipe de serviços de apoio aos vizinhos, que havia acabado de passar por uma auditoria bem-sucedida do programa. Duas dúzias de pessoas se levantaram. "É melhor você reconhecer essas pessoas!", alguém disse, e todos aplaudiram novamente.

O momento acabou se tornando uma cascata de apreciação. *É melhor você reconhecer* a senhorita Andrea, que reservou o espaço para a reunião. *É melhor você reconhecer* todos que ajudaram uma família a encontrar moradia e escola quando apareceram durante uma reunião do conselho. *É melhor você reconhecer* "as forças especiais da equipe de extensão". *É melhor você reconhecer* as pessoas que reformaram uma sala para a auditoria do programa.

O microfone voltou para Bradley, que agradeceu a todos por apresentarem "o jeito CitySquare" durante a auditoria. Não só a organização recebeu uma avaliação positiva, mas também, assim que a auditora municipal terminou o seu trabalho, ela se candidatou imediatamente a um emprego no local.

Fiquei interessado pela CitySquare depois de ter conhecido Bradley em uma conferência. Ela falou sobre o trabalho do seu empregador e da compaixão que o motiva. A CitySquare parecia ser a resposta para uma pergunta importante: como um local de trabalho comum pode colocar a dignidade humana no centro de sua cultura e, ao fazê-lo, derrotar o esgotamento?

Os combatentes da pobreza correm o risco de burnout todo o tempo. "Sabemos que esse trabalho é muito duro e sabemos que temos de tomar conta uns dos outros ao mesmo tempo que cuidamos da comunidade", Bradley disse-me enquanto tomava café e comia um sanduíche em uma lanchonete. O compromisso da CitySquare com o reconhecimento, tão evidente no segmento "É melhor você reconhecer" da reunião de pessoal, aborda um déficit comum no local de trabalho que leva à frustração e ao esgotamento. Mais concretamente, Bradley disse que a CitySquare tinha aumentado o seu programa de assistência aos funcionários de três sessões de aconselhamento por ano para seis, com funcionários de meio período e período integral elegíveis. Essas políticas refletem um reconhecimento de que o estresse e o burnout são a realidade no trabalho de serviço humano. Conforme o Presidente John Siburt da CitySquare disse-me em uma entrevista: "Não há um sentimento de vergonha em torno do burnout" em sua organização. "Entende-se que essa é uma resposta humana normal por parte daqueles que cuidam tão profundamente e intensamente de tantas pessoas." A CitySquare também aumentou a folga remunerada que oferecia nos últimos anos; contando feriados remunerados e duas semanas de férias de fim de ano, os funcionários têm até 42 dias de folga por ano. Isso significa 42 dias a mais do que a lei federal dos Estados Unidos garante. Ex-funcionários disseram-me que os seus supervisores os encorajaram a tirar todo o tempo de folga a que tinham direito.

Mais do que tempo livre, gerenciar compassivamente as funções das pessoas dentro da organização ajuda a manter o esgotamento sob controle, de acordo com Bradley. Isso significa muitas vezes dizer "verdades duras para as pessoas, mas tudo isso com amor e desejando que elas prosperem e estejam em um espaço que seja melhor para elas". Quando o trabalho de alguém "não é o ideal", disse Bradley, ela pede ao seu supervisor que se lembre das melhores qualidades da pessoa. O que fez valer a pena contratá-la em primeiro lugar? E o que o supervisor gostaria que fosse feito por ele se estivesse na situação da funcionária? O resultado dessas conversas poderia ser uma folga para a funcionária ou uma transferência interna. Bradley mencionou o caso de uma funcionária, uma supervisora de gerentes de caso, que se cansou de gerenciar pessoas. Quando ela começou a gerenciar doações, teve sucesso. O desempenho de outro funcionário melhorou drasticamente depois de um tempo de folga, um treinamento e uma nova função. Às vezes, se um funcionário de longa data não consegue encontrar uma tarefa alternativa, ele não é simplesmente despedido; a CitySquare pode oferecer a ele alguns meses de flexibilidade extra com sua função para que possa descobrir seus objetivos e encontrar um emprego fora da organização.

Vários meses antes de eu conhecer Bradley, ela mesma experimentou o burnout e precisou de uma mudança no seu papel para continuar a florescer na CitySquare. Depois de dez anos na organização, ela estava fazendo um trabalho equivalente ao de dois empregos: administrando tanto a parte de recursos humanos quanto o programa de desenvolvimento de empregos comunitários. Ela amava o trabalho, porque este promovia uma missão em que ela acreditava. Adorava o fato de que era um trabalho "consumidor". Mas isso também era o problema. Ela trabalhava o tempo todo, sem pausas, sem pedir ajuda. Dizia a si mesma: "'Você pode ir um pouco mais longe. Você pode continuar se esforçando.' Então eu percebi que não podia". A sua pressão arterial começou a subir. Depois de consultar os líderes da CitySquare, ela se permitiu admitir que estava cansada e tirou um mês de folga. Quando voltou, dedicou-se apenas ao seu trabalho na área de recursos humanos.

Durante o seu tempo na CitySquare, Bradley abordou a gestão de recursos humanos não como o processo de estabelecer regras e fazer com que as pessoas as cumprissem, mas sim como uma série de encontros com outras pessoas. "Os relacionamentos mitigam o risco", ela disse. Colocar os relacionamentos em primeiro lugar também significa que os limites em torno do trabalho de recursos humanos estão sempre embaçados. "Quem disse que eu não posso chorar ou rezar com um funcionário se é isso que ele quer fazer?", Bradley pergunta. A CitySquare tem raízes religiosas como uma organização. Durante a maior parte de sua história, foi chamada de Central Dallas Ministries [Ministérios Centrais de Dallas] e era afiliada a uma igreja. Seu ex-presidente de longa data e atual CEO emérito, Larry James, é ministro. A reunião de pessoal em que estive presente terminou com uma oração. O acolhimento da fé é parte de um desejo de que as pessoas não "compartimentalizem" nenhum aspecto de si mesmas quando chegam ao trabalho, Bradley disse. "Tentamos convidar todas as coisas que nos tornam humanos", ela me falou. O antigo gestor de casos, Marley Malenfant, disse que experimentou a identidade religiosa da CitySquare como aberta a tudo o que os funcionários lhe trouxessem. Ele descreveu o ambiente como um lugar do tipo "Venha como você é".

Ex-funcionários disseram-me que apreciavam como seus supervisores muitas vezes se interessavam por suas vidas fora do trabalho. Liz Curfman, a assistente social que mencionei no capítulo 3, que lutou contra o cinismo, disse que, quando trabalhava na CitySquare, o diretor do seu departamento a presenteou com uma cesta de inauguração quando ela e o seu marido compraram sua primeira casa. Os líderes da CitySquare queriam vê-la prosperar em todos os sentidos, ela contou. Malenfant disse que as reuniões de sua equipe na tarde de segunda-feira sempre incluíam uma mesa redonda não apenas sobre os casos da semana mas também sobre o que estava acontecendo em suas vidas particulares, tanto coisas boas quanto ruins. Disse-me que os seus supervisores realmente ouviam nesses momentos. "Eu lhes dou apoio para isso", ela falou. "É terapêutico de muitas maneiras." A abordagem parece funcionar. A taxa de rotatividade da CitySquare, cerca de 12% na época em que falei com Bradley, é baixa para os padrões do mercado.

* * *

Na reunião da equipe da CitySquare, depois de "É melhor você reconhecer", John Siburt se levantou para falar. Siburt, um homem grande que estava vestindo um casaco esportivo bege naquela manhã, contou história após história sobre Larry James: sua educação na zona rural do Texas; suas relações com as pessoas a quem ele pretendia servir; seu papel, para Siburt, como um segundo pai. Siburt chegou a perder o fôlego ao contar sobre uma vez que James adiou uma viagem de negócios que Siburt deveria fazer, para que ele (Siburt) pudesse treinar o time de beisebol do seu próprio filho em um torneio. Cada funcionário da CitySquare, ele disse, precisava se concentrar em como tratava os outros. O modelo era James. "O seu amor pelas pessoas vive em mim", Siburt disse, "e vive também em você".

Mas depois eu pensei ter detectado um leve tom de intimidação quando Siburt defendeu a avaliação da "positividade" dos funcionários em seus testes de desempenho. Perguntava-me se alguns trabalhadores tinham reclamado sobre isso. Siburt enfatizou que a positividade era essencial para a cultura da CitySquare. "Se você mostrar negatividade para os seus colegas de trabalho", disse, "estamos ferrados, e a missão (de James) morrerá com ele" (Siburt mais tarde disse-me que falava sobre positividade porque era um valor central da organização, e o estresse do trabalho poderia "corroer isso, se não fôssemos intencionais"). Ele concluiu dizendo aos funcionários que queria que eles soubessem "o quanto vocês são apreciados e amados. É um prazer mostrar as suas graças com as suas verrugas, disfunções e tudo mais".

"Ele chora em todas as reuniões", um empregado disse-me depois. Quando Bradley recebeu o microfone de volta de Siburt, enxugou as lágrimas também.

Eu vi o discurso de Siburt como uma tentativa de resolver um conflito profundo em qualquer organização construída sobre os ideais de um líder inspirador. James é um exemplo do que Max Weber chamou de liderança carismática: autoridade que flui do relacionamento das pessoas para com uma única figura convincente, em vez de regras e procedimentos burocráticos (Weber, 1964, p. 358-359). James escreve em seu livro *House rules* [Regras da casa] que um líder não deve tolerar "pessoas que não amam e não podem amar e respeitar aqueles que entram e saem do mundo de sua organização. A amizade é muito essencial para a nossa empresa. Sem ela, certamente falhamos" (James, 2018, p. 245). Ele também encoraja os líderes a abraçarem o "caos" para promover uma comunidade vital (James, 2018, p. 249-250). Uma organização pode prosperar desde que as pessoas acreditem na autoridade de um líder carismático.

Antigos funcionários de longa data da CitySquare disseram-me que seus relacionamentos com James e uns com os outros transformaram um trabalho que era emocionalmente intenso em algo sustentável. Billy Lane, o antigo pastor sênior de uma igreja associada aos Central Dallas Ministries, bem como diretor associado da organização de 1997 e 2005, disse que seu trabalho "não parecia trabalho. Parecia *vida*". Lane disse que James convocava "ajuntamentos" semanais quando os funcionários ou voluntários poderiam não só "nutrir uns aos outros" mas também desabafar seus sentimentos sobre o trabalho. Era o momento de "exalar" e até de conversar um com o outro, incluindo James, a respeito dos problemas que estavam causando.

Quando Lane descreveu a confiança mútua que experimentou na CitySquare, pensei na lista de Christina Maslach e Michael Leiter sobre as seis áreas cruciais em que os trabalhadores sentem a tensão do burnout. A carga de trabalho de Lane parecia pesada, mas era apoiada por um forte senso de comunidade e valores compartilhados, promovidos por meio de rituais como os "ajuntamentos". Esse senso de comunidade é mais difícil de sustentar em uma organização maior e necessariamente mais burocrática. Não há melhor exemplo de autoridade burocrática do que um procedimento de avaliação de funcionários, conforme John Siburt abordou na reunião de equipe. Aos meus olhos, Siburt estava tentando conectar esse procedimento ao carisma de James. A sua resposta à pergunta implícita de porque os funcionários deveriam confiar no sistema foi que esse sistema mostra se os combatentes da pobreza ainda estão em contato com a missão da amada figura que estabeleceu a sua cultura, mesmo quando ela já não está intimamente envolvida nas operações do dia a dia.

A esposa de Billy Lane, Janet Morrison-Lane, trabalhou na CitySquare durante dezessete anos porque, a partir do momento em que, durante a sua entrevista de emprego, James a deixou na despensa alimentar sem instruções, ele lhe deu algo crucial para trabalhar sem burnout: autonomia. Tal como Siburt, ela disse que via James como uma figura paterna. Morrison-Lane foi uma das primeiras pessoas que James contratou depois de ter assumido os Central Dallas Ministries em 1994. Ela dirigia os programas de educação da organização. Durante algum tempo, ela e James foram os únicos funcionários em tempo integral. Nos anos seguintes, as agências que financiam organizações sem fins lucrativos começaram a exigir mais métricas de responsabilidade. Em resposta, a CitySquare cresceu, e, na sua opinião, a cultura dela mudou. "Larry está contratando alguém que está contratando alguém que está contratando alguém", disse Morrison-Lane, referindo-se à organização maior e menos intimista. Tornou-se mais difícil manter a comunidade e conectar todos os valores fundamentais.

Há algum debate entre os estudiosos sobre a liderança carismática beneficiar os trabalhadores ou sobrecarregá-los (Hildenbrand et al., 2018). Um líder carismático é inspirador, no entanto estar constantemente inspirado também pode exaurir você, especialmente se a organização usar a inspiração para cobrir as condições ruins de trabalho. Em geral, as evidências favorecem a visão da liderança carismática como prevenção ao burnout (Babcock-Roberson & Strickland, 2010; Zopiatis & Constanti, 2010). Um estudo descobriu que os trabalhadores, em média, experimentam menos burnout se tiverem um supervisor que apresente um estilo de liderança carismático ou "transformacional" – mas somente se os trabalhadores tiverem uma "abertura à experiência" moderada a elevada, um traço de personalidade associado à imaginação, à sensibilidade emocional e à curiosidade (Hildenbrand et al., 2018). O ponto é que a liderança carismática como vi na CitySquare pode ajudar a prevenir o esgotamento, mas não para todos.

Morrison-Lane disse-me que a burocracia e todas as reuniões de equipe a esgotaram. Como conhecia a CitySquare tão bem, ela disse, as pessoas lhe atribuíam cada vez mais tarefas. "Mas não houve nenhuma promoção", acrescentou, "e você ainda precisa de suas métricas". Além disso, um colega de trabalho foi assassinado, bem como duas crianças com quem ela trabalhava. Ademais, um programa educacional que liderava terminou, e seu foco mudou para a falta de moradia, uma questão fora de suas forças profissionais. Ela se afastou emocionalmente do trabalho, tratando-o mais como um trabalho das 9 às 17 horas. Morrison-Lane disse que James respeitava a sua autonomia mesmo quando aumentava a sua insatisfação com a sua nova função e a burocracia que isso trazia. "Ele devia saber que não era um bom ajuste, mas não disse 'Você está fora'", ela contou. "Ele me deixou descobrir isso." Morrison-Lane deixou a CitySquare em 2012 e começou a trabalhar em uma organização sem fins lucrativos que tem como foco a educação de jovens em Vickery Meadow, um bairro de Dallas com uma grande população de refugiados. Ela é uma das apenas quatro funcionárias.

Todo modelo de autoridade traz riscos. A burocracia pode frustrar os idealistas. Você vai trabalhar esperando lutar contra a pobreza, ou ensinar, ou curar, e acaba preenchendo formulários. A burocracia tem a despersonalização – o cinismo que é típico do burnout – incorporada. A liderança carismática, por outro lado, é inerentemente instável. Como você mantém um sistema de autoridade focado em um líder reverenciado uma vez que esse líder não está mais por perto? (Weber, 1964, p. 363-364). As organizações centradas no carisma também dependem do sentimento humano, que muitas vezes é inconsistente. Gerenciar uma organização de 160 funcionários com amor é como o ato de girar o prato: requer constante manutenção emocional. Finalmente, a cultura de relacionamento da CitySquare depende da contratação de pessoas cujos valores já estejam alinhados com os da organização. "Percebemos que não somos uma colher de chá para todos", Jarie Bradley disse. "Dizemos que temos um pouco de loucura acontecendo na CitySquare, mas é o tipo certo de loucura."

Fiquei impressionado com a forma como a CitySquare coloca a humanidade dos trabalhadores no centro de suas operações, mesmo tendo se tornado necessariamente mais burocrática. Gostaria de ter tido alguém como

Bradley para vigiar o meu trabalho e verificar o meu bem-estar quando eu estava entrando no espectro de burnout. Eu poderia ter usado o tipo de reconhecimento que a CitySquare apresentava em suas reuniões de equipe. Mas também me pergunto se a intensidade emocional que os Lanes encontraram lá não teria sido demais para mim. Eles prosperaram em um lugar onde alguém que valoriza o desapego iria fracassar. Acima de tudo, pergunto-me se uma burocracia humana poderia diminuir os riscos do trabalho, de modo que um local de trabalho orientado para a sua missão não tenha de depender do amor e da força da personalidade para ser mantido.

* * *

No documentário *Darkon*, de 2006, sobre um clube de jogos de RPG ao vivo, vários jogadores dizem que não veem muito significado nos seus empregos no comércio ou na fabricação, mas eles passam horas durante a semana planejando sua próxima aventura, criando fantasias medievais elaboradas ou aprendendo a falar élfico. Depois, nos fins de semana, tornam-se heróis com dignidade e autonomia dentro de um grupo de iguais. Um jogador, chamado Beckie Thurmond, fala: "Eu vou para o trabalho, o meu chefe está no controle. Eu vou para o Darkon, eu estou no controle" (Meyer & Neel, 2006).

Para interromper a cultura do burnout, precisamos priorizar a dignidade dos funcionários, como faz a CitySquare. Também é preciso priorizar o lazer: não trabalhar, mais uma vez, no fim de semana. Mas precisamos ter em mente que o lazer no sentido de Josef Pieper não é apenas uma "pausa" que permite que você volte ao trabalho revigorado. "A questão e a justificativa do lazer não são que o funcionário deva trabalhar sem falhas e sem colapso", escreve Pieper, "mas sim que o funcionário continue sendo um ser humano" (Pieper, 2009, p. 50). Feitos corretamente, os nossos *hobbies* não apenas podem nos ajudar a manter o trabalho em perspectiva como também podem nos manter inteiros.

Um trabalhador que faz do seu *hobby* uma prioridade é Paul McKay. Ele é ciclista. Quando estava se preparando para corridas de cascalho de aproximadamente 320 quilômetros, dormia no sofá todas as sextas-feiras à noite para não acordar sua esposa ou seus três filhos quando se levantava à meia-noite para treinar. Então ele montava em sua bicicleta e pedalava 112 quilômetros de sua casa em Stillwater até Oklahoma City para encontrar-se com um amigo às 4 horas da madrugada. Os dois pedalavam por mais doze ou quatorze horas, percorrendo mais de 250 quilômetros ao todo, ida e volta. Exausto, McKay então encontrava sua família para jantar e pegava uma carona de volta para casa com eles.

Esses passeios noturnos parecem cansativos, mas, para McKay, foram experiências culminantes, até mesmo meditativas. "Quem consegue estar em uma estrada de mão dupla no meio da noite, sentindo-se excelente, com a lua brilhando e vendo sua silhueta no pavimento?", ele me perguntou durante a nossa conversa por telefone. Se você encontrasse uma maneira de se sentir assim, não construiria toda a sua vida em torno disso?

McKay disse-me que o trabalho nunca o definiu. Durante anos, trabalhou no turno da noite em uma fábrica de pneus, porque o horário permitia que ele pedalasse por duas horas no período da tarde antes de ir para o trabalho. Ninguém mais estava em casa, então ele percebeu que não fazia falta. "Pedalar era onde meu coração e minha alma estavam, onde estão os trabalhos de algumas pessoas", disse. As endorfinas dos seus passeios da tarde o ajudaram a passar por um trabalho difícil e perigoso. Ele viu colegas de trabalho morrerem em acidentes na fábrica. McKay perdeu um dedo. "O ciclismo me deu uma saída", disse, uma forma de ser mais do que o seu título de trabalho. "Pedalar me deu autoestima e algo pelo que ansiar."

Outros hobbistas com quem conversei também resistem à ideia da fusão de quem são com o que fazem. Para Ken Jurney, os carros são mais importantes do que o seu trabalho como mecânico de uma grande companhia aérea. Quando lhe falei a respeito do burnout, Jurney imediatamente se lembrou dos rachas quando era adolescente na década de 1970: "Costumávamos fazer muitas exaustões!" O seu primeiro carro foi um Chevy Nova. Mais tarde, comprou um Corvette de 1964 com o salário de combate do seu tempo no Corpo de Fuzileiros Navais e passou anos restaurando-o. Depois comprou uma rara

Nova 1969 e reconstruiu o seu motor. Jurney conhece esses veículos em detalhes minuciosos. Quando conversamos, ele repetiu a ordem de disparo dos pistões em seu Corvette em seu sotaque clássico de Baltimore.

Jurney trabalha sete turnos de doze horas seguidos e tem sete dias de folga na sequência. Ele disse que não precisa trabalhar muito porque conhece bem os aviões e está em uma equipe em que pode confiar. Tem o tipo de trabalho que pode ser esquecido nos dias de folga; os aviões não o seguem para casa. Quando conversamos, ele estava preparando os carros para o armazenamento de inverno. Jurney igualmente dedica algum tempo a uma coleção de moedas e a cada mês, mais ou menos, "vai atirar algumas centenas de munições" no campo de tiro para manter as habilidades que aprendeu como fuzileiro naval. Os seus *hobbies* também têm a ver com comunidade. Quando conheci Jurney, em um show do Corvette em Carlisle, na Pensilvânia, ele estava se movendo de estande em estande, conversando com fornecedores que havia conhecido em muitos shows. Perguntava-se sobre pessoas da sua idade que trabalhavam o tempo todo e não tinham *hobbies*: "O que elas vão fazer quando se aposentarem e não tiverem nada?"

Enquanto a minha carreira acadêmica estava desmoronando, comecei a jogar hóquei no gelo na liga da cerveja nas noites de domingo. Também fiz aulas de desenho durante um ano. Essas atividades deram-me algo pelo que ansiar e colocaram-me em novas comunidades. Elas tiravam a minha mente da minha miséria duas noites por semana, mas não me salvaram do burnout. Na altura em que comecei, pode já ter sido tarde demais.

Os *hobbies* por si só não são o caminho para uma boa vida. Eles são feitos para nos impedir de ficarmos obcecados com o trabalho, mas também podem se tornar obsessões doentias. Cerca de dois anos antes de Paul McKay e eu conversarmos, ele disse que realmente se esquecia de tudo enquanto estava andando de bicicleta, a ponto de não estar totalmente presente para os seus filhos enquanto cresciam. "Quando você está trabalhando, pratica ciclismo e tem filhos, tudo fica desfocado", McKay disse. "Você pensa: 'tudo está fluindo como deve ser'. Porém, você não se dá conta de que há uma criança lá fora, pensando: 'O papai está andando de bicicleta. Não fique no caminho.'" As noites de trabalho "cegaram" McKay para o que ele estava perdendo com a sua família, incluindo coisas rotineiras, como jantar e horário de dormir. Ele agora vê que ter os seus filhos em casa "é um momento fugaz no tempo. É como um tesouro. É como um presente que está deixando você, e você quer se envolver em torno dele. Você sempre pode voltar para a bicicleta", quando as crianças já não forem tão dependentes. McKay atualmente trabalha em uma empresa que faz pisos. O trabalho é mais seguro, e ele disse que não enfrenta nenhum estresse. Pedala quando pode, mas não mais do que 80 quilômetros de cada vez.

* * *

Erica Mena disse-me: "Eu meço as minhas semanas em horas". Mena, que se identifica como uma pessoa não binária, é uma artista e poeta porto-riquenha de 30 e poucos anos que vive em uma pequena vila na Finlândia. "Duas horas por dia durante sete dias me dão quatorze horas de tempo por semana em que posso fazer qualquer coisa", ela disse. "Isso inclui cozinhar, fazer caminhada e fazer arte."

Mena sofre de síndrome de fadiga crônica, o que limita a quantidade de tempo que ela pode ficar ativa. Além disso, Mena disse-me que foi diagnosticada com transtorno de personalidade limítrofe e afantasia, uma condição que impossibilita a criação de imagens mentais. Todas as manhãs, depois de ler por uma hora, alimentar o gato e tomar café da manhã, Mena faz uma autoavaliação: "Como eu me sinto? Sinto que tenho energia para dar um passeio? Sinto que tenho energia para ir ao estúdio?" Se pode ser um dia de trabalho, então Mena vai para o estúdio em casa – uma mesa a poucos metros de distância da sua cama – ou para o estúdio de tipografia do outro lado da cidade. Ela coloca uma lista de músicas que roda por uma hora e depois começa a trabalhar. Isso pode envolver fazer algum papel, cortar cartolina, definir tipos, misturar tinta, colar ou costurar as partes do livro. Ela me falou sobre um projeto recente, um livro sobre o Furacão Maria chamado *Gringo death coloring book* [Livro de colorir da morte do gringo], que é uma colaboração de outros dois artistas porto-riquenhos. Mena colocou uma cópia do livro no chão para mostrar-me na nossa chamada de vídeo; uma vez aberto e na vertical, tem a forma de uma estrela.

"Eu realmente fico envolvida no trabalho", Mena disse. "E tem um tipo de qualidade meditativa para mim, então é fácil perder a noção, deixar de ouvir meu corpo e me perder no ritmo do trabalho." É para isso que serve a lista de músicas. Quando a música para, Mena para e então verifica se sente que pode continuar. Se não tem energia, ela cuida de outras tarefas ou descansa. É uma questão de autocompaixão. O dia em que falei com Mena não foi um dia de trabalho. "Alguns dias, tudo o que posso fazer é sobreviver, e está tudo bem", Mena disse. "Isso ainda é valioso."

Os hábitos de trabalho de Mena fazem eu me lembrar dos monges do Mosteiro de Cristo no Deserto no Novo México. Assim como os monges, a agenda de Mena é estritamente limitada; no caso de Mena, o motivo não é a oração comunitária, mas sim a saúde. O fim da lista de músicas funciona como o sino da capela para Mena, chamando-a para interromper seu trabalho, até mesmo um bom trabalho, porque algo mais está em jogo. É outro ritual que estabelece um limite para o trabalho.

A CitySquare demonstra como poderia ser uma organização que pretendesse cuidar da humanidade plena de seus funcionários. Hobbistas como Paul McKay e Ken Jurney mostram como é possível subordinar o seu trabalho a outras atividades. A experiência de artistas como Mena – pessoas em idade ativa cujas deficiências impedem-nas de trabalhar por remuneração – aponta o caminho para modelos mais inclusivos para encontrar dignidade, liberdade e um sentido de significado. A arte é uma atividade exemplar porque, tal como o trabalho remunerado, produz algo, mas também é um esforço que as pessoas empreendem por razões não comerciais. A criação artística também depende de comunidades de outros artistas e de disciplinas individuais para apoiá-la. Artistas como Mena, que têm deficiências, podem obter muitos dos bens morais que associamos ao emprego por outros meios.

Mena nem sempre trabalhou em pedaços de hora por dia. Durante mais de uma década, ela foi uma acadêmica ambiciosa, adicionando linhas ao seu currículo e buscando um emprego estável enquanto orientava estudantes e administrava uma revista literária e uma pequena editora. O que atraiu Mena foi a aparente liberdade do trabalho acadêmico. Era muito trabalho, mas não era um trabalho das 9 às 17 horas. E muito disso era trabalho que ela teria feito de qualquer maneira.

Mena estava lecionando na Universidade Brown em outubro de 2016 quando ficou doente com o que pensavam ser um resfriado. Ela acabou ficando acamada até abril do ano seguinte. No outono posterior, depois de ter recuperado alguma capacidade física e de ter aprendido a administrar a sua condição, começou a lecionar em tempo integral. Porém, mesmo com a ajuda do seu então parceiro e de um assistente, Mena não conseguiu seguir com o trabalho. Acabou indo para uma sala de emergência psiquiátrica e um programa ambulatorial de tratamento de saúde mental (Mena, 2019). Um ano depois, Mena partiu para a Finlândia.

"Aproximei-me da liberdade como resultado de um trabalho árduo", disse. Depois de adoecer e começar a ler textos do campo dos estudos relacionados a deficiência, no entanto, ela percebeu que a concepção de liberdade era falsa. Sem um emprego comum, Mena sustenta-se com economias de sua carreira anterior, além de escrever, editar e vender arte autonomamente. Pergunto a Mena se ela se sente mais livre agora porque mora na Finlândia, um país frequentemente aclamado como uma social-democracia feliz e funcional. "Eu me sinto mais livre agora que estou fora do *capitalismo*, na medida em que estou afastada de muito da sociedade por conta de ser deficiente", ela respondeu. De modo semelhante, a escritora Johanna Hedva conecta a deficiência ao capitalismo, descrevendo a doença como "uma construção capitalista". Nas palavras de Hedva, "a pessoa 'boa' é a pessoa que está bem o suficiente para ir trabalhar. A pessoa 'doente' é aquela que não está". Como resultado, as sociedades capitalistas veem a doença como uma aberração, não como uma parte normal do ser humano (Hedva, 2016). Ser cronicamente doente, então, é estar em violação permanente da norma, ser inelegível para o respeito social.

Mena, no entanto, diz que sair do capitalismo e da cultura americana do trabalho total ajudou-a a viver em maior alinhamento com os seus ideais éticos. "Eu sou uma pessoa muito melhor", disse. Mena refere-se à deficiência como um "presente" em relação à presença com seu corpo e seus sentimentos, de estar "inevitavelmente presente apenas com eles". Como resultado dessa mudança, Mena não se sente culpada nas manhãs em que tem energia, mas dá um passeio na floresta em vez de ir para o estúdio.

Caminhar é uma utilização quase inerentemente improdutiva do tempo. É contemplativo; não cria nada de valor monetário; é lazer. Mena caminha lentamente por entre as árvores e carrega uma sacola para colocar os objetos que vai recolhendo pelo caminho: ossos de animais, folhas, pedaços de casca de bétula. Essas peças farão parte de um novo projeto. Mena verifica sua energia de vez em quando, e às vezes percebe que pode ir um pouco mais longe, mas qualquer tempo ou distância que consiga gerir é suficiente.

* * *

A história da minha amiga Patricia Nordeen sobre trabalho e deficiência é semelhante à de Erica Mena. Assim como Mena, Patricia foi atraída para a academia pela agenda flexível que lhe era oferecida para fazer o que mais gostava: ler, pensar e escrever. Estava em uma trajetória profissional ascendente, com PhD em filosofia política em Yale e um emprego de docente na Universidade de Chicago, mas em seus 30 e poucos anos teve de abandonar completamente a sua carreira.

As deficiências de Patricia decorrem principalmente da síndrome de Ehlers-Danlos, uma condição genética rara que enfraquece a capacidade do organismo de produzir colágeno. Como Patricia aponta, o colágeno está em tudo: articulações, pele, córneas. Sem colágeno adequado para promover a união, as peças do corpo saem do lugar. As articulações de Patricia deslocam-se com frequência. Ela tem uma placa de metal em seu crânio, e todas as vértebras desde a parte superior do pescoço até as omoplatas foram fundidas cirurgicamente para evitar a compressão dos nervos. Patricia perdeu três anos em função de períodos diários de paralisia do lado esquerdo. Ela também tem muitas alergias, inclusive a opioides, o que significa que sente dor a maior parte do tempo. Assim como Mena, minha amiga passa bastante tempo na cama.

Enquanto o desafio de Mena é encontrar liberdade para além da ética do trabalho, o de Patricia é encontrar identidade sem as instituições acadêmicas que ratificaram sua autocompreensão durante a maior parte de sua vida adulta. Atualmente, vive com sua mãe, viúva, na cidade de Michigan, onde frequentou a faculdade. As suas lembranças mais significativas do lugar não são de festas, mas sim do prédio onde ela leu pela primeira vez algo do filósofo escocês David Hume.

A linguagem da deficiência frustra Patricia. "'Deficiência' – todas essas palavras são realmente sugadoras de identidade", ela disse. "É uma palavra gigantesca para cobrir todas as profissões, tudo. Você é *de*ficiente." Patricia vê o termo antiquado "inválido" da mesma maneira: "*in*-válido". Reforça a ideia de que, sem trabalho para focar a sua identidade, você não é ninguém.

Patricia aceitou com entusiasmo o meu pedido de entrevista em vídeo; disse que era uma rara oportunidade de contribuir para a academia. As principais atividades que uma vez definiram sua vida intelectual são praticamente impossíveis agora. "É difícil para mim pensar muito bem. Eu tenho um pensamento, e, assim que começo a mantê-lo e expressá-lo, vem um pouco de dor, e o pensamento é interrompido", ela falou, usando o seu dedo para desenhar uma linha no ar em frente ao seu rosto. A dor apaga o pensamento. Mesmo que ela pudesse escrever fisicamente um livro – por exemplo, sobre como ser paciente, aproveitando sua vasta experiência ao lidar com especialistas –, ela não poderia publicá-lo por conta dos limites que a Administração da Previdência Social impõe a respeito do dinheiro que alguém que recebe benefício por invalidez pode ganhar.

Patricia construiu a sua identidade pós-acadêmica em torno da arte. Ela era uma tricoteira de longa data, mas nunca havia desenhado nada. Então, uma amiga convenceu-a a participar de um grupo de arte on-line, onde ela recebeu opiniões encorajadoras sobre os seus primeiros feitos. Aprender regras técnicas como a proporção tornou-se um problema para resolver, um quebra-cabeça. Patricia encontrou um grupo de jornalistas de arte no Instagram e começou a publicar o seu trabalho nas redes sociais sem se preocupar muito se era "boa" o suficiente. Ao envolver-se com postagens de outros artistas amadores, ela encontrou uma comunidade.

"Somos seres 'sociais' ou 'políticos', dependendo de como se traduz Aristóteles", Patricia disse. Compartilhar sua arte "me impede de ser solitária. Só o ato de clicar em enviar algo que pintei ou desenhei definitivamente me dá uma sensação de validação, como se eu fosse parte da sociedade". Quando conversei com ela em abril de 2020, Patricia e uma amiga que ela conheceu pelo Instagram estavam no meio de um projeto que chamaram de "Pandemic pen pals". Elas se comprometeram a preencher uma página de caderno de esboços por dia durante cem dias, postar as imagens on-line e depois enviar os livros completos uma para a outra. Durante um dia, Patricia fez uma colagem de selos cancelados e fotografias de duas mulheres da Era Vitoriana para representar ela e sua amiga por correspondência fazendo caretas. No dia seguinte, pintou um quadro de uma magnólia em flor e escreveu uma breve história sobre a primeira vez que viu uma depois de mudar-se para a Virgínia devido a uma função de pós-doutorado. O projeto "é realmente uma forma de nos tranquilizarmos uns aos outros, mas também de tranquilizar a nós mesmos", ela disse. "Trata-se de uma questão de reconhecimento."

O projeto também impõe a Patricia uma disciplina que ela própria escolheu, semelhante à oração monástica ou à pausa para o chá de Richard Bresnahan. "Você tem de aparecer" quando prometeu a alguém que lhe faria um desenho por dia, ela disse. Para a maioria das pessoas da idade de Patricia, o trabalho impõe essa responsabilidade e dá estrutura moral às suas vidas interpessoais, mas faz isso à custa da exposição às condições que, quando se afastam dos seus ideias, levam ao esgotamento. Se nós, em um nível social, removermos o trabalho do centro de nossas vidas, ainda precisaremos de estruturas morais – horários, objetivos, responsabilidade – para ajudar no autodesenvolvimento.

Patricia apontou para os seus 45 cadernos de desenho como evidência de que estava melhorando. "Isso é satisfatório para alguém que gosta de aprender", falou. Ela gostaria de montar um estúdio em casa, um lugar além de sua cama onde pudesse começar a pintar telas. Revelou estar pessimista sobre suas perspectivas de melhorar fisicamente. Os seus médicos dizem que um tratamento para a síndrome de Ehlers-Danlos pode surgir, mas levará alguns anos. Enquanto isso, ela continua preenchendo os cadernos. "Contanto que eu possa permanecer curiosa, ter alguma disciplina, ser compassiva e ser grata, posso superar isso. Pelo menos até agora."

* * *

Todas as pessoas que encontrei que estão, intencionalmente ou não, vivendo um *ethos* pós-esgotamento – os beneditinos, a CitySquare, os hobbistas, os artistas com deficiência – compartilham a convicção de que a dignidade de alguém não tem nada a ver com o seu trabalho. Há muitos caminhos para essa convicção. O Papa Leão XIII chegou a ela por meio da noção bíblica de que todos os seres humanos são feitos à imagem e à semelhança de Deus. Erica Mena chegou até ela pensando em seu gato. "Eu amo o meu gato mais do que qualquer criatura viva no mundo inteiro", disse, "e ele não está nem aí para o trabalho. Ele estraga tudo. Então, se meu gato merece esse amor, como posso dizer que os humanos não merecem?" E, Mena continua, se os seus amigos são merecedores de amor e se as crianças são merecedoras de amor apesar de nunca trabalharem, "então eu também sou". Mena também se inspira em uma impressão de *Anticapitalist love notes* [Notas de amor anticapitalistas], um projeto tipográfico de uma mulher que diz: "Você vale muito mais do que a sua produtividade". Essa simples declaração de uma colega abriu novas maneiras de pensar para Mena. "Lembro-me de ver essa postagem no Instagram dela e sentir esse tipo de desejo em meu coração", disse. Ela começou a perguntar para si mesma: "O que eu precisaria mudar para acreditar nisso?"

A noção de uma dignidade inerente a todas as pessoas, independentemente de produzirem algo de valor monetário, leva a autora e pintora Sunaura Taylor a defender um "direito de não trabalhar". Taylor, que tem artrogripose, uma condição que limita severamente o uso de seus braços e pernas, observa que as pessoas com deficiência estão tão sujeitas quanto qualquer outra aos ideais capitalistas americanos e, portanto, suscetíveis de sentirem-se culpadas por não viverem de acordo com esses ideais. Ao contrário de Erica Mena e Patricia Nordeen, Taylor nunca conseguiu manter um emprego comum, mas ela escreve que é "excepcionalmente afortunada por ter sido criada com uma crença em meu próprio valor inerente", uma crença que manteve sua culpa sob controle. "O direito de não trabalhar é o direito de não ter o seu valor determinado pela sua produtividade como trabalhador, pela sua empregabilidade ou pelo seu salário", escreve. É a ideia que Mena encontrou na impressão de *Anticapitalist love notes*. É também uma reversão da ideologia de trabalho quintessencialmente americana que Booker T. Washington adotou. Washington ensinou que pessoas sem reconhecimento social poderiam adquiri-lo por meio do trabalho; Taylor diz que, se reconhecêssemos a dignidade inerente de todos antecipadamente, então as pessoas poderiam trabalhar ou não "e orgulharem-se disso" (Taylor, 2004). O seu valor e a sua liberdade estariam baseados em algo inteiramente diferente.

A visão de Taylor sobre o bem humano não apenas libertaria as pessoas com deficiência da indignidade e da culpa por não trabalharem como também libertaria a todos nós. Igualmente reduziria os nossos ideais de trabalho e justificaria melhores condições para aqueles que trabalham. Poderia justificar ainda uma renda básica universal, o que tornaria economicamente possível o exercício do direito de não trabalhar. Quando vemos a doença e a incapacidade como partes normais da vida, também legitimamos os cuidados não remunerados de outras pessoas como uma atividade normal, tão válida quanto o trabalho remunerado (Hedva, 2016). Ao ver o trabalho a partir da perspectiva da incapacidade, podemos reconhecer nossa vulnerabilidade e nossa interdependência, enfraquecendo o individualismo que torna o burnout sempre um problema individual, *seu*, e nunca um problema compartilhado por outros.

Todos são, na melhor das hipóteses, apenas "temporariamente capazes", como Taylor (2004) menciona. Independentemente das nossas habilidades atuais, todos nós estamos caminhando para a incapacidade à medida que envelhecemos. A nossa doença ou a nossa deficiência, mais cedo ou mais tarde, tornarão impossível o trabalho. Esse fato deve ajudar os trabalhadores capazes como eu a serem solidários com outros que não podem trabalhar. A deficiência faz parte da natureza humana. É do interesse de todos ver dignidade nessa condição e mudar nossos arranjos sociais para que as pessoas com deficiência possam levar uma vida com autonomia e significado. Johanna Hedva clama por uma nova política radical baseada em nossa fragilidade comum: "Levar a sério a vulnerabilidade, a fragilidade e a precariedade de cada um e apoiar, honrar, fortalecer essas pessoas. Para proteger uns aos outros, para representar e praticar a comunidade. Um parentesco radical, uma socialidade interdependente, uma política de cuidados" (Hedva, 2016).

Hedva está escrevendo sobre uma promessa diferente daquela que está no cerne da ética do trabalho. Em vez de dizer que a pessoa só tem valor se trabalhar, podemos prometer cuidar uns dos outros independentemente de qualquer coisa, como fazem as comunidades beneditinas. E assim como codificamos a antiga promessa em nosso governo e em nossos locais de trabalho, podemos forjar instituições de assistência. Podemos adaptar os empregos de acordo com "a saúde e a força" das pessoas que os executam, como pede Leão XIII (*Rerum Novarum*, 20). Há uma grande possibilidade de que qualquer pessoa que trabalhe hoje encontre a realidade do seu emprego divergindo dos seus ideais de trabalho. Nas condições atuais, todo trabalhador é um caso potencial de burnout. Isso também deve ser uma fonte de solidariedade, um estímulo para mudar essas condições e o que esperamos do trabalho. Não podemos simplesmente concordar com os problemas criados pelos ideais de nossa sociedade. Nós *somos* a sociedade. Nós podemos mudar esses ideais.

* * *

Agora, vamos ao meu caso. Depois de deixar o que antes era meu emprego dos sonhos como professor universitário, segui a carreira da minha esposa para o Texas e tentei reconstruir minha identidade profissional. Foi um alívio perceber como diminuia a tensão entre os meus ideais e a realidade do meu trabalho, mas eu me senti perdido durante grande parte do meu primeiro ano na cidade de concreto e castigada pelo Sol que era minha nova casa. Como recém-chegado, muitas vezes perguntavam-me o que eu fazia para viver. Eu responderia: "sou um escritor?" Parecia fraudulento. Eu pensei em conseguir mais um diploma de pós-graduação ou talvez um emprego no serviço alimentar só para ter uma resposta melhor para essa pergunta. Passei longos dias em casa, sozinho, à espera de que alguém me desse um projeto. Comecei a identificar-me com o personagem de Martin Sheen no início de *Apocalypse now* – o comando deteriorando-se em seu quarto de hotel em Saigon porque ele não tinha uma missão.

Aos poucos, comecei a publicar mais. Fui a oficinas de escrita. Tracei uma nova carreira que combinava escrita, fala e ensino. Decidi que queria voltar para a sala de aula da faculdade, então mandei um e-mail para a diretora do programa de redação do primeiro ano de uma universidade próxima. A diretora escreveu de volta e perguntou se poderíamos nos encontrar imediatamente; ela precisava de alguém que começasse a dar aula para uma turma dentro de poucas semanas.

Conseguir esse emprego foi um passo crucial para refazer a minha capacidade de florescer. Meu horário de ensino é leve, apenas uma ou duas aulas por semestre, mas impõe uma estrutura nos meus dias e semanas. Dá-me uma instituição à qual pertencer. Como adjunto, estou do lado errado do local de trabalho fissurado, mas meus amigos docentes titulares veem-me como um colega. Mais importante, sei que alguém está dependendo de mim. Os meus alunos confiam em mim para liderar nossas reuniões de turma, para avaliar os seus trabalhos, para mostrar-lhes como melhorar as frases temáticas dos seus parágrafos. Isso é a validação imediata e diária do meu trabalho e, portanto, de mim mesmo. Sei como é arriscado eu me apoiar nessa validação, mas é bom ouvir o agradecimento dos alunos enquanto eles saem pela porta da sala de aula.

Enquanto estava trabalhando neste capítulo, fiz o teste Maslach Burnout Inventory novamente. Eu sabia que não estava mais esgotado, mas queria uma verificação científica. Nos quatro anos entre os dois testes, melhorei em todas as três dimensões em uma quantidade surpreendente. Pouco depois de ter deixado o meu emprego, pontuei 98% para exaustão emocional, 44% para despersonalização (ou cinismo) e 17% para realização pessoal, sinalizando um elevado sentido de ineficácia. Na segunda vez, pontuei 13% para exaustão, apenas 7% para despersonalização e 55% para realização pessoal.

As novas pontuações refletem com precisão o meu sentido subjetivo de como estou me sentindo. Não estou exausto. Eu acordo e sinto-me bem. Não tenho medo das tarefas que me esperam. O trabalho duro, mesmo o trabalho de escrita, que apenas exige que eu fique quieto e sozinho, é cansativo, mas não sinto o cansaço constante que senti no fim na minha carreira de professor em tempo integral. Ensinar ocupa pouco do meu tempo. Tenho autonomia quase total para escrever o que quero. Tenho orgulho do trabalho que faço. Alguém que ainda estivesse esgotado não poderia ter escrito este livro.

Penso que as minhas respostas refletem ideais inferiores para o meu trabalho como professor. O teste convidou-me a dizer com que frequência "eu me sentia empolgado depois de trabalhar com meus alunos". Empolgado parece ser um nível alto de atingir. *Devo* me sentir empolgado depois da aula? Eu respondi que me senti assim algumas vezes por mês. Não tenho certeza se é saudável sentir isso com mais frequência. Em vez de buscar a euforia em meu ensino, tento manter uma distância emocional dela; tento deixar tudo em uma situação estável, nem tão alta, nem tão baixa. Ainda, as perguntas do MBI refletem muito idealismo a respeito do trabalho de ensino. Por exemplo, o teste pediu-me para dizer com que frequência "eu conseguia criar facilmente um ambiente descontraído com os meus alunos". Facilmente? Não. Uma atmosfera descontraída em sala de aula é o resultado de um trabalho emocional árduo e de uma atenção constante a tudo o que acontece simultaneamente na sala. Não há nada fácil nisso.

A frustração que sinto quando os alunos não fazem suas tarefas de leitura ou quando me vejo comentando demais as suas atividades é real, mas não coloca toda a minha vida em questão, porque não me identifico mais tão intimamente com esse trabalho. Estou andando em um par mais curto de pernas de pau; posso me recuperar rapidamente quando elas balançam. Então, na pior das hipóteses, sinto-me ligeiramente ineficaz como instrutor de meio período. Eu posso viver com isso.

Prego uma nova visão de trabalho melhor do que a pratico. Não sou bom na austeridade moral que Thoreau associa a um maior respeito próprio. Sou ruim com horários e fico nervoso quando penso que não fui produtivo. Luto para seguir o conselho de Dom Simeon e "superar" quando meu trabalho parece inacabado. Não consigo deixar de precisar que outras pessoas validem-me. Há anos que não pego em um lápis de desenho ou coloco meus patins de hóquei.

No entanto, estou muito melhor do que estava nos meus últimos anos como professor, e foi necessária uma nova austeridade para chegar a esse ponto. Ao desistir do meu emprego e estabelecer uma carreira de *freelancer*, tive uma redução salarial de 75%, e o sustento teria sido impossível sem a renda da minha esposa. Tive de sacrificar o *status* que vem de ter um emprego em tempo integral, para não mencionar a recompensa acadêmica ou a estabilidade. Tive de desistir de uma parte do meu ego. Tive de desistir de um sonho antigo. Mas encontrei um novo.

Quase odeio admitir isso, pois não quero disfarçar a dor do meu esgotamento, mas uma parte de mim está grata por eu ter me esgotado tão completamente. Foi um sinal claro de que algo estava errado, de que eu precisava fazer uma mudança significativa. Se o trabalho tivesse sido menos desconfortável, eu poderia ter persistido nele por muito mais tempo, talvez me prejudicando mais severamente porque o dano teria sido menos perceptível – uma erosão lenta e inexorável, em vez de um colapso mais espetacular. Visto dessa forma, o burnout pode até ter sido um presente.

Conclusão

Trabalho não essencial em um mundo pós-pandêmico

Enquanto eu estava trabalhando neste livro, a pandemia de covid-19 espalhou-se pelo mundo. Em pouco tempo, estava preso em casa, com minhas poucas rotinas de trabalho alteradas e com a minha vida social completamente destruída. O ritmo de tudo ao meu redor parecia diminuir. No meu frondoso bairro de Dallas, eu via mais pessoas do que o habitual nas calçadas a qualquer hora do dia, muitas vezes bebendo vinho ou cerveja em copos de plástico. Os cães estavam se exercitando mais. Os bebês eram levados para passeios mais longos em seus carrinhos. Casais que normalmente estariam no trabalho jogavam tênis no parque ao meio-dia de uma quinta-feira.

A calma era apenas uma máscara fina para o nosso medo, a nossa ansiedade e a nossa tristeza nacionais. O vírus tirou centenas de milhares de vidas ao longo do ano. Também destruiu o trabalho de todos. A taxa de desemprego passou de um mínimo histórico para um máximo histórico praticamente da noite para o dia. Os trabalhadores das linhas de frente em hospitais, asilos, frigoríficos e supermercados enfrentaram um enorme risco de infecção enquanto trabalhavam para salvar vidas e manter todos alimentados. A distinção entre trabalhadores "essenciais" e "não essenciais" tornou-se crucial, não apenas economicamente mas também eticamente. Políticos, anunciantes de televisão e pessoas comuns batiam em panelas e frigideiras para elogiarem os trabalhadores essenciais como "heróis", mas o elogio foi uma escassa compensação pelas condições que esses trabalhadores enfrentaram: pouca escolha sobre apresentar-se ou não para o trabalho, equipamento de proteção improvisado e, muitas vezes, salários de miséria.

Mesmo assim, os trabalhadores essenciais demonstraram heroísmo moral no trabalho. Eles salvaram as vidas de outras pessoas mesmo à custa de suas próprias vidas; ou desempenharam funções nada glamurosas que impediram a sociedade de parar completamente. Como disse o motorista de ônibus Frank de Jesus da cidade de Nova York em uma conversa com um colega de trabalho que foi ao ar na rádio pública: "Apesar de todas as provações e tribulações, gostamos de fazer o que fazemos pela cidade de Nova York". Outro motorista, Tyrone Hampton, respondeu: "Nós gostamos. Temos coração de motorista. Só que agora o nosso coração está sendo testado". Diante da possibilidade de contágio e vendo outros motoristas, seus "irmãos", adoecerem e morrerem, esses homens recorreram à amizade e à nobreza de suas vocações para encontrar conforto e força. "Nós vamos conseguir superar isso, cara", Hampton disse a Frank de Jesus. "Nós vamos superar" (Hampton & de Jesus, 2020).

Enquanto isso, milhões de funcionários administrativos "não essenciais" começaram a trabalhar de casa, e o fechamento das escolas significava que os pais tinham de fazer os seus trabalhos enquanto também trabalhavam como auxiliares não remunerados dos professores. Em alguns casos, trabalhar de casa representava trabalhar muito mais, porque as barreiras físicas para trabalhar, como escritórios e deslocamentos, tornaram-se inexistentes. Com as redes on-line ligadas a todo momento, um provedor de rede privada virtual informou que os seus usuários corporativos dos Estados Unidos fizeram *login*, em média, três horas a mais por dia durante a primavera de 2020 (Davis & Green, 2020). Em suma, muitos não tinham trabalho a fazer; outros tinham muito trabalho.

O vírus também exacerbou as disparidades de gênero, raciais e outras no trabalho. As mulheres perderam os seus empregos ou tiveram de deixá-los para cuidarem dos filhos em casa em taxas muito mais elevadas do que os homens, a ponto de a taxa de participação das mulheres americanas na força de trabalho ter caído para o seu nível mais baixo desde 1988 (Gogoi, 2020). Por ocuparem desproporcionalmente empregos na linha de frente, muitos trabalhadores negros foram forçados a enfrentar altos riscos por pouca recompensa financeira (Kinder & Ford, 2020). Enquanto isso, trabalhadores sem documentos, a maioria deles hispânicos ou asiáticos, não poderiam receber nenhum dos trilhões de dólares em financiamento federal destinados a manter as famílias e as empresas solventes durante a crise.

Ao interromper o nosso trabalho, a pandemia libertou-nos das coisas que demandam nosso tempo e que nos dão objetivos a perseguir. Não substituímos essa ordem por uma visão mais elevada daquilo que vivíamos, como fazem os monges e irmãs beneditinos. Igrejas, sinagogas, mesquitas e templos fecharam. O mesmo aconteceu com outros locais de aspiração ritualizada, como academias e estúdios de ioga. Naqueles primeiros meses, organizamos as nossas vidas de acordo com a doença. A menos que tivéssemos algum trabalho "essencial" a fazer, tentamos sobretudo evitar o vírus. O ritual mais elevado de todos era lavar as mãos. Entramos em uma hipótese cultural nula: não uma interrupção total, mas também não uma interrupção funcional. Foi terrível, sem dúvida, mas também foi uma rara e inesperada interrupção na nossa cultura de trabalho total e esgotamento.

Alguns políticos e escritores manifestaram o desejo de fechar essa brecha assim que se abrisse, pedindo um fim rápido às ordens de ficar em casa, independentemente dos danos à saúde pública. "A minha mensagem é a de que vamos voltar ao trabalho", disse Dan Patrick, vice-governador do Texas, em entrevista à televisão. "Vamos voltar à vida. Sejamos espertos, e aqueles de nós que têm mais de 70 anos, cuidemos de nós mesmos, mas não sacrifiquemos o país" (Fernandez & Montgomery, 2020). O raciocínio de Patrick parecia ser no sentido de que poucos trabalhadores mais jovens morreriam em decorrência do vírus, e o país deveria aceitar a morte dos mais velhos pelo bem da economia. As suas palavras revelaram o axioma da cultura americana de que você existe, antes de mais nada, para trabalhar. De que adianta a saúde se você não vai usá-la produtivamente? Porém, ao dizer isso, Patrick pareceu protestar demais. Ao insistir em um ponto tão cruel e absurdo, ele mostrou como era realmente duvidoso. Nós subordinamos os nossos empregos à nossa saúde em uma escala da sociedade; provamos que *não* existimos apenas para trabalhar.

* * *

Pouco tempo depois de a maioria das cidades dos Estados Unidos terem entrado em isolamento, fiz o que parecia ser uma pergunta tabu para os meus seguidores no Twitter: "Alguém está gostando disso? Alguns pais, em especial? Existem maneiras de sua vida ser melhor nesta situação?" (Malesic, 2020). Fiquei surpreso com a resposta de mais de trinta trabalhadores dos Estados Unidos, do Canadá e da Europa. Talvez "gostar" fosse a palavra errada, observaram, mas eles encontraram algo positivo em sua nova realidade. "Eu não gosto da floresta", disse Caitrin Keiper, uma editora de revista e mãe que mora na Virgínia, "mas eu amo as minhas árvores". Outras pessoas usaram as palavras "adorável" e "maravilhoso". Elas pararam de deslocar-se; estavam passando mais tempo com seus filhos; estavam se exercitando mais. Sempre foi verdade que não tínhamos de estar todos no escritório, conectando-nos aos projetos questionáveis de nossos chefes. O vírus apenas tornou isso óbvio. Ao destruir as nossas antigas rotinas e reduzir os nossos colegas de trabalho mais irritantes a um único bloco no Zoom, a quarentena generalizada libertou muitos trabalhadores de algumas situações que faziam os seus trabalhos parecerem sem sentido. Isso revelou o quanto do nosso trabalho realmente não é essencial.

Um pai de três filhos pequenos que trabalha para uma organização sem fins lucrativos na região de Washington, DC, disse-me que trabalhar em casa permitia uma divisão mais equitativa do trabalho doméstico com a sua esposa, que também estava trabalhando de casa. "Não tenho mais duas horas e meia de deslocamento diário. Ela não precisa cozinhar e entreter as crianças ao mesmo tempo", disse. Como de repente passou a estar sempre em casa, ele cozinhava todos os dias. Cada um deles bloqueou o tempo em suas agendas para assumir a responsabilidade principal pelos seus filhos ou, como fizeram um dia, para tocar violão em frente às casas dos vizinhos, de modo que seus filhos pudessem dançar e cantar sozinhos. Em tempos normais, tal capricho poderia soar como uma irresponsabilidade, senão como algo impossível.

A quarentena acabou com o dilema habitual que os trabalhadores enfrentavam sobre terem empregos "gananciosos" e estarem com as pessoas que amam (C. C. Miller, 2019). Summer Block, uma escritora autônoma de Los Angeles que é casada e tem quatro filhos, disse-me que, antes da ordem de ficar em casa, ela estava sobrecarregada com trabalho, família e uma longa lista de projetos voluntários, desde escoteirismo até associação de pais e professores, bem como a campanha de Bernie Sanders. "Todas essas coisas estão canceladas agora", contou. A terapia e as aulas de música dos seus filhos começaram a acontecer on-line, então ela não precisava mais se deslocar para levar ninguém. "Normalmente eu sinto que nunca tenho tempo suficiente com os meus filhos", Block disse. "Agora, finalmente, não tenho aquela sensação incômoda de: 'gostaria de vê-los mais.'" Ela até encontrou um pouco mais de tempo para escrever.

As pessoas com quem falei estavam certamente preocupadas. Várias disseram abertamente que preferiam uma vida "normal" sem coronavírus às condições que a pandemia impôs a todos. "Eu tive surtos diários", disse Bria Sandford, uma editora de livros de Nova York. No entanto, sair de sua agenda normal a ajudou a encontrar um valor renovado no lazer. "A eliminação do estresse físico por conta do deslocamento e do ambiente de escritório compensou amplamente o estresse da quarentena", disse. "Estou fazendo caminhadas pela natureza, alimentando-me bem, hidratando-me e conseguindo fazer exercícios leves pela primeira vez em anos." Ela esperava que, uma vez terminada a pandemia, trabalhasse mais de casa e mantivesse o que chamou de "sem telefone antes da rotina de oração e caminhada".

Os trabalhadores que responderam à minha pergunta pareciam ter encontrado um ponto ideal na forma como usavam o tempo que, de outra maneira, gastariam com deslocamento. Uma pesquisa com americanos que trabalharam de casa durante a pandemia revelou que cerca de 45% do tempo foi dedicado ao trabalho, um quarto para o cuidado das crianças ou afazeres domésticos, e os 30% restantes para o lazer (Barrero et al., 2020). Não é difícil imaginar que, se você tivesse um chefe de confiança, então poderia pender mais nesse equilíbrio para a família e o lazer e menos para o trabalho. Os trabalhadores que responderam à minha pergunta não eram típicos. A maioria era composta de pessoas instruídas e que tinham o tipo de trabalho que poderia ser feito remotamente. Nenhum deles disse que alguém de sua família imediata tinha sido contaminado pelo vírus. O fato de terem experimentado alguns efeitos positivos do autoisolamento deveu-se, em parte, a vantagens – como a segurança no emprego, o rendimento familiar digno ou a autonomia sobre seus horários – de que a maioria dos trabalhadores não desfruta. Mas é por isso que a experiência deles nos aponta para algo além da cultura do burnout. Como podemos reconstruir a sociedade para que todos os trabalhadores tenham essas vantagens?

Essa revolução terá de resultar em novas políticas que possibilitem que os empregos satisfaçam a dignidade daqueles que os desempenham. Será igualmente uma revolução moral, no sentido de que valorizaremos algo superior ao nosso trabalho e colocaremos a compaixão pelos trabalhadores antes da produtividade máxima. A revolução já estava em andamento durante a quarentena, mesmo com as pessoas temendo pelas vidas umas das outras. Erin Bishop, administradora universitária em San Diego, disse-me que, depois que começou a trabalhar de casa, a sua casa tornou-se uma "desordem" de trabalho e de crianças jogadas juntas em um lugar pequeno. Ainda assim, ela conseguiu encontrar um momento de pausa, o que teria sido impossível algumas semanas antes. "Eu simplesmente me deitei sobre um cobertor no quintal com o meu filho de 3 anos de idade, e nomeamos as formas que vimos nas nuvens", ela escreveu. "Foi maravilhoso" (Bishop, 2020).

* * *

No início da quarentena, ouvi o governador do estado de Nova York, Andrew Cuomo, dar uma entrevista a respeito do desafio que o seu estado e a cidade de Nova York, em particular, enfrentavam. No fim da entrevista, Cuomo fez um apelo moral a todos os nova-iorquinos: "Estenda a sua imaginação de uma maneira que você nunca pensou e estenda a sua ambição para além de si mesmo, porque não se trata de você. Trata-se de nós, do coletivo, da sociedade... Salve o máximo de vidas que você puder. Seja responsável. Seja cívico. Seja gentil. Seja atencioso. Pense nos outros" (Cuomo, 2020).

O próprio comportamento de Cuomo pode não ter correspondido ao padrão que ele estabeleceu nessa entrevista – posteriormente, muitas das suas decisões durante a crise foram alvo de críticas significativas, além de ele ter sido acusado de assédio sexual por várias assistentes –, mas, na entrevista, as suas palavras foram inspiradoras (Gronewold & Durkin, 2020; McKinley, 2021; McKinley et al., 2021; Sexton & Sapien, 2020). Ele estava pedindo solidariedade. A solidariedade é o reconhecimento mútuo da dignidade que motiva os trabalhadores a organizarem-se para que possam conquistar condições de trabalho à altura do seu valor. A pandemia revelou uma solidariedade ainda mais ampla do que essa. Aprendemos rapidamente que cada um de nós está mais intimamente ligado ao outro do que normalmente percebemos. Essas conexões tornam-nos vulneráveis. Biologicamente falando, cada pessoa é um possível vetor de coronavírus, mas as nossas ligações uns com os outros são mais do que biológicas. São econômicas, sociais e morais. Os profissionais que encontraram uma rotina melhor durante a pandemia só puderam fazê-lo porque contaram com o trabalho de outras pessoas na linha de frente.

O grande mantra durante os primeiros estágios da pandemia nos Estados Unidos foi "achatar a curva". O objetivo era diminuir a taxa de infecção para que o número de pessoas doentes por vez não excedesse a capacidade do sistema de saúde para tratá-las. Médicos, enfermeiros e técnicos trabalharam até a exaustão de qualquer maneira, mas achatar a curva daria aos trabalhadores hospitalares uma oportunidade de lutar contra a doença, a fim de que seus esforços fossem, tanto quanto possível, os mais eficazes.

Essa preocupação pública com o fardo que colocamos sobre os trabalhadores hospitalares foi um desvio significativo da norma da sociedade americana. Desde muito antes da chegada da pandemia de covid-19 aos Estados Unidos, os pacientes do país têm sido especialmente exigentes, em comparação com padrões globais. Eles esperam que os profissionais de saúde sejam compassivos, mas demonstram pouca compaixão em troca, exigindo tratamentos caros, arriscados e muitas vezes desnecessários, que representam um trabalho adicional para os cuidadores. Entre os que sofrem de enxaqueca, por exemplo, os americanos são três vezes mais propensos a irem ao pronto-socorro por causa da dor de cabeça do que os britânicos. Isso significa que os americanos são mais propensos a fazerem exigências a trabalhadores que já são sobrecarregados, não apenas ocupando o tempo que a equipe médica poderia gastar com outros pacientes mas também – a longo prazo, aumentando o estresse e o esgotamento dos trabalhadores – prejudicando de fato a capacidade da equipe de tratar os pacientes. Ao mesmo tempo, os americanos são menos propensos do que os pacientes de outros países a fazerem exames de rotina ou seguirem prescrições médicas, o que significa que os problemas mais simples não são detectados precocemente, gerando mais pressão sobre os profissionais de saúde para fornecerem tratamento intensivo quando as condições se agravam (Freedman, 2019).

Nos Estados Unidos, parte do problema é o sistema desigual e bizantino de pagamento pelos cuidados de saúde, mas a outra parte do problema é a falta de respeito que os americanos demonstram pelos trabalhadores em geral. Esses dois fatores estão ligados. Um sistema de cuidados de saúde mais confiável poderia permitir que os profissionais de saúde fizessem o seu trabalho da melhor maneira possível e de modo sustentável; e uma forma de ser um paciente mais compassivo começaria por reconhecer os limites humanos daqueles de cujo trabalho dependemos para nós nos tornarmos saudáveis. Isso não significa repreender aquele que precisa de coragem para procurar atendimento médico ou aqueles que temem "ser um fardo" para os outros. Ainda, existe algo como "pacientes problemáticos", ou seja, aquelas pessoas que desproporcionalmente depositam trabalho desnecessário sobre os outros (Gillette, 2000, p. 57). Posso dizer, por experiência própria, que existem "estudantes problemáticos" e aposto que no seu ramo de trabalho é possível identificar clientes e colegas de trabalho problemáticos – as pessoas que contribuem mais do que o necessário para o esgotamento. Precisamos de normas que façam com que as demandas fora do normal pareçam desarrazoadas, até mesmo antiéticas. Para vencer o burnout e ajudar os outros a prosperarem, precisamos diminuir não apenas as nossas expectativas em relação ao nosso próprio trabalho mas também as nossas expectativas sobre o que o trabalho dos outros pode fazer por nós. Nós mostramos essa compaixão durante a pandemia, nós temos isso em nós. Por que não podemos mostrá-la durante os tempos "normais" também?

Solidariedade é compaixão em uma escala social. É o reconhecimento de que meu sofrimento e minha alegria estão ligados aos seus. Isso significa que a minha compaixão para com você é algo bom para mim também. Quando uma doença contagiosa atinge uma sociedade, todos ficam suscetíveis a ela. Uma pessoa em risco coloca um número exponencialmente crescente de outras em risco também, e o ato de autopreservação de cada pessoa – ficar em casa, usar máscara em público – igualmente ajuda a preservar os outros. O burnout não é contagioso da mesma forma que o coronavírus, mas compartilha duas qualidades importantes com as doenças virais. Primeiro, todos aqueles que trabalham são um potencial caso de burnout. Segundo, adquirimos burnout por meio da interação com pessoas em espaços compartilhados e estruturas sociais. Se pudermos reconhecer o nosso *status* comum tanto como vítimas em potencial quanto como vetores em potencial, poderemos então reimaginar essas interações, mudar a nossa cultura e acabar com a epidemia de burnout.

Um professor universitário que está esgotado achará fácil culpar os alunos e mais fácil ainda culpar os administradores que gerenciam as cargas de trabalho do corpo docente e dão ou retêm recompensas. Eles são alvos óbvios. Pergunto-me agora se, quando eu estava esgotado no meu trabalho de professor, os administradores estavam também. Talvez eles não tenham dado a mim e aos meus colegas o reconhecimento que eu achava que merecíamos porque não podiam, assim como eu não podia dar aos meus alunos a atenção que eles mereciam. Uma faculdade, assim como um hospital, uma loja de ferragens ou um restaurante, é uma rede de relacionamentos. O burnout pode viajar por essa rede em todas as direções, seguindo os padrões estabelecidos por regras explícitas e costumes não escritos. Se eu estiver infeliz, é mais provável que eu faça você infeliz.

Às vezes imagino que uma faculdade que quisesse combater o esgotamento teria de começar com uma reunião radicalmente honesta em todo o *campus*, na qual todos reconhecessem que o modo de funcionamento das instituições estava prejudicando todos os envolvidos, que ninguém realmente se beneficiava daquele sistema autodestrutivo. Todos admitiriam a sua contribuição em uma realidade sombria: que alunos, professores, funcionários e administradores estavam causando o esgotamento uns dos outros, mas ninguém sentia que podia admitir que algo estava errado, e todos acreditavam que tinham de trabalhar duro para viver de acordo com algum ideal impossível.

Quero acreditar que uma faculdade, ou qualquer outra organização, poderia começar a construir uma maneira totalmente nova de trabalhar, uma vez que seus membros reconhecessem que todos estavam juntos nessa situação difícil. Eles poderiam então perceber que, apesar de todos se sentirem impotentes, juntos *são* a organização. Por essa razão, podem refazê-la.

* * *

O sistema de significado que construímos em torno do trabalho – a nobre mentira sobre o trabalho ser fonte de dignidade, caráter e propósito – ajuda a perpetuar a cultura do burnout. A quarentena do coronavírus não dissolveu esse sistema, mas colocou-o em questionamento. Evidentemente, o *status* de emprego não teve nada a ver com o valor como pessoa; dezenas de milhões perderam os seus empregos de uma só vez, e não porque eram maus trabalhadores ou pessoas ruins. O governo federal dos Estados Unidos ampliou consideravelmente os subsídios de desemprego, acrescentando 600 dólares por semana a cada verificação de desemprego, independentemente do que o trabalhador havia ganhado antes. Isso significou que o subsídio médio de desemprego superou os salários normais para mais da metade dos trabalhadores que perderam suas fontes de renda (Morath, 2020). O benefício parecia ser um passo em direção à renda básica universal em um nível de salário mínimo; e outro país, a

Espanha, instituiu uma versão de renda básica durante a pandemia (Arnold, 2020). Alguns políticos conservadores e líderes empresariais dos Estados Unidos chegaram a argumentar contra os planos de renda básica, no sentido de que os subsídios de desemprego eram muito bons e que as pessoas poderiam optar por não trabalhar (Levin, 2020). Quando manifestantes apareceram no Capitólio do Estado exigindo a "reabertura" da economia, a jornalista Sarah Jaffe escreveu que estava ficando claro que "não havia o direito de fazer essa exigência. Que todos devem ter o direito de dizer não. Chame isso, talvez" – ecoando Sunaura Taylor – "de um direito de não trabalhar" (Jaffe, 2020). Uma renda básica universal pode ser a única maneira de tornar esse direito significativo e, junto com o reconhecimento universal da dignidade humana, também pode ser a única maneira de tornar o trabalho verdadeiramente livre, algo que as pessoas empreendem com a confiança de que podem desistir sem medo de passar fome ou vivenciar a desgraça.

Mesmo se o vírus nunca tivesse aparecido, o sistema centenário de significados em torno do trabalho provavelmente estava indo para uma mudança de qualquer maneira, embora a partir de uma fonte muito diferente: a automatização. Ironicamente, alguns dos empregos que de repente pareceram socialmente indispensáveis durante a pandemia – caixas, trabalhadores de armazém, motoristas de caminhão – são os que correm maior risco de serem automatizados na próxima década. Existe uma boa chance de que as máquinas sejam capazes de replicar todas as tarefas humanas quando uma criança nascida em 2022 atingir a meia-idade (Drum, 2017). É verdade que não podemos colocar máquinas para trabalharem em todos os lugares para movimentar a economia, mas precisamos reconhecer que uma tremenda pressão econômica está sendo feita nessa direção. O trabalho como conhecemos pode desaparecer.

Até aqui, já foi possível perceber que eu penso que essa é uma expectativa empolgante. A pandemia, por tudo o que nos custou, abriu espaço imaginativo para um futuro novo e mais humano. A questão é que momentos de mudança radical muitas vezes nos tornam menos abertos a novas ideias e mais ansiosos pelo *status quo ante*, independentemente dos seus problemas já comprovados. Na obra *Radical hope: ethics in the face of cultural devastation* [Esperança radical: a ética diante da devastação cultural], o filósofo Jonathan Lear escreve que um sentido amplamente compartilhado de vulnerabilidade social restringe a nossa visão exatamente quando precisamos que ela seja mais expansiva. Quando a nossa cultura está sob ameaça, nós nos apegamos a ideias familiares, assim como os políticos que queriam acabar com a quarentena e mandar todos de volta ao trabalho. Lear escreve que "é como se, sem a nossa insistência de que nossa perspectiva está correta, a própria perspectiva pudesse entrar em colapso" (Lear, 2008, p. 7).

Lear argumenta que as pessoas que têm sucesso em um determinado sistema cultural são "as menos preparadas" para encontrarem soluções para o colapso do sistema. Ele se questiona: "o meu próprio florescimento como membro da minha cultura torna-me *menos* capaz de enfrentar os desafios de um futuro radicalmente novo" (Lear, 2008, p. 64). Essa possibilidade é a razão pela qual precisamos buscar inspiração nas margens da cultura, nas pessoas que *não* estão se esforçando e tendo sucesso no sistema tal como está atualmente constituído. Pessoas como os beneditinos ou as artistas com deficiência Erica Mena e Patricia Nordeen superaram, em graus diferentes, a ética do trabalho. Elas rejeitaram as nobres mentiras e construíram modelos de florescimento humano sobre bases diferentes, não no trabalho, mas sim na dignidade universal, na compaixão por si mesmo e pelos outros e em um propósito descoberto no lazer livremente escolhido.

Em um aspecto importante, a revolução robótica resolveria todos os problemas em relação ao fracasso do trabalho, em cumprir os ideais que temos para ele. Em muitas indústrias, o trabalhador ideal parece-se cada vez mais com uma máquina. As máquinas não têm necessidade de autonomia ou privacidade. Não têm dignidade. Não pertencem a uma sociedade e, portanto, não podem ser alienadas de uma. Não têm um caráter moral para ser distorcido e podem repetir para sempre um conjunto limitado de ações. Não anseiam pela transcendência e não se preocupam se estão atendendo às necessidades humanas genuínas. E o mais atraente de tudo para os negócios: elas não esperam um salário.

O fato é que o trabalho como o conhecemos não vale a pena ser salvo. Talvez isso seja assim porque o trabalho não é inerentemente muito bom. Talvez devêssemos deixar os robôs ficarem com ele e descobrir uma maneira de distribuir os frutos de seu trabalho (admito, não é uma tarefa fácil). Então seríamos livres para passear com nossos cachorros sempre que quiséssemos. Poderíamos jogar tênis ao meio-dia todos os dias. Aprenderíamos a pintar. Rezaríamos sem sermos interrompidos. Nós nos deitaríamos na grama com as crianças e olharíamos para o céu durante horas.

Deixemos as máquinas queimarem. Temos coisas melhores para fazer.

Referências

Ad Hoc Committee. (1964). The Triple Revolution. *International Socialist Review*, 85-89.

Aho, K. (2018). Neurasthenia Revisited: On Medically Unexplained Syndromes and the Value of Hermeneutic Medicine. *Journal of Applied Hermeneutics*, *2018*(1), Article 1.

Allen, J. L. (1998, abril 17). Monk targets catholic slice of on-line market. *National Catholic Reporter*, 7.

Angst, J., & Merikangas, K. (1997). The depressive spectrum: Diagnostic classification and course. *Journal of Affective Disorders*, *45*(1-2), 31-39; discussion 39-40. https://doi.org/10.1016/s0165-0327(97)00057-8

Aristóteles. (1941). *Metaphysics*. Random House.

Arndt, B. G., Beasley, J. W., Watkinson, M. D., Temte, J. L., Tuan, W.-J., Sinsky, C. A., & Gilchrist, V. J. (2017). Tethered to the EHR: Primary Care Physician Workload Assessment Using EHR Event Log Data and Time-Motion Observations. *Annals of Family Medicine*, *15*(5), 419-426. https://doi.org/10.1370/afm.2121

Arnold, C. (2020). Pandemic speeds largest test yet of universal basic income. *Nature*, *583*(7817), 502-503. https://doi.org/10.1038/d41586-020-01993-3

Babcock-Roberson, M. E., & Strickland, O. J. (2010). The Relationship Between Charismatic Leadership, Work Engagement, and Organizational Citizenship Behaviors. *The Jour-

nal of Psychology, *144*(3), 313-326. https://doi.org/10.1080/00223981003648336

Bahlmann, J., Angermeyer, M. C., & Schomerus, G. (2013). "Burnout" statt "Depression" – Eine Strategie zur Vermeidung von Stigma? [Calling it "burnout" instead of "depression" – A strategy to avoid stigma?]. *Psychiatrische Praxis*, *40*(2), 78-82. https://doi.org/10.1055/s-0032-1332891

Baker, D. (1995, dezembro 31). Holy web page: In a remote part of New Mexico, Benedictine monks get on the internet to spread the word. *Los Angeles Times*. http://articles.latimes.com/1995-12-31/local/me-19506_1_christian-monks

Bakker, A. B., Van der Zee, K. I., Lewig, K. A., & Dollard, M. F. (2006). The relationship between the Big Five personality factors and burnout: A study among volunteer counselors. *The Journal of Social Psychology*, *146*(1), 31-50. https://doi.org/10.3200/SOCP.146.1.31-50

Banks, B. (2019, fevereiro 19). Black women's labor market history reveals deepseated race and gender discrimination. *Economic Policy Institute*. https://www.epi.org/blog/black-womens-labor-market -history-reveals-deep-seated-race-and--gender-discrimination

Barrero, J. M., Bloom, N., & Davis, S. (2020, setembro 23). 60 million fewer commuting hours per day: How Americans use time saved by working from home. *VoxEU*. https://voxeu.org/article/how-americans-use-time-saved-working-home

Beard, G. M. (1881). *American nervousness: Its causes and consequences*. Putnam. http://archive.org/details/americannervous00beargoog

Beaton, C. (2017, novembro 9). Is anxiety a white-people thing? *Vice*. https://www.vice.com/en_us/article/mb35b8/is--anxiety-a-white-people-thing

Beck, J. (2016, março 11). "Americanitis": The disease of living too fast. *The Atlantic*. https://www.theatlantic.com/health/ar-

chive/2016/03/the-history-of-neurasthenia-or-americanitis-
-health-happiness-and-culture/473253

Beckstrand, J., Yanchus, N., & Osatuke, K. (2017). Only One Burnout Estimator Is Consistently Associated with Health Care Providers' Perceptions of Job Demand and Resource Problems. *Psychology, 08*, 1019-1041. https://doi.org/10.4236/psych.2017.87067

Bento de Núrsia. (1982). *The Rule of St. Benedict in English*. Liturgical Press.

Berjot, S., Altintas, E., Grebot, E., & Lesage, F.-X. (2017). Burnout risk profiles among French psychologists. *Burnout Research, 7*, 10-20. https://doi.org/10.1016/j.burn.2017.10.001

Berlant, L. (2011). *Cruel Optimism*. Duke University Press.

Bernstein, J. (2018, agosto 14). Productivity and wages: What's the connection? *Washington Post*. https://www.washingtonpost.com/news/posteverything/wp/2018/08/14/productivity-and-wages-whats-the-connection

Bishop, E. (2020, março 24). (@the_ebish), @JonMalesic I just laid on a blanket in the backyard with my 3 year old naming what shapes we saw in the clouds. It was marvelous. *Twitter*.

Blumenstyk, G. (2019, março 26). College leaders are getting serious about outsourcing – They still have plenty of concerns, too. *The Chronicle of Higher Education*. http://www.chronicle.com/article/College-Leaders-Are-Getting/245978

Borysenko, K. (2019a, maio 2). How much are your disengaged employees costing you? *Forbes*. https://www.forbes.com/sites/karlynborysenko/2019/05/02/how-much-are-your-disengaged-employees-costing-you

Borysenko, K. (2019b, maio 29). Burnout Is now an officially diagnosable condition: Here's what you need to know about it. *Forbes*. https://www.forbes.com/sites/karlynborysenko/2019/05/29/burnout-is-now-an-officially-diagnosable-condition-heres-what-you-need-to-know-about-it

Bradley, H. (1969). Community-based Treatment for Young Adult Offenders. *Crime & Delinquency - CRIME DELINQUEN*, *15*, 359-370. https://doi.org/10.1177/001112876901500307

Brody, D. J., Pratt, L. A., & Hughes, J. P. (2018). Prevalence of depression among adults aged 20 and over: United States, 2013-2016. Em *NCHS Data Brief*. National Center for Health Statistics.

Brooks, A. C. (2017, fevereiro 13). The dignity deficit. *Foreign Affairs*. https://www.foreignaffairs.com/articles/united-states/2017-02-13/dignity-deficit

Brown, S. ([s.d.]). *The dignity of work tour*. Recuperado 18 de maio de 2022, de https://dignityofwork.com/

Bruder, J. (2015, maio 27). These workers have a new demand: Stop watching us. *The Nation*. https://www.thenation.com/article/these-workers-have-new-demand-stop-watching-us

Brunsting, N. C., Sreckovic, M. A., & Lane, K. L. (2014). Special education teacher burnout: A Synthesis of Research from 1979 to 2013. *Education & Treatment of Children*, *37*(4), 681-712. https://doi.org/10.1353/etc.2014.0032

Burke, L. (2020, março 26). The staffing divide. *Inside Higher Ed*. https://www.insidehighered.com/news/2020/03/26/policies-protect-college-staff-members-amid-crisis-contractors-are-left-out

Calvino, J. (2008). *Institutes of the Christian religion*. Hendrickson.

Campos, P. F. (2014, abril 4). The real reason College Tuition costs so much. *The New York Times*. https://www.nytimes.com/2015/04/05/opinion /sunday/the-real-reason-college-tuition-costs-so-much.html

Carino, M. M. (2020, agosto 17). Workers are putting off vacation as pandemic increases stress. *Marketplace*. https://www.marketplace.org/2020/08/17/workers-putting-off-vacation-pandemic -increases-stress

Carter, J. (1979, julho 15). *Crisis of confidence* [Interview]. https://www.pbs.org/wgbh/americanexperience/features/carter-crisis

Case, A., & Deaton, A. (2017, março 17). Mortality and morbidity in the 21st century. *BPEA Conference Drafts.* https://www.brookings.edu/wp-content/uploads/2017/03/6_casedeaton.pdf

Cherniss, C., & Krantz, D. L. (1983). The ideological community as an antidote to Burnout in the human services. Em B. A. Farber, *Stress and Burnout in the human service professions* (p. 198-212). Pergamon.

Clark, T. (2019, janeiro 11). This is what black burnout feels like. *BuzzFeed News.* https://www.buzzfeednews.com/article/tianaclarkpoet/millennial-burnout-black-women-self-care-anxiety-depression

Clines, F. X. (1970, julho 13). Village youths find friend in doctor. *The New York Times.* https://www.nytimes.com/1970/07/13/archives/village-youths-find-friend-in-doctor-village-youths-find-a-friend.html

Clinton, B. (1996, agosto 1). Text of President Clinton's announcement on welfare legislation. *The New York Times.* https://www.nytimes.com /1996/08/01/us/text-of-president-clintons-announcement-on-welfare-legislation.html

Cohen, E. (1996, março 17). 21st-century scribes: Monks designing web pages. *The New York Times.* https://www.nytimes.com/1996/03/17/us/21st-century-scribes-monks-designing-web-pages.html

Covert, B. (2013, fevereiro 21). We're all women workers now: How the floor of the economy has dropped for everyone. *The Nation.* https://www.thenation.com/article/archive/were-all-women-workers-now-how-floor-economy-has-dropped-everyone

Cowie, J. R. (2010). *Stayin' alive: The 1970s and the last days of the working class*. The New Press.

Csikszentmihalyi, M. (1990). *Flow: The psychology of optimal experience*. Harper & Row.

Cunningham, L. (2013, abril 30). New data show only 30% of American workers engaged in their jobs. *The Washington Post*. https://www.washington post.com/news/on-leadership/wp/2013/04/30/new-data-show-only-30-of-american-workers-engaged-in-their-jobs

Cunradi, C., Chen, M.-J., & Lipton, R. (2009). Association of Occupational and Substance Use Factors with Burnout among Urban Transit Operators. *Journal of urban health : bulletin of the New York Academy of Medicine, 86*, 562-570. https://doi.org/10.1007/s11524-009-9349-4

Cunradi, C., Greiner, B., Ragland, D., & Fisher, J. (2003). Burnout and alcohol problems among urban transit operators in San Francisco. *Addictive behaviors, 28*, 91-109. https://doi.org/10.1016/S0306-4603(01)00222-2

Cuomo, A. M. (2020, março 18). *Audio & Rush Transcript: Governor Cuomo is a Guest on The Daily Podcast* (M. Barbaro) [Interview]. https://www.governor.ny.gov/news/audio-rush-transcript-governor-cuomo-guest-daily-podcast

Daugherty, G. (2015, março 25). The Brief History of "Americanitis". *Smithsonian Magazine*. https://www.smithsonianmag.com/history/brief-history-americanitis-180954739

Davis, M. F., & Green, J. (2020, abril 23). Three hours longer, the pandemic workday has obliterated work-life balance. *Bloomberg.com*. https://www.bloomberg.com/news/articles/2020-04-23/working-from-home-in-covid-era-means-three-more-hours-on-the-job

Deligkaris, P., Panagopoulou, E., Montgomery, A., & Masoura, E. (2014). Job burnout and cognitive functioning: A systematic review. *Work and Stress, 28*, 107-123. https://doi.org/10.1080/02678373.2014.909545

Dell'Antonia, K. J. (2019, janeiro 2). Some good news about parental burnout: It's curable. *Quartz*. https://qz.com/quartzy/1521267/some-good-news-about-parental-burnout-its-curable

Deloitte US. (2019, outubro 8). Workplace Burnout Survey. *Deloitte*. https://www2.deloitte.com/us/en/pages/about-deloitte/articles/burnoutsurvey.html

Demerouti, E., Bakker, A. B., Nachreiner, F., & Schaufeli, W. B. (2001). The job demands-resources model of burnout. *The Journal of Applied Psychology, 86*(3), 499-512.

DeSilver, B. (2016, junho 20). More older Americans are working, and working more, than they used to. *Pew Research Center*. https://www.pewresearch.org/fact-tank/2016/06/20/more-older-americans-are-working-and-working-more-than-they-used-to/

Dewa, C. S., Loong, D., Bonato, S., & Trojanowski, L. (2017). The relationship between physician burnout and quality of healthcare in terms of safety and acceptability: A systematic review. *BMJ Open, 7*(6), e015141. https://doi.org/10.1136/bmjopen-2016-015141

Dewa, C. S., Nieuwenhuijsen, K., & Hoch, J. S. (2019). Deciphering the Relationship Between Health Care Provider Burnout and Quality of Care. *Annals of Internal Medicine, 171*(8), 589-590. https://doi.org/10.7326/M19-2760

Dickrell, S. (2016, setembro 11). Benedictine sisters will lead talk on Islam, stereotypes. *St. Cloud Times*. https://www.sctimes.com/story/news/local/immigration/2016/09/11/benedictine-sisters-lead-talk-islam-stereotypes/89776016/

Doctors describe harrowing realities inside NYC emergency rooms: 'It's really hard to understand how bad this is. (2020, março 25). *CBS News*. https://www.cbsnews.com/news/coro

navirus-pandemic-doctors-describe-harrowing-realities-inside-nyc-emergency-rooms/

Dotti Sani, G., & Treas, J. (2016). Educational Gradients in Parents' Child-Care Time Across Countries, 1965-2012: Educational Gradients in Parents' Child-Care Time. *Journal of Marriage and Family*, 78. https://doi.org/10.1111/jomf.12305

Drum, K. (2017, dezembro). You Will Lose Your Job to a Robot – and Sooner than You Think. *Mother Jones*. https://www.motherjones.com/politics/2017/10/you-will-lose-your-job-to-a-robot-and-sooner-than-you-think/

Drum, K. (2019, junho 15). Join me on a dive down the rabbit hole of health care admin costs. *Mother Jones*. https://www.motherjones.com/kevin-drum/2019/06/join-me-on-a-dive-down-the-rabbit-hole-of-health-care-admin-costs

Durant, W. (1991). *The story of philosophy: The lives and opinions of the world's greatest philosophers* (2º ed). Pocket.

Eckman, M. (2010). *The Parking Lot Movie* [Documentário]. Redhouse Productions. http://www.theparkinglotmovie.com

Entwistle, L. (2019, outubro 11). Burnout in the age of binge-watching. *Greatist*. https://greatist.com/live/binge-tv-burnout

Evágrio Pôntico. (1970). *The Praktikos*. Cistercian Publications.

Evans, G., Bryant, N. E., Owens, J., & Koukos, K. (2004). Ethnic Differences in Burnout, Coping, and Intervention Acceptability Among Childcare Professionals. *Child and Youth Care Forum*, *33*, 349-371. https://doi.org/10.1023/B:CCAR.0000043040.54270.dd

Farber, B. A., & Wechsler, L. D. (1991). *Crisis in education: Stress and burnout in the American teacher*. Jossey-Bass.

Fargen, K. (2019, agosto 27). The burden of a stroke call: 56% of US neurointerventionalists meet criteria for burnout. *NeuroNews International*. https://neuronewsinternational.com/burnout-stroke-burden

Farmer, B. (2018, julho 31). When doctors struggle with suicide, their profession often fails them. *NPR.org*. https://www.npr.org/sections/health-shots/2018/07/31/634217947/to-prevent-doctor-suicides-medical-industry-rethinks-how-doctors-work

Fernandez, M., & Montgomery, D. (2020, março 24). Texas tries to balance local control with the threat of a pandemic. *The New York Times*. https://www.nytimes.com/2020/03/24/us/coronavirus-texas-patrick-abbott.html

Finnegan, J. (2019, agosto 6). A startling 79% of primary care physicians are burned out, new report finds. *FierceHealthcare*. https://www.fiercehealthcare.com/practices/a-startling-79-primary-care-physicians-are-burned-out-new-report-finds

Flaherty, C. (2018, outubro 12). About three-quarters of all faculty positions are off the tenure track, according to a new AAUP Analysis. *Inside Higher Ed*. https://www.insidehighered.com/news/2018/10/12/about-three-quarters-all-faculty-positions-are-tenure-track-according-new-aaup

Flaherty, C. (2020, abril 20). New report says many adjuncts make less than $3,500 per course and $25,000 per year. *Inside Higher Ed*. https://www.insidehighered.com/news/2020/04/20/new-report-says-many-adjuncts-make-less-3500-course-and-25000-year

Freedman, D. H. (2019, junho 12). The Worst Patients in the World. *The Atlantic*. https://www.theatlantic.com/magazine/archive/2019/07/american-health-care-spending/590623/

Freudenberger, H. J. (1974). Staff Burn-Out. *Journal of Social Issues*, *30*(1), 159-165. https://doi.org/10.1111/j.1540-4560.1974.tb00706.x

Freudenberger, H. J. (1975). The staff burn-out syndrome in alternative institutions. *Psychotherapy: Theory, Research & Practice*, *12*(1), 73-82. https://doi.org/10.1037/h0086411

Freudenberger, H. J., & Richelson, G. (1980). *Burn-out: The high cost of high achievement*. Anchor.

Friedan, B. (2001). *The feminine mystique*. W. W. Norton.

Friedman, R. A. (2019, junho 3). Is burnout real? *New York Times*.

Fry, R. (2018, abril 11). Millennials are largest generation in the US labor force. *Pew Research Center*. https://www.pewresearch.org/fact-tank/2018/04/11/millennials-largest-generation-us-labor-force

Gabler, E., Montague, Z., & Ashford, G. (2020, abril 15). During a pandemic, an unanticipated problem: Out-of-work health workers. *The New York Times*. https://www.nytimes.com/2020/04/03/us/politics/coronavirus-health-care-workers-layoffs.html

Gallup. (2013). *State of the global workplace 2013: Employee engagement insights for business leaders worldwide*. Gallup.

Gallup. (2017). *State of the global workplace 2017*. Gallup.

Gardner, R. L., Cooper, E., Haskell, J., Harris, D. A., Poplau, S., Kroth, P. J., & Linzer, M. (2019). Physician stress and burnout: The impact of health information technology. *Journal of the American Medical Informatics Association : JAMIA, 26*(2), 106-114. https://doi.org/10.1093/jamia/ocy145

Gawande, A. (2015, maio 11). Overkill. *The New Yorker*. http://www.newyorker.com/magazine/2015/05/11/overkill-atul-gawande

Gergen, C., & Vanourek, G. (2008, dezembro 1). Three Ways to Beat Burnout. *Harvard Business Review*. https://hbr.org/2008/12/three-ways-to-beat-burnout.html

Ghaffary, S. (2019, setembro 16). Uber's baffling claim that its drivers aren't core to its business, explained. *Vox*. https://www.vox.com/recode/2019/9/16/20868916/uber-ab5-argument-legal-experts-california

Gillette, R. (2000). "Problem patients": A fresh look at an old vexation. *Family practice management, 7*, 57-62.

Glass, I. (2015, julho 17). *NUMMI 2015*. https://www.thisamericanlife.org/561/nummi-2015

Glassdoor survey finds Americans forfeit half of their earned vacation/paid time off. ([s.d.]). [24/05/2017]. *Glassdoor*. https://www.glassdoor.com/press/glassdoor-survey-finds-americans-forfeit-earned-vacationpaid-time

Gogoi, P. (2020, outubro 28). Stuck-at-home moms: The pandemic's devastating toll on women. *National Public Radio*. https://www.npr.org/2020/10/28/928253674/stuck-at-home-moms-the-pandemics-devastating-toll-on-women

Gonzalez, T. C., Burnett, H., Helm, H., & Edwards, L. (2019). An examination of resilience, compassion fatigue, burnout, and compassion satisfaction between men and women among trauma responders. *North American Journal of Psychology, 21*, 1-20.

Gordon, N. J. (2014, agosto 6). The conservative case for a guaranteed basic income. *The Atlantic*. https://www.theatlantic.com/politics/archive/2014/08/why-arent-reformicons-pushing-a-guaranteed-basic-income/375600/

Graeber, D. (2018). *Bullshit jobs: A theory*. Simon and Schuster.

Graña, M. (2006). *Brothers of the Desert: The story of the Monastery of Christ in the Desert*. Sunstone.

Greene, G. (1961). *A burnt-out case*. Viking.

Gronewold, A., & Durkin, E. (2020, maio 29). Cuomo's coronavirus halo begins to fade. *Politico*. https://politi.co/2TPlGBU

Grose, J. (2019, maio 29). How to avoid burnout when you have little ones. *New York Times*. https://parenting.nytimes.com/work-money/parental-burnout

Gruver, J. (2020, maio 7). 2020 Racial Wage Gap. *PayScale*. https://www.payscale.com/data/racial-wage-gap

Guendelsberger, E. (2019). *On the clock: What Low-wage work did to me and how it drives America insane*. Brown.

Guilford, G. (2019, novembro 21). The great American labor paradox: Plentiful jobs, most of them bad. *Quartz*. https://qz.com/1752676/thejob-quality-index-is-the-economic-indicator-weve-been-missing

Hampton, T., & de Jesus, F. (2020, abril 24). "We have a driver's heart": New York city bus operators on work and loss during Covid-19. *StoryCorps*. https://storycorps.org/stories/we-have-a-drivers-heart-new-york-city-bus-operators-on-work-and-loss-during-covid-19/

Hatton, E. (2011). *The temp economy: From Kelly girls to permatemps in Postwar America*. Temple University Press.

Hedva, J. (2016, janeiro 9). Sick woman theory. *Mask Magazine*. http://www.maskmagazine.com/not-again/struggle/sick-woman-theory

Heinemann, L. V., & Heinemann, T. (2017a). Burnout: From workrelated stress to a cover-up diagnosis. Em S. Neckel, G. Wagner, & A. K. Schaffner (Orgs.), *Burnout, fatigue, exhaustion: An interdisciplinary perspective on a modern affliction* (p. 131-138). Palgrave Macmillan.

Heinemann, L. V., & Heinemann, T. (2017b). Burnout Research: Emergence and Scientific Investigation of a Contested Diagnosis. *SAGE Open*, *7*(1), 2158244017697154. https://doi.org/10.1177/2158244017697154

Heschel, A. J. (2015). *The Sabbath: Its Meaning for Modern Man*. Farrar, Straus and Giroux.

Hildenbrand, K., Sacramento, C. A., & Binnewies, C. (2018). Transformational leadership and burnout: The role of thriving and followers' openness to experience. *Journal of Occupational Health Psychology*, *23*(1), 31-43. https://doi.org/10.1037/ocp0000051

Hochschild, A., & Machung, A. (2012). *The second shift: Working families and the revolution at home*. Penguin.

Hochschild, A. R. (2003). *The managed heart: The commercialization of human feeling*. University of California Press.

Hooper, C., Craig, J., Janvrin, D. R., Wetsel, M. A., & Reimels, E. (2010). Compassion satisfaction, burnout, and compassion fatigue among emergency nurses compared with nurses in other selected inpatient specialties. *Journal of Emergency Nursing*, *36*(5), 420-427. https://doi.org/10.1016/j.jen.2009.11.027

Hopkins, E. (1982). Working Hours and Conditions during the Industrial Revolution: A Re-Appraisal. *The Economic History Review*, *35*, 52-66. https://doi.org/10.1111/j.1468-0289.1982.tb01186.x

Hu, Y.-Y., Ellis, R., Hewitt, D., Yang, A., Cheung, E., Moskowitz, J., Potts, J., Buyske, J., Hoyt, D., Nasca, T., & Bilimoria, K. (2019). Discrimination, Abuse, Harassment, and Burnout in Surgical Residency Training. *New England Journal of Medicine*, *381*. https://doi.org/10.1056/NEJMsa1903759

Iliff, R. (2019, julho 29). How to grow your startup without risking burnout. *Inc.com*. https://www.inc.com/rebekah-iliff/how-to-grow-your-startup-without-risking-burnout.html

Jaffe, S. (2020, maio 1). The Post-Pandemic Future of Work. *The New Republic*. https://newrepublic.com/article/157504/post-pandemic-future-work

Jaffe, S. (2021). *Work won't love you back: How devotion to our jobs keeps us exploited, exhausted, and alone*. Bold Type Books.

James, L. M. (2018). *House rules: Insights for innovative leaders*. Leafwood.

Janotík, T. (2015). Empirical Analysis of Life Satisfaction in Female Benedictine Monasteries in Germany. *Revue économique*, *71*, 143-166. https://doi.org/10.3917/reco.pr2.0055

Jeung, D. Y., Kim, C., & Chang, S. J. (2018). Emotional Labor and Burnout: A Review of the Literature. *Yonsei Medical Journal, 59*(2), 187-193. https://doi.org/10.3349/ymj.2018.59.2.187

João Cassiano. (2000). *The Institutes*. Newman.

João Paulo II. (1981). *Laborem Exercens*. Libreria Editrice Vaticana. https://www.vatican.va/content/john-paul-ii/pt/encyclicals/documents/hf_jp-ii_enc_14091981_laborem-exercens.html

Johnson, P. E. (2004). *A Shopkeeper's millennium: Society and revivals in Rochester, New York, 1815-1837*. Farrar, Straus and Giroux.

Kaschka, W. P., Korczak, D., & Broich, K. (2011). Burnout: A fashionable diagnosis. *Deutsches Arzteblatt International, 108*(46), 781-787. https://doi.org/10.3238/arztebl.2011.0781

Kaufman, L. (1999, maio 4). Some companies derail the "burnout" track. *The New York Times*. https://www.nytimes.com/1999/05/04/business/some-companies-derail-the-burnout-track.html

Kennedy, B., & Funk, C. (2015). *Public interest in science and health linked to gender, age and personality*. Pew Research Center. https://www.pewresearch.org/science/2015/12/11/personality-and-interest-in-science-health-topics

Kim, J., Youngs, P., & Frank, K. (2017). Burnout contagion: Is it due to early career teachers' social networks or organizational exposure? *Teaching and Teacher Education, 66*, 250-260. https://doi.org/10.1016/j.tate.2017.04.017

Kinder, & Ford, T. (2020, junho 24). Black essential workers' lives matter – They deserve real change, not just lip service. *Brookings Institution*. https://www.brookings.edu/research/black-essential-workers-lives-matter-they-deserve-real-change-not-just-lip-service

King, N. (2016, dezembro 8). When a psychologist succumbed to stress, he coined the term "burnout". *NPR.org*. https://www.npr.org/2016/12/08/504864961/when-a-psychologist-succumbed-to-stress-he-coined-the-term-burnout

Knight, R. (2015, abril 2). How to Overcome Burnout and Stay Motivated. *Harvard Business Review*. https://hbr.org/2015/04/how-to-overcome-burnout-and-stay-motivated

Kornbluh, F. (1998). The Goals of the National Welfare Rights Movement: Why We Need Them Thirty Years Later. *Feminist Studies*, 24(1), 65-78. JSTOR. https://doi.org/10.2307/3178619

Kramer, B. (2011, novembro 24). Burnout ist eine Ausweichdiagnose. *Der Spiegel*. https://www.spiegel.de/karriere/volkskrankheit-burnout-ist-eine-ausweichdiagnose-a-799348.html

Lane, C. M. (2011). *A company of one: Insecurity, independence, and the new world of white-collar unemployment*. ILR.

Lawrence, P. (2018, maio 30). *Abbot's Notebook for May 30, 2018*. https://us11.campaign-archive.com/?e=228db5cfa0&u=f5bb6673a3350b85b34f0d6cc&id=fc4afc0f67

Le Goff, J. (1980). *Time, Work & Culture in the Middle Ages*. University of Chicago Press.

Leão XIII. (1891). *Carta Encíclica Rerum Novarum*. Libreria Editrice Vaticana. https://www.vatican.va/content/leo-xiii/pt/encyclicals/documents/hf_l-xiii_enc_15051891_rerum-novarum.html

Lear, J. (2008). *Radical hope: Ethics in the face of cultural devastation*. Harvard University Press.

Lee, T. (2019, agosto 13). Millennials are beyond burnout now. *The Independent*. https://www.independent.co.uk/voices/millennials-burnout-gen-z-work-life-balance-holiday-income-snap-a9055471.html

Leiter, M. P., & Maslach, C. (1999). Six areas of worklife: A model of the organizational context of burnout. *Journal of Health and Human Services Administration, 21*(4), 472-489.

Leiter, M. P., & Maslach, C. (2016). Latent burnout profiles: A new approach to understanding the burnout experience. *Burnout Research, 3*(4), 89-100. https://doi.org/10.1016/j.burn.2016.09.001

Lent, J., & Schwartz, R. (2012). The Impact of Work Setting, Demographic Characteristics, and Personality Factors Related to Burnout Among Professional Counselors. *Journal of Mental Health Counseling, 34*, 355-372. https://doi.org/10.17744/mehc.34.4.e3k8u2k552515166

Levin, B. (2020, março 25). Republicans Are Worried Coronavirus Stimulus Bill Is Too Generous to the Unemployed. *Vanity Fair*. https://www.vanityfair.com/news/2020/03/lindsey-graham-coronavirus-stimulus-bill

Li, A. (2015, dezembro 4). Despite grueling hours, consulting and finance keep attracting college seniors. *WBUR Here and Now*. https://www.wbur.org/hereandnow/2015/12/04/consulting-finance-job-growth

Liu, R. (2015, junho 23). Rich teens twice as likely to land jobs as poor kids. *Philadelphia Magazine*. https://www.phillymag.com/business/2015/06/23/rich-poor-teen-jobs

Livingston, J. (2016). *No more work: Why full employment is a bad idea*. University of North Carolina Press.

Lutero, M. (1974). The Gospel for the Sunday After Christmas: Luke 2. Em H. J. Hillerbrand, *Sermons II* (Vol. 52). Fortress.

Maestas, N., Mullen, K. J., Powell, D., von Wachter, T., & Wenger, J. B. (2017). *Working Conditions in the United States: Results of the 2015 American Working Conditions Survey*. RAND Corporation. https://doi.org/10.7249/RR2014

Malesic, J. (2016). A Kenotic Struggle for Dignity: Booker T. Washington's Theology of Work. *Journal of Religious Ethics, 44*, 403-424. https://doi.org/10.1111/jore.12147

Malesic, J. (2020, março 24). @jonmalesic – I have a taboo question for a thing i'm writing. *Twitter.* https://twitter.com/JonMalesic/status/1242511479150120968

Marohn, K. (2019, outubro 21). St. John's kiln firing is celebration of art, community. *Minnesota Public Radio News.* https://www.mprnews.org/story/2019/10/21/st-johns-kiln-firing-is-celebration-of-art-community

Maslach, C. (1973). "Detached concern" in health and social service professions and Christina Maslach. Em P. Zimbardo & C. Maslach, *Dehumanization in institutional settings.* National Technical Information Service.

Maslach, C. (1976). Burned-out. *Human Behavior, 5*(9).

Maslach, C. (1982). *Burnout: The Cost of Caring.* Prentice-Hall.

Maslach, C., & Leiter, M. P. (1997). *The Truth About Burnout: How Organizations Cause Personal Stress and What to Do About It.* Jossey-Bass.

Maslach, C., Schaufeli, W. B., & Leiter, M. P. (2001). Job Burnout. *Annual Review of Psychology, 52*(1), 397-422. https://doi.org/10.1146/annurev.psych.52.1.397

Maurer, D. W. (1981). *Language of the underworld.* University Press of Kentucky.

McKeever, S. (2014, janeiro 31). 3 types of employees: How to spot the silent killer. *Recruiter.com.* https://www.recruiter.com/i/3-types-of-employees-how-to-spot-the-silent-killer

McKell, K. (2019, agosto 28). 5 tips to avoid bridesmaid burnout (yes, it's a thing). *Thrive Global.* https://thriveglobal.com/stories/avoid-bridesmaid-burnout-with-these-tips/

McKinley, J. (2021, março 19). Cuomo faces new claims of sexual harassment from current aide. *The New York Times.*

https://www.nytimes.com/2021/03/31/nyregion/cuomo-book-nursing-homes.html

McKinley, J., Hakim, D., & Alter, A. (2021, 32/03). As Cuomo sought $4 million book deal, aides hid damaging death toll. *The New York Times*. https://www.nytimes.com/2021/03/31/nyregion/cuomo-book-nursing-homes.html

Mena, E. (2019, abril 1). Tying knots: A language of anxiety. *Erica Mena*. https://acyborgkitty.com/2019/04/01/3792/

Meredith Corporation & Harris Poll. (2019). *Burnout Flashpoint*. http://online.fliphtml5.com/mseh/cfmp/

Meyer, L., & Neel, A. (2006). *Darkon*. SeeThink Films.

Michel, A. (2011). Transcending socialization: A nine-year ethnography of the body's role in organizational control and knowledge workers' transformation. *Administrative Science Quarterly*, 56(3), 325-368. https://doi.org/10.1177/0001839212437519

Mikolajczak, M., Raes, M.-E., Avalosse, H., & Roskam, I. (2018). Exhausted Parents: Sociodemographic, Child-Related, Parent-Related, Parenting and Family-Functioning Correlates of Parental Burnout. *Journal of Child and Family Studies*, 27(2), 602-614. https://doi.org/10.1007/s10826-017-0892-4

Miller, C. C. (2019, abril 26). Women did everything right: Then work got 'greedy'. *The New York Times*. https://www.nytimes.com/2019/04/26/upshot/women-long-hours-greedy-professions.html

Miller, L. (1996, novembro 13). A megabyte mission: Monks called to put Vatican's word on the web. *USA Today*, 1D.

Moeller, J., Ivcevic, Z., White, A. E., Menges, J. I., & Brackett, M. A. (2018). Highly engaged but burned out: Intra-individual profiles in the US workforce. *The Career Development International*, 23(1), 86-105. https://doi.org/10.1108/CDI-12-2016-0215

Morath, E. (2020, abril 28). Coronavirus Relief Often Pays Workers More Than Work. *The Wall Street Journal*. https://

www.wsj.com/articles/coronavirus-relief-often-pays-workers-more-than-work-11588066200?reflink=desktopwebshare_permalink

Morrow, L. (1981, setembro 21). The burnout of almost everyone. *Time*. http://content.time.com/time/magazine/article/0,9171

Most and least meaningful jobs. (2020, maio 22). *PayScale*. https://www.payscale.com/data-packages/most-and-least-meaningful-jobs

Nakamura, J., & Csikszentmihalyi, M. (2002). The concept of flow. Em *Handbook of positive psychology*. Oxford University Press.

Nathan, N. (2018, julho 2). Who really stands to win from universal basic income? *The New Yorker*. https://www.newyorker.com/magazine/2018/07/09/who-really-stands-to-win-from-universal-basic-income

Newman, J. H. (1869). *Sermons bearing on subjects of the day*. Scribner, Welford and Co.

News 4-Fox 11 Digital Team. (2019, setembro 2). Local company looks to help with post-Burning Man burnout. *KRNV*. https://mynews4.com/news/local/local-company-looks-to-help-with-post-burning-man-burnout

Nordlund, W. J. (1998). *Silent skies: The air traffic controllers' Strike*. Praeger.

OCDE. ([s.d.]). *Employment – Hours Worked – OECD Data*. OCDE. Recuperado 24 de julho de 2019, de https://data.oecd.org/emp/hours-worked.htm

Odell, J. (2019). *How to do nothing: Resisting the attention economy*. Melville House.

Ofri, D. (2019, junho 8). The Business of health care depends on exploiting doctors and nurses. *The New York Times*. https://

www.nytimes.com/2019/06/08/opinion/sunday/hospitals-doctors-nurses-burnout.html

O'Malley, M. (2005). That busyness that is not business: Nervousness and character at the turn of the last century. *Social research, 72*, 371-406.

OMS. (2019). Burn-Out. *ICD-11 – Mortality and Morbidity Statistics.* https://icd.who.int/browse11/l-m/en#/http://id.who.int/icd/entity/129180281

O'Toole, K. (1997, janeiro 8). The Stanford Prison experiment: Still powerful after all these years. *Stanford News.* https://news.stanford.edu/pr/97/970108prisonexp.html

Owens, C. (2017, setembro 4). These labor laws are suppressing black workers. *Fortune.* https://fortune.com/2017/09/04/labor-day-2017-right-to-work-unions

Pandika, M. (2018, fevereiro 13). The test we use to detect depression is designed for white people. *Vice.* https://www.vice.com/en_us/article/vbpdym/depression-screening-not-effective-for-black-youth

Pas, E., Bradshaw, C., & Hershfeldt, P. (2012). Teacher- and school-level predictors of teacher efficacy and burnout: Identifying potential areas for support. *Journal of school psychology, 50*, 129-145. https://doi.org/10.1016/j.jsp.2011.07.003

Patz, A. (2015, novembro 5). How to tell the difference between depression and burnout. *Prevention.* https://www.prevention.com/life/a20486040/depression-or-burnout

Perdue, S. (2019, dezembro 4). The dignity of work and the American dream. *Arizona Daily Star.* https://tucson.com/opinion/national/sonny-perdue-the-dignity-of-work-and-the-american-dream/article_a9109ba1-cd48-5038-b00a-41aecddd91fa.html

Perlstein, R. (2010, outubro 20). That seventies show. *The Nation.* https://www.thenation.com/article/seventies-show

Petersen, A. H. (2019a, janeiro 5). How millennials became the burnout generation. *BuzzFeed News*. https://www.buzzfeednews.com/article/annehelenpetersen/millennials-burnout-generation-debt-work

Petersen, A. H. (2019b, janeiro 9). Here's what 'millennial burnout' is like for 16 different people. *BuzzFeed News*. https://www.buzzfeednews.com/article/annehelenpetersen/millennial-burnout-perspectives

Petrie, I. (2013, setembro 12). *Letter to first grade parents: 'It is important that we start on time. We are training our children for the work force.* Twitter. https://twitter.com/icpetrie/status/378296120096468992

Petriglieri, G. (2015, agosto 31). Is overwork killing you? *Harvard Business Review*. https://hbr.org/2015/08/is-overwork-killing-you

Phoenix, D. (2019). *The Anger Gap: How Race Shapes Emotion in Politics*. Cambridge University Press. https://doi.org/10.1017/9781108641906

Pieper, J. (2009). *Leisure: The Basis of Culture* (J. V. Schall, Org.). Ignatius.

Pines, A. M., & Aronson, E. (1988). *Career Burnout: Causes and Cures*. Free Press.

Platão. ([s.d.]). *A república*.

Pugh, A. J. (2012). The social meanings of dignity at work. *The Hedgehog Review, 14*(3).

Pugh, A. J. (2015a). *The Tumbleweed Society: Working and Caring in an Age of Insecurity*. Oxford University Press.

Pugh, A. J. (2015b, dezembro 4). What does it mean to be a man in the age of austerity? *Aeon*. https://aeon.co/essays/what-does-it-mean-to-be-a-manin-the-age-of-austerity

Purvanova, R., & Muros, J. (2010). Gender differences in burnout: A meta-analysis. *Journal of Vocational Behavior, 77*, 168-185. https://doi.org/10.1016/j.jvb.2010.04.006

Radden, J. (2000). From melancholic states to clinical depression. Em J. Radden (Org.), *The nature of melancholy: From Aristotle to Kristeva*. Oxford University Press.

Rampton, J. (2017, março 31). 8 Ways to Get Over Job Burnout (Without Quitting). *Inc.com*. https://www.inc.com/john-rampton/8-ways-to-get-over-job-burnout-without-leaving.html

Rinaldi, K. (2017, agosto 4). Motherhood isn't sacrifice, it's selfishness. *The New York Times*. https://www.nytimes.com/2017/08/04/opinion/sunday/motherhood-family-sexism-sacrifice.html

Rivera, R. (1997, julho 27). Monks put religion on the net. *The New Mexican*.

Robinson, T. (2019, julho 2). How to spot and stop burnout before you give up on freelancing. *The Freelancer*. https://contently.net/2019/07/02/resources/how-to-spot-and-stop-burnout-freelancing

Rose, J. L. (2016). *Free Time*. Princeton University Press.

Rosenblat, A. (2018). *Uberland: How algorithms are rewriting the rules of work*. University of California Press.

Roskam, I., Raes, M.-E., & Mikolajczak, M. (2017). Exhausted Parents: Development and Preliminary Validation of the Parental Burnout Inventory. *Frontiers in Psychology*, 8, 163. https://doi.org/10.3389/fpsyg.2017.00163

Ross, A. (2003). *No-collar: The humane workplace and its hidden costs*. Basic Books.

Ross, P. (2020, fevereiro 18). Wegmans ranked as third best fortune 100 company to work for. *WKBW*. https://www.wkbw.com/news/local-news/wegmans-ranked-as-third-best-fortune-100-company-to-work-for

Rotenstein, L. S., Torre, M., Ramos, M. A., Rosales, R. C., Guille, C., Sen, S., & Mata, D. A. (2018). Prevalence of Burnout Among Physicians: A Systematic Review. *JAMA*, *320*(11), 1131-1150. https://doi.org/10.1001/jama.2018.12777

Sadler, W. S. (1925, abril 27). Americanitis. *Time*, 32.

Safire, W. (1982, maio 23). Burnout. *The New York Times*, 10.

Salminen, S., Andreou, E., Holma, J., Pekkonen, M., & Mäkikangas, A. (2017). Narratives of burnout and recovery from an agency perspective: A two-year longitudinal study. *Burnout Research*, *7*, 1-9. https://doi.org/10.1016/j.burn.2017.08.001

Salyers, M., & Bond, G. (2001). An exploratory analysis of racial factors in staff burnout among assertive community treatment workers. *Community mental health journal*, *37*, 393-404. https://doi.org/10.1023/A:1017575912288

Savage, M. (2019, julho 26). Burnout is rising in the land of work-life balance. *BBC Worklife*. https://www.bbc.com/worklife/article/20190719-why-is-burnout-rising-in-the-land-of-work-life-balance

Scaff, L. A. (2011). *Max Weber in America*. Princeton University Press.

Schaffner, A. K. (2016). *Exhaustion: A history*. Columbia University Press.

Schaufeli, W. B., Leiter, M. P., & Maslach, C. (2009). Burnout: 35 years of research and practice. *The Career Development International*, *14*(3), 204-220. https://doi.org/10.1108/13620430910966406

Schaufeli, W., & Enzmann, D. (1998). *The burnout companion to study and practice: A critical analysis*. CRC.

Schonfeld, I. S., & Bianchi, R. (2016). Burnout and Depression: Two Entities or One? *Journal of Clinical Psychology*, *72*(1), 22-37. https://doi.org/10.1002/jclp.22229

Schonfeld, I. S., Verkuilen, J., & Bianchi, R. (2019). Inquiry into the correlation between burnout and depression. *Journal of Occupational Health Psychology, 24*(6), 603-616. https://doi.org/10.1037/ocp0000151

Schult, T. M., Mohr, D. C., & Osatuke, K. (2018). Examining burnout profiles in relation to health and well-being in the Veterans Health Administration employee population. *Stress and Health : Journal of the International Society for the Investigation of Stress, 34*(4), 490-499. https://doi.org/10.1002/smi.2809

Schuster, D. G. (2011). *Neurasthenic nation: America's search for health, happiness, and comfort, 1869-1920*. Rutgers University Press.

Sears, Roebuck and Company. (1902). *Catalogue No. 112*. Sears, Roebuck & Co. http://archive.org/details/catalogueno11200sear

Sexton, J., & Sapien, J. (2020, maio 16). Two coasts – One vírus – How New York suffered nearly 10 times the number of deaths as California. *ProPublica*. https://www.propublica.org/article/two-coasts-one-virus-how-new-york-suffered-nearly-10-times-the-number-of-deaths-as-california

Shakespeare, W. (2022, fevereiro 16). As you like it. *The Folger Shakspeare*. https://shakespeare.folger.edu/shakespeares-works/as-you-like-it/act-4-scene-1/

Shanafelt, T. D., Dyrbye, L. N., Sinsky, C., Hasan, O., Satele, D., Sloan, J., & West, C. P. (2016). Relationship Between Clerical Burden and Characteristics of the Electronic Environment With Physician Burnout and Professional Satisfaction. *Mayo Clinic Proceedings, 91*(7), 836-848. https://doi.org/10.1016/j.mayocp.2016.05.007

Shanafelt, T. D., West, C. P., Sinsky, C., Trockel, M., Tutty, M., Satele, D. V., Carlasare, L. E., & Dyrbye, L. N. (2019). Changes in Burnout and Satisfaction With Work-Life Integration in Physicians and the General US Working Population Between 2011 and 2017. *Mayo Clinic Proceedings, 94*(9), 1681-1694. https://doi.org/10.1016/j.mayocp.2018.10.023

Sharp, K. L., & Whitaker-Worth, D. (2020). Burnout of the female dermatologist: How traditional burnout reduction strategies have failed women. *International Journal of Women's Dermatology*, *6*(1), 32-33. https://doi.org/10.1016/j.ijwd.2019.08.004

Sheff, D. (1985, fevereiro). Playboy interview: Steve Jobs. *Playboy*. http://reprints.longform.org/playboy-interview-steve-jobs

Siebold, S. (2019, outubro 23). Chicago teachers: Stop holding the city hostage. *The American Spectator*. https://spectator.org/chicago-teachers-stop-holding-the-city-hostage

Simpson, M. (2011, outubro 30). A sister's eulogy for Steve Jobs. *The New York Times*. https://www.nytimes.com/2011/10/30/opinion/mona-simpsons-eulogy-for-steve-jobs.html

Sinsky, C., Colligan, L., Li, L., Prgomet, M., Reynolds, S., Goeders, L., Westbrook, J., Tutty, M., & Blike, G. (2016). Allocation of Physician Time in Ambulatory Practice: A Time and Motion Study in 4 Specialties. *Annals of Internal Medicine*, *165*(11), 753-760. https://doi.org/10.7326/M16-0961

Smith, A. (1997). *The wealth of nations* (Vols. 1-3). Penguin.

Smith, A. (2000). *The wealth of nations* (Vols. 4-5). Penguin.

Smith, J. ([s.d.]). *The generall historie of Virginia, New England, & The Summer Isles, Together with the true travels, adventures, and observations, and a sea grammar* (Vol. 1). Macmillan.

Smith, V. (2001). *Crossing the great divide: Worker risk and opportunity in the new economy*. ILR.

Snyder, B. H. (2012). Dignity and the professionalized body: Truck driving in the age of instant gratification. *The Hedgehog Review*, *13*(3), 8-12.

Solnit, R. (2013, junho). Mysteries of Thoreau, unsolved. *Orion*, 18-19.

Span, P. (2018, março 30). Many Americans try retirement, then change their minds. *The New York Times*. https://www.nytimes.com/2018/03/30/health/unretirement-work-seniors.html

Sperling, G. ([s.d.]). *Economic dignity*. Penguin.

Spross, J. (2017). You're hired! *Democracy Journal*. http://democracyjournal.org/magazine/44/youre-hired

Standing, G. (1999). Global Feminization Through Flexible Labor: A Theme Revisited. *World Development, 27*, 583-602. https://doi.org/10.1016/S0305-750X(98)00151-X

Eagan, M. K., Aragon, M. C., Cesar-Davis, N. M., Jacobo, S., Couch, V., & Rios-Aguilar, C. (2019). *The American Freshman: National norms fall 2017 – Expanded Version*. Higher Education Research Institute. https://www.heri.ucla.edu/monographs/TheAmericanFreshman2017-Expanded.pdf

Subverbo, A. (pseud.). (2016, setembro 10). Live. Park. Die. *Subverbo*. https://alonzosubverbo.wordpress.com/2016/09/09/live-park-die

Taylor, S. (2004, março 1). The right not to work: Power and disability. *Monthly Review*. https://monthlyreview.org/2004/03/01/the-right-not-to-work-power-and-disability

Templeton, K., Bernstein, C., Sukhera, J., Nora, L., Newman, C., Burstin, H., Guille, C., Lynn, L., Schwarze, M., Sen, S., & Busis, N. (2019). Gender-Based Differences in Burnout: Issues Faced by Women Physicians. *NAM Perspectives*. https://doi.org/10.31478/201905a

Thoreau, H. D. (2004). *Walden* (J. L. Shanley, Org.). Princeton University Press.

Tillmon, J. (1972, julho). Welfare is a women's issue. *Ms. Magazine*, 111-116.

Tokumitsu, M. (2015). *Do what you love: And other lies about success & happiness*. Regan Arts.

Ton, Z. (2014). *The Good Jobs Strategy: How the smartest companies invest in employees to lower costs and boost profits*. Houghton Mifflin Harcourt.

Toossi, M., & Morisi, T. L. (2017, julho). Women in the workforce before, during, and after the Great Recession. *Spotlight on Statistics*. https://www.bls.gov/spotlight/2017/women-in-the-workforce-before-during-and-after-the-great-recession/pdf/women-in-the-workforce-before-during-and-after-the-great-recession.pdf

United States Department of Labor Bureau of Labor Statistics. (2009). *The Employment Situation: December 2008*. https://www.bls.gov/news.release/archives/empsit_01092009.pdf

US Bureau of Labor Statistics. ([s.d.]-a). *All employees, manufacturing / All employees, total nonfarm*. FRED, Federal Reserve Bank of St. Louis. Recuperado 6 de outubro de 2020, de https://fred.stlouisfed.org/graph/?g=cAYh

US Bureau of Labor Statistics. ([s.d.]-b). *Manufacturing sector: Real output*. FRED, Federal Reserve Bank of St. Louis. Recuperado 20 de abril de 2021, de https://fred.stlouisfed.org/series/OUTMS

US Bureau of Labor Statistics. (2019, dezembro 9). Charts of the largest occupations in each area, May 2018. *Occupational Employment Statistics*. https://www.bls.gov/oes/current/area_emp_chart/area_emp_chart.htm

US Bureau of Labor Statistics. (2020a, julho 25). American Time Use Survey – 2019 Results. *BLS.gov*. https://www.bls.gov/news.release/pdf/atus.pdf

US Bureau of Labor Statistics. (2020b, novembro 12). Average hourly earnings of production and nonsupervisory employees, total private. *FRED, Federal Reserve Bank of St. Louis*. https://fred.stlouisfed.org/graph/?g=mwsh

Valcour, M. (2016). Beating burnout. *Harvard Business Review*, *94*(11), 98-101.

Vasel, K. (2016, dezembro 19). Half of American workers aren't using all their vacation days. *CNNMoney*. http://money.cnn.com/2016/12/19/pf/employees-unused-paid-vacation-days/index.html

Walls, L. D. (2017). *Henry David Thoreau: A life*. University of Chicago Press.

Wan, W. (2019, outubro 23). Health-care system causing rampant burnout among doctors, nurses. *Washington Post*. https://www.washingtonpost.com/health/2019/10/23/broken-health-care-system-is-causing-rampant-burnout-among-doctors-nurses

Ward, B. (1975). *The sayings of the Desert Fathers: The alphabetical collection*. Cistercian Publications.

Washington, B. T. (1901). *The story of my life and work*. J. L. Nichols. http://docsouth.unc.edu/neh/washstory/washin.html

Washington, B. T. (1995). *Up from Slavery* (W. L. Andrews, Org.; 2º ed). W. W. Norton.

Weber, M. (1964). *The theory of social and economic organization*. The Free Press. http://archive.org/details/in.ernet.dli.2015.6054

Weber, M. (1975). *Max Weber: A biography*. John Wiley & Sons.

Weber, M. (2002). *He Protestant ethic and the "spirit" of capitalism and other writings*. Penguin.

Weber, M. (2004). Science as a vocation. Em D. S. Owen (Org.), *The vocation lectures*. Hackett.

Weeks, K. (2011). *The Problem with Work: Feminism, Marxism, Antiwork Politics, and Postwork Imaginaries*. Duke University Press.

Weil, D. (2014). *The fissured workplace: Why work became so bad for so many and what can be done to improve it*. Harvard University Press.

Welp, A., Meier, L. L., & Manser, T. (2014). Emotional exhaustion and workload predict clinician-rated and objective patient safety. *Frontiers in Psychology*, 5, 1573. https://doi.org/10.3389/fpsyg.2014.01573

West, C. P., Dyrbye, L. N., Sloan, J. A., & Shanafelt, T. D. (2009). Single item measures of emotional exhaustion and depersonalization are useful for assessing burnout in medical professionals. *Journal of General Internal Medicine*, 24(12), 1318-1321. https://doi.org/10.1007/s11606-009-1129-z

Wigert, B., & Agrawal, S. (2018, julho 12). Employee burnout, part 1: The 5 main causes. *Gallup Workplace*. https://www.gallup.com/workplace/237059/employee-burnout-part-main-causes.aspx

Williams, A. (2019, outubro 18). Why don't rich people just stop working? *The New York Times*. https://www.nytimes.com/2019/10/17/style/rich-people-things.html

Wingfield, A. H. (2016, outubro 17). About those 79 cents. *The Atlantic*. https://www.theatlantic.com/business/archive/2016/10/79-cents/504386

Woodworth, A. (2020, janeiro 14). *AQVINAS*. www.aqvinas.com

Yanchus, N. J., Beckstrand, J., & Osatuke, K. (2015). Examining burnout profiles in the Veterans Administration: All Employee Survey narrative comments. *Burnout Research*, 2(4), 97-107. https://doi.org/10.1016/j.burn.2015.07.001

Yellowbrick. (2019, junho 20). Survey reveals factors behind millennial burnout. *Yellowbrick Blog*. https://www.yellowbrickprogram.com/blog/survey-reveals-factors-behind-millennial-burnout

Zelizer, V. A. (1994). *Pricing the priceless child: The changing social value of children*. Princeton University Press.

Zimbardo, P. (2007). *The Lucifer effect: Understanding how good people turn evil*. Random House.

Zopiatis, A., & Constanti, P. (2010). Leadership styles and burnout: Is there an association? *International Journal of Contemporary Hospitality Management*, *22*(3), 300-320. https://doi.org/10.1108/09596111011035927

Índice

Abadia de St. John (Collegeville, MN)
 apoio comunitário na 280-281
 dignidade na 279-280
 equilíbrio entre trabalho e oração 273-278
 história 270, 271
 trabalho de membros mais velhos 278, 281, 282
Abraham, Sumner 160
acédia 70-71, 254
Afro-americanos, cf. negros americanos
Amazon (empresa de e-commerce) 156
ambientes de trabalho fissurados 142-143, 151, 156-157
Angst, Jules 108-109
Antão (Santo) 254
aposentadoria 175, 251-252
Apple (empresa de tecnologia) 141, 183-184
Aristóteles 69, 182
Aronson, Elliot 41, 57-58, 130
ascetismo, cf. monasticismo
assistentes sociais 90, 145
autodeterminação e individualismo 17-18, 205, 227, 233-235, 267, 317
automação 220, 340-341, 343
autonomia e controle 144-145, 153, 156, 172, 247, 269, 299, 301
autotélico, trabalho 210

Beard, George M. 87, 97
 American nervousness 74-76
Becker, Nickolas 274, 275, 279
Bento (Santo) e Regra Beneditina 253, 260, 265, 269, 272, 279
 cf. monasticismo
Berger, Sarah 207
Berlant, Lauren 42
Bishop, Erin 333
Block, Summer 331
Bradley, Jarie 288-294
Bresnahan, Richard 286
Breuer, Marcel 274
Brown, John 231
Brown, Sherrod 223
burnout
 ceticismo em relação ao 57-60
 como conceito 14-16
 concepções erradas sobre 25-27
 dados demográficos 162-168

estudos e pesquisas sobre 45-49
experiência do autor, visão geral 13-14, 18-22
idealização do 28, 51-55, 57, 129-131
três dimensões do 40-42
cf. tb. ideais para o trabalho; condições de trabalho

Calvino, João 184, 195
capitalismo 34, 193-194, 243, 309
Caráter 192, 201
carga de trabalho 118, 123, 137, 156, 172
Carter, Jimmy 95
Cassiano, João 70
cidadania social 182-183
cinismo e despersonalização
 como dimensão do burnout 40-42, 46-48
 como socialmente aceitável 129
 espectro de burnout 111, 116-117
 estudo inicial de Maslach 90-91
 e experimento da prisão de Stanford 88
cirurgiões 190
 cf. trabalhadores do setor médico
CitySquare (Dallas, TX)
 apreciação e positividade avaliada em 290-291, 295-296
 estilo de liderança 297-299
 programa de assistência ao empregado 290-292
 relacionamentos e comunidade avaliados em 293-294, 297-298, 300
Clark, Tiana 55-56, 168-169, 172
Clinton, Bill 221
coletivismo e comunidade 154-155, 244-245, 249, 267, 268-269, 318-319, 337-338
College of St. Benedict 271
comissárias de bordo 147
condições de trabalho
 declínio na qualidade do emprego 140
 e políticas governamentais 221-222
 em serviços humanos 145-147
 expectativas de ética profissional de colarinho branco em relação às 148-150
 inchaço administrativo e burocrático 134-137, 158, 162, 298
 modelo de responsabilidade do emprego 139-144, 192
 na análise de Maslach 91
 na medicina 160-162
 problema com a melhoria das 240-242
 seis aspectos-chave das 153-155, 172
conhecimento médico
 como fluido 66-67

falta de definição clínica
    para burnout 19, 59-61, 98
    cf. doença mental
contracultura anti-burnout
    hobbistas 303, 307
    perspectivas sobre a
        deficiência 308-309,
        311-312
    senso de comunidade
        245-246, 248, 297-298,
        299, 317-318, 338-339
    cf. tb. CitySquare;
        monasticismo
controle e autonomia 144-145,
    152, 156, 247, 269, 298-299
Covert, Bryce 167
Covey, Stephen 275
Cowie, Jefferson 93
Csikszentmihalyi, Mihaly
    190-191
Cuomo, Andrew 333
Curfman, Liz 109-111, 119, 294

Darkon (documentário)
    301-302
de Jesus, Frank 326
deficiência
    cf. doença mental
Deloitte, estudo sobre burnout 45
depressão
    diferente de burnout 59,
        62-64
    e raça 169
    espectro 123-124
    semelhanças com burnout
        132-133
desemprego 15, 325, 340

despersonalização, cf. cinismo e
    despersonalização
diferenças salariais 168
dignidade
    como ideal para o trabalho
        182-183
    como inerente à pessoa
        226-229
    como meta 220-221
    e políticas governamentais
        223-225
    em comunidades monásticas
        278-279
disparidade de gênero 165-166,
    170, 327
    cf. tb. homens, mulheres
doença mental
    acédia 100-101
    e raça 172-173
    melancolia 100-101,
        103-104
    neurastenia 81-86, 97
    cf. depressão
Durant, Will 182
Dürer, Albrecht, Melancholia I
    71-72
Dylan, Bob 83
Dyrbye, Liselotte 161

Eckman, Meghan 218
Eclesiastes (livro bíblico) 68
elite (classe) 100, 171-173
empregos de merda 126, 157
ensino adjunto 138, 176-177,
    319-320
equidade 153, 172, 193
Erb, Wilhelm 78-79

escritos papais sobre o trabalho 270-272
espectro do burnout
  benefícios dos perfis 122-123
  como conceito 106-110
  prevalência do perfil frustrado 120-123
  tipos de perfil 116-118
  estudos sobre os perfis 118-119
estados de fluxo 190-191
ética profissional do colarinho branco 144, 148
ética protestante 195-198
Evágrio Pôntico 69
exaustão
  e acédia 101-102
  no espectro do burnout 103, 117-118, 120, 123
  como dimensão do burnout 40-42, 44-45
  e melancolia 68-69, 71-72
  e neurastenia 74-78, 195, 232
  como socialmente aceitável 128-130

feminismo marxista 244-245
férias e descanso remunerado 207-208, 291-292
forças demoníacas 199-200, 255-256, 279
Freudenberger, Herbert 84-87, 131, 255-256
Friedan, Betty 185
Friedman, Milton 93
Friedman, Richard 60-61
Frissell, Hollis 209
frustração 122, 133-134, 322
  cf. ineficiência

Gawande, Atul 161
Gilman, Charlotte Perkins 79
Graeber, David 126, 157
Graña, Mari 252
Greene, Graham, *A burnt-out case* 81-83

Hampton, Tyrone 326
Hatton, Erin 140
Hedva, Johanna 309, 318
Hegerl, Ulrich 59, 61
Heinemann, Linda V. 57-58
Heinemann, Torsten 57-58
Heschel, Abraham Joshua 259
hierarquia de classes 72, 75, 76
história do burnout
  a contribuição de Freudenberger 84-87, 90
  como algo cíclico 100, 102
  contribuição de Maslach 90-91
  crescente desilusão na América 93-97
  diagnóstico de acédia 71-72
  diagnóstico de melancolia 68-70
  diagnóstico de neurastenia 74-78, 98
  propagação internacional 98-99
hobbies 288-289
Hochschild, Arlie Russell 147

homens
  e visão de gênero do
    trabalho 140, 167-168
  ideais masculinos 175
  cf. mulheres
hospital de veteranos 126-127, 162
Huysmans, Joris-Karl, *Against nature* 80

ideais de trabalho
  caráter 182
  desafios demonstrados na vida de Booker T. Washington 203-207
  dignidade 182-183
  e ética protestante 193-197
  mentalidade de trabalho total 200-203
  na análise de Freudenberger 84-85, 87
  na análise de Maslach 40
  no início da América 180-181
  no romance de Greene 83
  noivado 117, 185-188
  propósito e significado *versus* realidade (cf. tb. condições de trabalho)
  visão geral 176-177
  ideais masculinos 175
  idealização do burnout 28, 52-56, 60, 128-131
  inchaço administrativo e burocrático 134-137, 157, 160, 299

individualismo e autodeterminação 16-17, 227, 195, 240-242, 244, 260
ineficácia
  como dimensão de burnout 40-42, 47-48
  no espectro de burnout 117, 118, 119, 124-127
inutilidade, cf. ineficácia

Jaffe, Sarah 340
James, Henry 76
James, Larry 293, 295-298
James, William 73
Jesus Cristo 209, 255
João da Cruz (Santo) 83
João Paulo II (Papa), *Laborem Exercens* 227
Jobs, Steve 200-201
Jurney, Ken 303, 307

Kant, Immanuel 228
Kaufman, Leslie 99
Keiper, Caitrin 329
King Jr., Martin Luther 93
Krafft-Ebing, Richard von 80

Lane, Billy 296
Lawrence, Philip 251-252, 255
lazer 201-202, 219, 259-260, 302
  cf. tb. *hobbies*; férias e descanso remunerado
Leão XIII (Papa), *Rerum Novarum* 225, 245, 281
Lear, Jonathan 341

Lee, Tristen 197-198
Leiter, Michael 41, 113, 153, 297
Libertação feminista 242-243
liderança carismática 298, 299-301
Lust, Jeanne Marie 283
Lutero, Martinho 184
Lyft (companhia de tecnologia) 143

Malenfant, Marley 294-295
Mancuso, Luke 276-277
Mareck, Lucinda 273
Maslach Burnout Inventory (MBI) 42-43, 46-47, 108, 117, 320
Maslach, Christina
   e experimento da prisão de Stanford 88
   estudo inicial sobre despersonalização 89-90
   perfis de burnout 118, 122-124
   sobre o idealismo 40, 116-117
   sobre relacionamentos 40-41
   sobre seis aspectos-chave dos locais de trabalho 151-154
   sobre três dimensões de burnout 41-42
Mayo Clinic, estudos sobre o burnout 48, 124
McGraw, Rene 282
McKay, Paul 302, 305, 307
Meiggs, Scott 246-247
melancolia 68-69

Mena, Erica 306, 310, 315, 342
mentalidade do trabalho total 198-201
Meredith Corporation, estudo sobre burnout da 51-52
Merikangas, Kathleen 108-109
mérito, lei do 210-211
Merton, Thomas 277
Michel, Alexandra 202
Millennials 46-47, 50, 52, 209
Mitchell, S. Weir 79
modelo de responsabilidade de emprego 138-141, 192
modelos de autoridade 296, 298-300
monasticismo
   e acédia 70-71, 254
   evitar o burnout 269-270
   cf. tb. Mosteiro de Cristo no Deserto; Mosteiro de São Bento; Abadia de St. John
Morrison-Lane, Janet 296, 297
Morrow, Lance 60-61
Mosteiro de Cristo no Deserto (Abiquiú, NM)
   artesãos 265-266
   fontes de renda 265-266
   horário de trabalho e oração 256-257
   hóspedes e pousada 264-265
   perspectiva sobre a oração 253-255
   perspectiva sobre o trabalho 253-255
   scriptorium digital 245-247, 255

Mosteiro de São Bento (St. Joseph, MN)
  equilíbrio entre trabalho e oração 272-273, 275
  história 272, 274
  trabalho de membros mais velhos 278
motoristas de ônibus 325
mulheres
  e cidadania social 182-183
  e disparidades raciais 168-169
  e visão de gênero do trabalho 142-143
  estudos sobre o burnout nas 51-52
  impacto da pandemia na vida das 327
  liberação feminista das 242

Nakamura, Jeanne 191
negros americanos
  esforços de Booker T. Washington para apoiar os 318
  experiência de burnout para 114
  impacto da pandemia em 327-328
  e cidadania de 182-183
neurastenia 73-77, 89, 195
neuroticismo 163
Newman, John Henry 282
Nixon, Richard 93
"nobre mentira", conceito de 178
noivado 117, 186-189

Nordeen, Patricia 310-313
Noruega 188

Odell, Jenny 239
Ofri, Danielle 159, 174
Organização Mundial da Saúde (OMS) 98-99
otimismo cruel 42

Padres do Deserto 254
pandemia de covid-19
  efeitos positivos da 330-332
  ética de trabalho desafiada pela 19, 329, 338-339
  interrupções causadas pela 326-327
  solidariedade e compaixão durante a 334-335
paralisia de recados 54, 197
Patrick, Dan 328
Paulo (Santo) 181, 257, 268
Perdue, Sonny 221
Perlstein, Rick 95
Petersen, Anne Helen 52, 197
Phoenix, Davin 171
Pieper, Josef 198-202, 255-256, 259, 301
Pines, Ayala 41, 57, 130
Platão 178, 184
Políticas governamentais 150, 154
Potencial 237-239
Predestinação 196
Prisão de Stanford, experimento 87
Privilégio branco 55
Profissionalismo 148-152

Prokosch, Cecelia 270
Propósito e significado 177-179, 211, 217
Proust, Marcel 76
psicologia
  cf. tb. espectro do burnout; doença mental; Maslach Burnout Inventory
Pugh, Allison 181, 279

racial (questão)
  e estudos sobre burnout 168-169
  hierarquias e disparidades 77, 168-169
  e burnout herdado 55, 62
  e impacto da pandemia 325, 328
  e cidadania social 181, 182
Reagan, Ronald 96
realização, sentido ou sentimento de 41-43, 48, 173
religião
  modelos bíblicos 184, 209
  hierarquias 77
  escritos papais sobre o trabalho 224-226
  ética protestante 193-195
  em ambientes de trabalho 294
renda básica universal 92, 245, 280, 317, 339
Rose, Julie L. 260
Rosenblat, Alex 144

Sadler, William S. 74
Safire, William 97
salários de vida 244-245, 262

Sandford, Bria 331
Satori, Jessica 153
Schaffner, Anna Katharina 67, 68, 72, 75
Schonfeld, Irvin 132-133
segurança do trabalho 16, 176, 193, 332
serviços humanos 89, 97, 145
  cf. CitySquare
Shakespeare, William, *Como gostais* 71
Siburt, John 291, 295-297
significado e propósito 178, 180, 209-211
Síria 188
Smith, Adam, *A riqueza das nações* 201, 232
Smith, John 180-181
Smith, Vicki 149, 157
soluções para o burnout
  criar um novo ideal, visão geral 240
  diminuir as horas de trabalho 225-226, 240
  escritos papais sobre o trabalho 224-226
  mudar a relação com o tempo 238-239
  o exemplo de Thoreau 232-233, 235
  políticas governamentais 150-151
  potencial de reavaliação 247-248
  cf. contracultura anti-burnout
Sperling, Gene 228

St. John's (Universidade)
(Collegeville, MN) 271-272
Standing, Guy 166
Subverbo, Alonzo 248
Suécia 98

Taylor, Sunaura 316, 340
Teologia cristã 195, 276
The parking lot movie
(documentário) 218, 245, 256
Thoreau, Henry David 230-231, 267, 283
Walden 230-231, 236, 238-239
Thurmond, Beckie 301
Ton, Zeynep 143
Toyota (fabricante de automóveis) 149
trabalhadores
contratados 142, 144-146, 279
de clínicas livres 145-146
de colarinho azul 144, 148-149, 152
do setor manufatureiro 148
essenciais *versus* não essenciais 326-327
temporários 141, 144, 146
trabalhadores do setor médico
estudos sobre a ocorrência de burnout em 45-46, 47-48, 121, 158-159
compaixão por 307-308

e noivado 200
experiência de ideais *versus* realidade 210-212
trabalho emocional 147-148
trapistas 275
Trump, Donald 221

Uber (companhia de tecnologia) 143-144

validação 44, 193, 313, 317
valores 153, 172, 193, 300
Van Deusen, Edwin H. 73

Walls, Laura Dassow 230
Washington, Booker T. 203, 222, 230
Weber, Max 135, 193, 243, 296
A ética protestante e o espírito do capitalismo 193-195
Weeks, Kathi 147, 241-242, 248, 267-268
Weil, David 142
Wilde, Oscar 76
Woodworth, Mary-Aquinas 251, 266, 267
Woolf, Virginia 76

Young, Neil 92

Zimbardo, Philip 87, 88

Conecte-se conosco:

 facebook.com/editoravozes

 @editoravozes

 @editora_vozes

 youtube.com/editoravozes

 +55 24 2233-9033

www.vozes.com.br

Conheça nossas lojas:

www.livrariavozes.com.br

Belo Horizonte – Brasília – Campinas – Cuiabá – Curitiba
Fortaleza – Juiz de Fora – Petrópolis – Recife – São Paulo

EDITORA VOZES LTDA.
Rua Frei Luís, 100 – Centro – Cep 25689-900 – Petrópolis, RJ
Tel.: (24) 2233-9000 – E-mail: vendas@vozes.com.br